Supersudaca
Incomplete Works

Supersudaca

Supersudaca
Ana Rascovsky
Cesar Becerra
Esteban Varela
Félix Madrazo
Fernando Puente Arnao
Juan Pablo Corvalán
Martín Delgado
Manuel de Rivero
Max Zolkwer
Sofía Saavedra Bruno
Stephane Damsin

Pensamiento da
América Latina
BR + EE. UU. 10

Romano Guerra Editora
Nhamerica Platform
São Paulo, Austin, 2024
1ª edición

Para
Teresa,
Ion y
Korina

Incomplete Works

Índice

6   Supersudaca: una práctica de amistad
     Fernando Lara
14   Prólogo: Incomplete Works

16   El mundo de la arquitectura
18   El giro Supersudaca
28   Genealogía de la Arquitectura Directa
42   Reporte #1 – L.A. Colectivo: La historia paralela de Latinoamérica como laboratorio reactivo de Occidente
44   Mario Pani avant l'heure
         Escritor invitado Miquel Adrià
49   Cronología Supersudaca de casos colectivos
52   Monoblocks permanentes en Argentina
56   Experiencia Barriada: Entrevista a John F.C. Turner
         Autores invitados Roberto Chávez, Julie Viloria y Melanie Zipperer
62   ¿Y PREVI?
80   Montevideo cooperativo: Entrevista a Gustavo González
85   Know-how latinoamericano: Entrevista a Alejandro Aravena y Fernando Pérez Oyarzún
93   De grandes cajas a pequeñas cajas
         Ensayo de Mario Marchant
98   De slum a Slim: Neza York o el perfecto rascasuelos
114 Papel Latino
138 Conversatorio Susucumbre

172 La arquitectura del mundo
174 Europa, tenemos que hablar
178 ¡Al Caribe!
200 Destino cualquiera: Recorriendo la indústria de cruceros del Caribe
212 From heritage to feritage
234 Dignos de crédito
244 China tu madre
266 Conversando alrededor del mundo: Entrevista a Mirta Demare

293 Publicados anteriormente
294 Agradecimientos
296 Créditos

Supersudaca:
una práctica de amistad

Fernando Luiz Lara

En los albores del nuevo milenio, un grupo de jóvenes arquitectos latinoamericanos se encontraba en peregrinación a uno de los centros de producción de diseño del Viejo Mundo. Como lo han hecho peregrinos y migrantes durante miles de años, pensaron que estaban adquiriendo conocimientos a cambio de su moneda cultural. Por el contrario, encontraron sus propios conocimientos y aprendieron mucho sobre la cultura de sus anfitriones. Del lugar de peregrinación adquirieron el concepto de superlativo. Era momento de celebrar el "Superdutch",[1] y decidieron deshacerse del *dutch* y conservar el *súper*, calificativo que hace girar los aspectos degradantes de la etiqueta *sudaca* hacia una órbita completamente nueva. Supersudaca nació en el Instituto Berlage –una escuela de posgrado en arquitectura con sede en Rotterdam, Países Bajos– creada por un grupo que encontró apoyo y aliento unos en otros. Como me recordó Juan Pablo Corvalán en una de nuestras conversaciones, no quisieron elegir entre la *liberté* del capitalismo o la *egalité* del comunismo, optando en cambio por la *fraternité*. Supersudaca nació para subvertir los órdenes de centro/periferia, Norte/Sur, conocimiento/cultura y, al hacerlo, generar nuevos significados y conceptos para la disciplina y la práctica de la arquitectura.

Como bien sabemos, *sudaca* es un término peyorativo utilizado para etiquetar a los latinoamericanos que regresan a Europa para estudiar o trabajar. Digo *regresar* porque la gran mayoría de quienes tienen la oportunidad de cruzar el Atlántico son descendientes de los europeos que han viajado constantemente hacia el Sur desde 1492; sin embargo, la etiqueta se aplica con un grado especial de crueldad contra los amerindios ("los que no vinieron de los barcos"). Curiosamente, no tenemos un término peyorativo para los europeos que vinieron a América. Por el contrario, los celebramos como empresarios ilustrados de la diáspora. Nuestros textos de historia y teoría agradecen bastante a Richard Neutra, Lina Bo Bardi, Félix Candella, Antoni Bonet Castellana, Clorindo Testa y tantos otros, pero no profundizan mucho en los motivos por los que se vieron obligados a abandonar sus casas y cruzar el océano. Lo sabemos porque conocemos ambas historias, la nuestra y la de ellos. Cuando pregunté a los Supersudacas qué desencadenó la creación del colectivo en 2001, hablaron de indignación y de emociones fuertes como reacción a la invisibilidad. Conocemos sus historias, pero ellos no saben nada de la nuestra.

En un texto reciente escribí extensamente sobre la dicotomía entre conocimiento y cultura, explicando que:

En su clásico *Orientalism*, Edward Said explica cómo los eruditos europeos desarrollaron narrativas sobre todas las demás sociedades de la Tierra, las denominaron cultura y, como resultado, se establecieron como el centro del conocimiento humano. Aquí necesito llamar su atención sobre el uso del conocimiento que se refiere a ideas y conceptos de una parte del mundo y a la cultura como ideas y conceptos de otra parte del mundo. Pregunte a la gente dónde creen que se encuentra el mejor conocimiento y la mayoría inevitablemente responderá: Europa, Estados Unidos y Japón. Pregunte a las mismas personas dónde creen que se encuentran las mejores culturas y obtendrá una respuesta mucho más diversa, que abarca desde México y Brasil hasta Turquía, India y más allá. El conocimiento pasó a ser sinónimo de ciencia y desarrollo, mientras que la cultura pasó a ser sinónimo de tradiciones y subdesarrollo. Lo que Walter Mignolo llama desobediencia epistémica es fundamental para desmontar la idea de que "el primer mundo tiene conocimiento, el tercer mundo tiene cultura; los nativos americanos tienen sabiduría, los angloamericanos tienen ciencia".[2]

En respuesta a esta desigualdad estructural, los Supersudaca siempre han promovido los conocimientos del Sur y, al hacerlo, han hecho visibles las culturas del Norte: cuando escriben sobre arquitectura turística en el Caribe, exponen las entrañas de la práctica arquitectónica, mostrando el lado feo de cómo se construyen los hoteles y se fabrican las salchichas de los *malls*; cuando escriben sobre China, empujan el péndulo lejos de la centralidad del Atlántico Norte, revelando redes globales que son incluso más invisibles que las arquitecturas latinoamericanas contemporáneas; cuando escriben sobre *arquitectura directa*, explotan los límites establecidos de la disciplina, incluyendo a conductores de *rickshaw* y repartidores en bicicleta como temas de debates arquitectónicos; cuando les pregunté por qué escribir sobre un entorno construido trivial, me recordaron que cuando llegaron al Berlage todos los protagonistas de los libros viejos estaban allí, en vivo, hablando con ellos, y eran todos muy aburridos.

El jugo de la conversación no estaba en el inglés-con-acento de Koolhaas o Tschumi, sino en el español-con-acento de un compañero de estudios de otro país latinoamericano. En el café, o en el departamento de alguno, descubrieron que –al igual que sus colegas europeos– tampoco sabían nada de Lima, Bogotá o Montevideo. Con un proyector digital prestado de la escuela comenzaron a hacer sesiones nocturnas para presentarse mutuamente sus lugares de origen. La primera idea fue crear una oficina de investigación llamada Space for Urban Research –SUR. Pero no tuvo fuerza ni emoción. Alguien propuso el nombre de Supersudaca y algunos compañeros se ofendieron: no era lo suficientemente serio. Sin embargo, el humor fue central en sus esfuerzos y los que se quedaron con Supersudaca desarrollaron una fuerte amistad, o incluso una práctica de amistad. Félix Madrazo definió a Supersudaca como el grupo más longevo de WhatsApp, fundado ocho años antes que el exitoso software de mensajería dominante en el Sur Global. Como los mejores grupos de redes sociales, Supersudaca es divertido, picaresco, provocativo e inclusivo. Sólo podemos desear que nuestros grupos de WhatsApp sean la mitad de emocionantes que Supersudaca.

 Quizás encontraron el secreto de los grupos de mensajes en las redes sociales: una plataforma en la que nunca podrás ser una estrella. En otro momento de nuestra conversación, Manuel de Rivero mencionó que los Berlage los educaron para ser estrellas, y Supersudaca hace todo lo posible para no serlo: no tienen página web ni publicidad en Instagram; Y cuando *El Croquis* publicaba rostros de arquitectos como si fueran celebridades de Hollywood, Supersudaca decidió dibujar al Hombre de Vitruvio de Leonardo vestido como un peleador de lucha libre. Durante años los seguí, encontrando sus publicaciones aquí y allá, y me preguntaba quiénes eran y cómo podría tomar contacto con un concepto tan interesante. En sus propias palabras, Supersudaca es una actitud de amateurismo, una casa en el árbol donde se permite no crecer, como Peter Pan. Como las mejores casas en árboles, Supersudaca incluso se esconde detrás de los arbustos, como si de una historia de amor ilícito se tratara. Escondidos lo suficiente como para mantenerse enteros, yo añadiría.

 Entonces, ¿cómo funcionan? Y lo más intrigante, ¿cómo han sobrevivido casi veinticinco años ya? En un texto publicado en 2015 hay una interesante mención a su trabajo como si fuera un Tarzán saltando de liana en liana. La metáfora no podría ser más precisa, y no sólo por la idea eurocéntrica de América Latina como una jungla. Deberíamos reírnos de esto, y convertirlo en Supertarzán. Estoy más interesado en la idea de que las lianas son oportunidades que se te lanzan y a las que uno puede o no aferrarse. Las lianas también se pueden balancear en la dirección hacia la que lanzas tu peso, es decir, todo lo contrario a caminos predeterminados y arbitrarios que te obligan a tomar una dirección u otra. El colgarse de las lianas tiene que ver con la flexibilidad, la capacidad, la destreza y el equilibrio, habilidades fundamentales para gestionar cualquier práctica colectiva y que lamentablemente nunca se discuten en nuestras escuelas de arquitectura.

Cuando les pregunté eso directamente (¿cómo funcionan?), todas las respuestas tenían que ver con la flexibilidad y el deseo. Ana Rascovsky mencionó más de una vez que Supersudaca trata del deseo de estar juntos.

Pase tiempo con algunos de ellos y descubrirá cuánto disfrutan de estar hablando entre sí. Lamentablemente todas nuestras conversaciones han sido mediadas por la plataforma Zoom, las primeras en julio de 2020 y las últimas en septiembre de 2021. En cierto modo este libro es resultado de la pandemia del COVID-19, quizás otra liana a la que nos entregamos para mantener viva la conversación. Mirando los miles de fotografías que Supersudaca puso a disposición para el diseño de este libro, sólo puedo imaginar lo divertidos e intelectualmente estimulantes que son sus viajes por el mundo. En palabras de Max Zolkwer, Supersudaca ha sido la mejor agencia de viajes con la que podrían haber soñado. Muchos de los capítulos de este libro son el resultado de viajes, como "Conversando alrededor del mundo" o "Destino: Cualquiera". Desde su encuentro inicial en Rotterdam han viajado de manera continua, explorando lugares que no conocían bien, como Rusia y Senegal, pero quizás lo más importante, mostrando Lima, Santiago, Buenos Aires y Montevideo por todo el mundo.

Y viajando por todo el mundo vestidos de Supersudaca, colgando de una a otra esperanza, han conseguido desafiar la definición misma de arquitectura. En "Europa, tenemos que hablar" comenzaron a articular la contribución de América Latina a la arquitectura contemporánea, algo que discuten más a fondo en "Arquitectura Directa" y en el más reciente "Papel Latino". Max Zolkwer lo resumió cuando dijo que Supersudaca trata de la arquitectura del mundo, mientras que las prácticas tradicionales tratan del mundo de la arquitectura.

Para Supersudaca el mundo entero es objeto de análisis e intervención, siempre y cuando a su práctica de la amistad se le permita activar ese escudo que los protege y empodera como a niños en casas en árboles a lo largo de todo el mundo. Al desarrollar esta práctica de la amistad, bien pueden haber creado una poderosa vacuna para nuestra pandemia de aislamiento por las redes sociales: una burbuja que les permite involucrarse con el resto del mundo, en su gloriosa contradicción. Tal es su superpoder.

Notas

1   LOOTSMA, Bart. *Superdutch: new architecture in the Netherlands.* Londres/Nueva York, Thames & Hudson/Princeton Architectural Press, 2000.

2   LARA, Fernando. "Five radical concepts for decolonizing the spatial history of the Americas." En *Decolonizing the spatial history of the Americas.* Austin: Center for American Architecture and Design, 2021, p. 6-29. Las referencias mencionadas en esta cita corresponden a: SAID, Edward. *Orientalism.* Nueva York, Vintage, 1979; MIGNOLO, Walter, "Epistemic disobedience, independent thought and decolonial freedom", *Theory, Culture & Society,* v. 26, n. 7-8, dic. 2009, p. 161.

Prólogo

Con motivo del décimo aniversario de Supersudaca surgió la idea de publicar un libro sobre sus "obras incompletas", un proyecto que fue elaborado, presentado y exhibido en la 10ª Bienal de Arquitectura de San Pablo, en 2013.

Incomplete Works

Es que Supersudaca no finaliza sus procesos: se mueven de un lugar a otro, vuelven en círculos y siguen caminos impredecibles. A diferencia del enfoque individual del arquitecto, caracterizado por una posición única con un fin predeterminado, el de Supersudaca es abierto, múltiple y flexible. El "¡así es!" da lugar a un "¿así vamos?"

Lo incompleto funciona –al menos para nosotros. Los proyectos inconclusos son terminados por otros o permanecen disponibles para nuevas versiones, ya sean teóricas, académicas o construidas. En Supersudaca, no es posible ni necesario cerrar los procesos colectivos.

El método anterior puede en ocasiones resultar ineficiente. No se establecen metas; los objetivos cambian durante el trayecto y los tiempos se vuelven más extensos que en los formatos convencionales. Sin embargo, resulta una experiencia más rica y fructífera. Si hay diferentes finales posibles para una historia, ¿por qué elegir uno sólo? O, mejor dicho, ¿por qué terminarla?

Contrapuesto a un libro de obras completas acumuladas a lo largo de toda una vida de experiencia sólida, *Incomplete Works* intenta exponer el proceso como marco. El libro muestra los contenidos de Supersudaca como etapas temporales. Al final, la publicación estará terminada cuando esté incompleta.

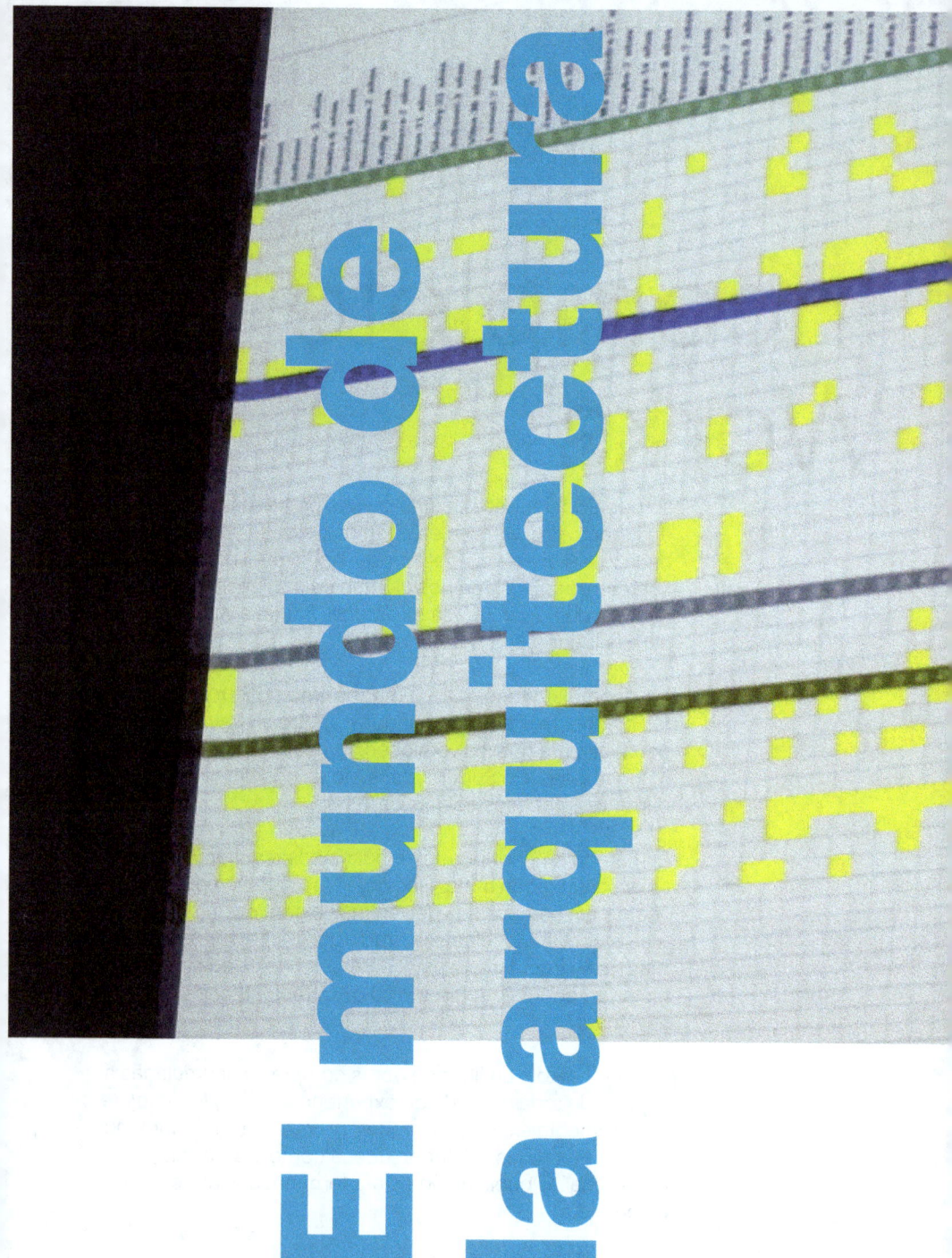

El mundo de la arquitectura

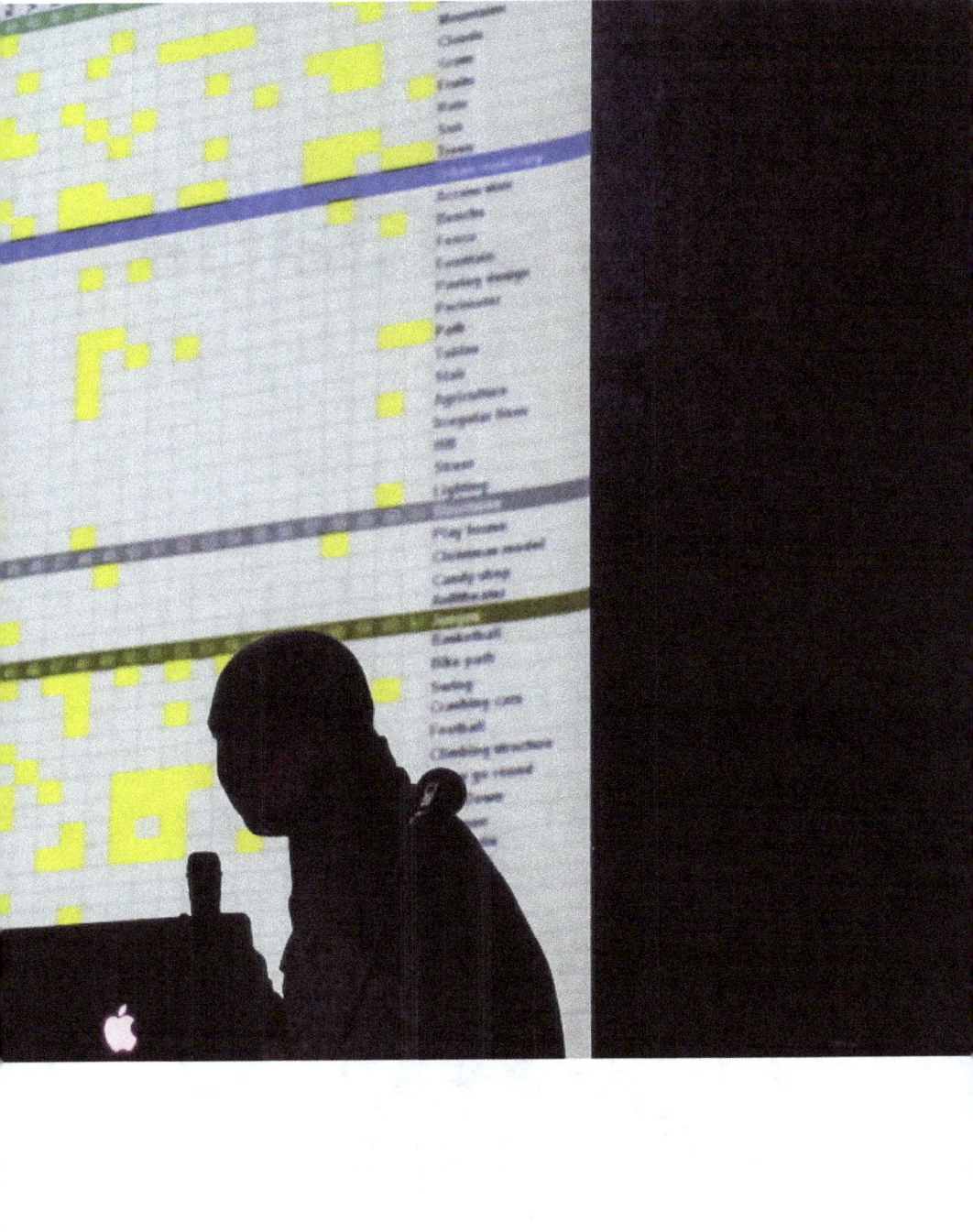

El giro Supersudaca

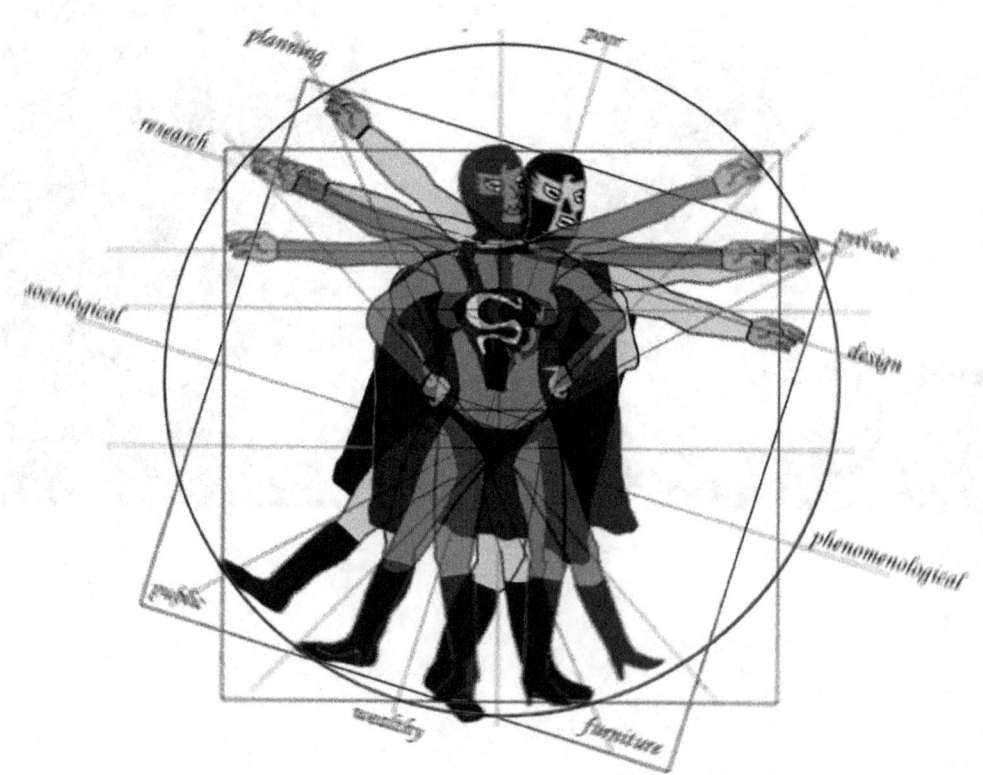

Durante una década y media de experiencias, como grupo, hemos acumulado, desarrollado y debatido en Supersudaca temas disciplinares de la arquitectura y su relación con la sociedad. Se han planteado diversas tesis y hemos podido aplicar, en colaboración, varias salidas experimentales sin un objetivo absoluto, más que la búsqueda de contenido con aspiración a un debate global desde una renovada mirada latinoamericana. Sin embargo, de este *cumulus* han surgido reflexiones y conversaciones recurrentes que auguran un posible vuelco paradigmático en la disciplina de la arquitectura, que más que un punto de inflexión totalitario, inocente o peligroso, es una alternativa, un giro, que pensamos es meritorio abrir y presentar a continuación.

El mundo de la arquitectura y la arquitectura del mundo

El autismo disciplinar parece ser un tema de debate creciente en la arquitectura, la pérdida de su vínculo con su espacio y su tiempo, su ausencia en un proyecto social más amplio, así como su mera instrumentalidad en la instalación de una agenda política sobre el territorio con fuertes consecuencias multiescalares, donde los planteamientos de los arquitectos parecen tener poca o nula incidencia. Los arquitectos aspiramos a decir mucho, pero terminamos hablando entre cuatro paredes, independiente de lo solemnes o glamorosas que estas sean. Se nos escucha poco, ya que pareciéramos unos románticos desvinculados de toda realidad, incapaces de dialogar con las complejidades anunciadas en otros campos disciplinares, refugiándonos en el arte cuando nos conviene callar y en la teoría urbana cuando nos lamentamos. Todavía peor, en ninguna de estas áreas disciplinares se nos da la bienvenida automáticamente, ya que llegamos con aproximaciones que suelen parecer generalmente anacrónicas y que se encuentran ya en otros marcos de reflexión.

Ante tan drástico diagnóstico, en Supersudaca nos pareció clave abordar la pregunta de la relación entre aquellos que sí influyen, que estudian y afectan el espacio por medio de una agenda política, la que sistematizan y presentan en idearios ideológicos que cautivan y que llevan a concreción. Esto lo denominamos: *La arquitectura del mundo*. En contraste con el estado actual del arte disciplinar de la arquitectura y sus manifestaciones en obras, publicaciones y eventos, a lo que llamamos *El mundo de la arquitectura*. Si lo reducimos a una caricatura excesivamente realista, estaríamos hablando de la potencial relación entre el G7 y la Bienal de Venecia. La relación es claramente ninguna, ¡normal! Pero ¿Es normal? Ya discutíamos en un ámbito de Supersudaca la necesidad de crear un G menos 7. Estas temáticas aplicadas a la disciplina son difíciles de abordar individualmente como arquitecto, particularmente desde los países que compondrían este G menos 7, donde el entorno académico las percibe como demasiado amplias. Solo tras años de esfuerzo terminarían discutidas, nuevamente, entre cuatro paredes o así por lo menos lo hemos vivido.

¿Por qué ya no es posible debatir y presentar utopías sociales alternativas que tengan su consecuencia en un vocabulario acorde de arquitectura? ¿Se puede especular sobre alinear la arquitectura del mundo y el mundo de la arquitectura? Si lo anterior se planteó en el modernismo y se perdió en el posmodernismo y su seguidilla de eternos "pos" (postsocialismo, poscapitalismo, poscrítica...). ¿Podemos salir de la redundancia cíclica de la arquitectura en los inicios del siglo 21? Creemos que la respuesta natural es afirmativa. La arquitectura puede ser parte de un cambio, que, por supuesto, no le es exclusivo, de una reconfiguración planetaria, de, cómo se debate en otras disciplinas, la producción del espacio ¿Cómo puede seguir no siéndolo? Abogamos por ser proactivos, críticos, pasando de modelos teóricos a marcos de acción portando una inquietud que va más allá de lo generacional. Ciertamente, existen hoy varios arquitectos con un plan similar que hemos tenido la suerte de conocer, que manifiestan la misma inquietud y reclaman su derecho y rol fundamental en este giro disciplinar, el de alinear la arquitectura del mundo con el mundo de la arquitectura, con las consecuencias que esto conlleve.

Tampoco se trata de una rebeldía sin causa, ni un grito al vacío, primero hay que empezar con un punto de discusión claro. Curiosamente, vivimos un *momentum* que, desde múltiples disciplinas se coincide en un diagnóstico sobre el proceso de urbanización actual: genera desigualdad y es insostenible, y que se manifiesta principalmente en el manejo, o no, del espacio. Lo anterior tiene un alcance total sobre el planeta, incluso más allá, si incluimos los satélites y la basura orbitante. Podríamos citar aquí, si este fuera un artículo científico, a mil autores, desde la geografía, sociología, antropología, filosofía, economía, historia, ciencias políticas y varias disciplinas afines a lo urbano. Probablemente leyendo estas líneas vengan varios nombres a la mente. Por lo tanto, desde la arquitectura, ¿Podemos abordar la pregunta de cómo considerar este proceso de urbanización? ¿Podemos asumir que desde el proceso de acumulación de capital sobre el espacio se deben enfrentar temas amplios? ¿Que es insuficiente, frente a un problema esparcido en la totalidad del planeta, responder con un par de migajas de lavado de imagen o con algunas obras emblemáticas? Si su respuesta es negativa, lamentamos se haya perdido el tiempo, recomendamos suspender la lectura aquí, gracias. Por el contrario, si se asume el riesgo de abordar el tema, se abre a una complejidad y un entusiasmo infinitos, la pregunta es ¿Cómo? Por lo pronto la invitación es al giro disciplinar, solo sabemos que, así como vamos solo hemos acrecentado el fenómeno desigual e insostenible, con o sin conciencia de aquello, pero ahora sería bueno tomar un poco más de contexto y respirar al respecto, como un primer paso para evitar el autismo disciplinar.

Polarización, el giro (o retorno) vitruviano crítico

Una de las conclusiones que hemos alcanzado en nuestras discusiones es el efecto de la polarización disciplinar en arquitectura. A través de una renovación curricular, en un espectro amplio de la academia y la formación profesional, se ha implementado en arquitectura, como en casi todas las profesiones, un proceso de especialización promovida como la alternativa más adecuada para el fomento de la innovación y la productividad. Probablemente esto sea justificado y necesario en varios ámbitos, para salidas laborales concretas, y en diferentes niveles de participación en la sociedad. Así, en arquitectura, se formaron especialistas en lo urbano, en lo teórico, en lo patrimonial, la gestión inmobiliaria, incluso en iluminación y materiales, como la madera, por nombrar algunos ejemplos ínfimos. Pues, resultó así que se parceló la elaboración y ejecución de las obras de arquitectura, que es harina del mismo costal. Además, el debate disciplinar naturalmente se llevó a binarios de especialización, cuyo propósito era reivindicar exclusivamente cada una de las áreas de especialidad, como: arquitectura versus urbanismo, lo social versus el arte y oficio, teoría versus práctica, y una larga lista de *etcéteras* que permean tanto la formación como la práctica de la arquitectura. Nuestra tesis en Supersudaca es que esta condición de polarización de la arquitectura resulta fatal; ha atomizado el debate y nos ha vuelto inoperantes para abordar temas más complejos. Preocupados por lavar la ropa sucia en casa, sin nunca poder salir a la calle vestidos. Más grave aún, es una contradicción intrínseca de la disciplina, ya que supone negar la arquitectura como disciplina generalista. En efecto, sabemos desde Vitruvio que en la arquitectura nos preocupamos de la reflexión y elaboración de lo útil, sólido y bello más allá de edificios, en su caso: desde armas, hasta relojes, por supuesto con la revisión social que merezca. Entonces, ¿Por qué negar la capacidad propicia y este carácter universal de la disciplina de la arquitectura si estos aspectos aún son referenciales en toda formación de arquitectura? La introducción del mercado en todos los ámbitos de la vida pública y privada ha engendrado por un lado una supuesta demanda de especialistas en arquitectura, a la vez que ha descartado al arquitecto como figura representativa válida de un anhelo espacial común.

Para Supersudaca, el proceso generalista se ve expuesto en las representaciones ligadas a la arquitectura desde el hombre universal de Da Vinci, pasando por el Modulor de Le Corbusier, donde había una aparente sincronía entre la sociedad y sus aspiraciones con la contribución de la arquitectura, pero quizás el punto de inflexión está representado en la figura del arquitecto Howard Roark de la novela *El Manantial*,[1] aquel que es capaz de dinamitar su propia obra antes que someterse a los absurdos cambios que le impuso la sociedad. He aquí un símbolo del inicio del divorcio entre los anhelos de la agenda de la arquitectura y de aquellos representados por la sociedad, en particular los del mercado. Es sin culpa exclusiva de un arquitecto o postura particular, a pesar de la exigencia que esto significa para la disciplina. Tampoco este proceso significa que se haya aniquilado la arquitectura por completo, han concurrido distintos esfuerzos generacionales, desde resistencias a glorificaciones comerciales, hasta intentos de *operar por dentro, surfeando la ola del mercado*, así como el llamado a la supuesta *autonomía de la arquitectura*, que es básicamente encerrarse en los cuarteles disciplinares, o las constantes escapadas anestésicas en odas tecnológicas, – admitamos– la arquitectura se ha mantenido a flote sobre una tabla (de surf) ya bien delgada. La pregunta esencial es ¿Qué pasaría si evitamos la polarización? ¿Qué alcances disciplinares se (re)abrirían? Esta es la invitación de Supersudaca y parte del giro que propiciamos, es dejar de preocuparnos si somos urbanistas o no, si podemos encasillarnos en un solo tema o en varios a la vez. Por supuesto, a partir de las oportunidades se desarrollan las habilidades, pero el punto de partida disciplinar de la arquitectura como generalistas, más allá del arte de la construcción, es tener una perspectiva universal al respeto del arte del espacio social. Asumir críticamente bajo cualquier circunstancia que se presente ser simultáneamente arte y parte de la sociedad.

Arquitectura Directa: autoencargo y autoagenda

La pregunta derivada de la tesis de la polarización en arquitectura es ¿Cuáles son los mecanismos que actúan en este proceso y cómo evitarlos? Sin tener una respuesta exhaustiva y menos total, que sería una contradicción a lo planteado, proponemos examinar la *tiranía del encargo*. Cuestionamos la posibilidad de basar la formación del arquitecto, su postura intelectual, su capacidad de transmitir un mensaje sintético, exclusivamente sobre la base del encargo. Ya existen varias voces que han alertado de que, tanto en el dominio público como el privado, de lo más redundante y poco creativo, lo que menos aporta a la sociedad civil, es el contenido del encargo de una obra. Dicho sea de paso, son estos cada vez más escasos porque la mayoría, y probablemente los más importantes, los absorbe una inmobiliaria, de ser necesario en complicidad con el arquitecto, que algo podrá hacer, pero muchas veces solo presta la firma del plano. Luego, son muy pocos los poetas que encargan su casa, como tantas veces se ha visto en ejercicios de talleres de pregrado en arquitectura, menos aún un megapuerto, estación intermodal, o parque reserva ecológica como es frecuente que desarrollen los jóvenes aspirantes a titularse como arquitectos para obtener su cartón diploma, un encargo que jamás harán solos o probablemente ni acompañados. Entonces, ¿Por qué permanece esta idea del encargo como la única manera de abordar la arquitectura desde sus inicios académicos? Por supuesto, hay un evidente entrenamiento para poder responder a encargos, pero seguramente esto debe estar más ligado al manejo de incertidumbres y restricciones que al manejo de una libertad total de la arquitectura. ¿Quizás sería mejor entrenarse en cómo conseguir encargos sin abandonar totalmente la mirada, la discusión y el aporte en arquitectura? Mejor aún: además o complementariamente, ¿Cómo trascender el encargo y poner directamente los planteamientos e inquietudes de la arquitectura en el espacio? En un primer intento de abordar estos temas, e inspirado justamente en el debate y colaboración con instituciones académicas, en Supersudaca llevamos más de una década planteando y realizando lo que definimos como *arquitectura directa*,[2] lo que en otros ámbitos se entendería como intervenciones, instalaciones y performances, lo mismo, pero sin olvidar el ángulo proyectivo de la arquitectura. En estas instancias de *arquitectura directa*, por fin se ha abierto un debate interesante, al punto que, dentro del contexto de la especialización y polarización, se ha cuestionado si: ¿Es realmente arquitectura una intervención temporal de 10 días en el espacio público/privado? Si estudiar un contexto, definir un espacio y uso para revertir, reivindicar o provocar valor de uso, manejar y optimizar recursos, construir e implementar una obra en cuatro y cinco dimensiones, si agregamos el carácter simbólico, ¿Por qué no sería arquitectura? ¿Para garantizar la calidad de la arquitectura tiene que ser esta de gran escala, lenta en ejecución y de presencia perpetua? Si hay seguridad de algo, hace ya tiempo es que esas cualidades efectivamente no garantizan la calidad en arquitectura. Así, ¿Para qué fijarnos en solo esos aspectos y obviar otras posibilidades? Por supuesto estas posibilidades deben ser verificadas con todo el rigor que el debate de arquitectura merece. Quizás esta afirmación llegará tarde para algunos, hay muchas experiencias de intervenciones urbanas, por ejemplo, pallets y huertos en las calles, pero efectivamente tampoco significa *per se* que sean exitosas. Hay varios gritos de alerta que subrayan que estas intervenciones urbanas que aspiran a mejorar cierto contexto degradado, eventualmente tienden a solo ser un ejemplo puntual para satisfacción de arquitectos y poco o nada para los habitantes (aquí vamos otra vez) o terminan generando un aumento de valor del metro cuadrado y acaban por desplazar a los habitantes originales por aquellos con mayor poder adquisitivo sobre el suelo. Aun así, este es un debate que merece darse, debemos corregir efectivamente ciertas ilusiones de lavado de imagen corporativo e inocencias de salvaguarda moral, en las cuales la arquitectura puede ser víctima cooptada por intereses corporativos no declarados. A su vez, la arquitectura tampoco tiene a cargo la misión de resolverlo todo sola, pero sí puede abordar un campo mayor en conjunto con otras disciplinas, y volvemos a los puntos de partida anteriores. Quizás efectivamente el giro ya presenta su primera inclinación, pero para evitar salirse de la curva, hay que darle aceleración y fuerza constante para eludir la tiranía y la agenda impuesta del encargo.

CoLab: También hacemos casas en la playa...

La discusión anterior también se presta a confusiones y aparentes radicalizaciones que, una vez más, terminan en polarizaciones y contradicciones obvias en arquitectura: ¡Nunca más recibir encargos! ¡Jamás trabajar para ricos! ¡Nunca diseñar, ni construir, nada! Y una quizás más corta lista de *etcéteras*. Estas proclamas, vienen de una reflexión que puede ser válida: distanciarse efectivamente de los procesos de segregación e insostenibilidad social puede ser perfectamente válido en algunas ocasiones, pero ¿Por qué debería serlo en todas? Otro de los debates que hemos llevado a cabo en Supersudaca es: ¿Por qué cierta tipología, arquetipo o condición debiera uniformemente implicar el fracaso o el éxito en arquitectura? Incluyendo, por supuesto, nuestras propias conclusiones y obras de arquitectura. Este es un debate fenomenal, que, nuevamente, es imposible llevar a cabo como individuo y mucho menos en la academia, porque está vinculado a un proceso, y se da principalmente cuando se está colaborando en algún proyecto. Por esto, en el grupo Supersudaca establecimos Co-Lab, un laboratorio de colaboración, marco de debate que puede ser sobre una investigación, pero que se vuelve más intenso en una obra o efectivamente en un encargo. Influyen, desde el cuestionamiento anunciado en el punto anterior, hasta resaltar el contexto y especificidad propios de la tarea a realizar y en alusión a los clásicos lineamientos de la disciplina de la arquitectura. Por supuesto es más fácil cuando es una colaboración para una institución pública o agente cultural: el debate casi ni se da, asumimos lo anterior como todos alineados, ¡Viva el giro en arquitectura!, pero ¿Qué pasa cuando llega un encargo, un cliente rico, eventualmente una inmobiliaria? ¿Lo escondemos? ¿Es el "para pagar facturas" una oportunista y equívoca cita a Robin Hood? Aquí es cuando se pone sabroso. No hay una respuesta definitiva, pero tampoco hay una experiencia de parálisis, hay por supuesto experiencias de rechazos, y aquí el contexto influye mucho y cada miembro de Supersudaca toma la libertad de decidir sin prejuicio como lo aborda. Claramente sería pretencioso asumir la infalibilidad, pero hay que subrayar que esta es la verdadera trinchera y las experiencias que valen. Evitando la polarización y el cinismo, en Supersudaca, se ha abogado por la total apertura ante el proceso. Nada de proyectos bajo la alfombra, porque aquí está el aprendizaje y el debate. Una vez definidos los puntos de partida y posturas anteriores está la forma, pero en última instancia, vamos por los temas de fondo en la arquitectura.

Conclusión incompleta

En Supersudaca asumimos que en Latinoamérica llevamos quinientos años de globalización y que podemos sistematizar esta herencia y proyectarla hacia discusiones de alcance global. Es sorprendente el nivel de empatía que hemos generado, sobre todo con un nombre mitad insulto mitad comic,

¡Particularmente en las denominadas conexiones "Sur-Sur" con el Oriente! Sin embargo, también en los países desarrollados donde actuamos y discutimos. Aparentemente, ha cobrado vigencia en arquitectura la cuestión de cómo sobrellevar la incertidumbre, la aparición o revelación de procesos informales, políticas coludidas, atentados, fragilidad de gobernanza... Todos estos, son asuntos que cobran una relevancia cada vez mayor y que suenan terriblemente familiares en el marco de Supersudaca anunciado previamente. Ya parece cada vez más evidente la condición y el proceso según el cual el 1% predomina a costa del 99% restante, algo que hemos vivido históricamente en Latinoamérica, como la trastienda del laboratorio, acumulando todos los experimentos ideológicos que se le han ocurrido a occidente, y donde la arquitectura, la (mega)polis y el territorio no han quedado al margen. Hay sin duda historias llamativas, como el Proyecto Experimental de Vivienda (Previ-Lima, 1969)[3] que estudiamos, más allá del fetichismo de las alteraciones a la arquitectura original planteada por los *starchitects* de los sesenta, como un barrio diverso y resiliente, por dar uno de varios ejemplos. Desde nuestra formación hemos colaborado con la academia, enseñando activamente y fervientemente en todos los países donde hemos asentado bases y afuera donde se nos ha invitado, hemos intentado borrar límites e invertir las reglas del juego en arquitectura. Cuando enseñamos, no simulamos, hacemos práctica espacial, cuando practicamos, discutimos y teorizamos hasta agotar el último resquicio de tiempo y paciencia. Cuando investigamos recurrimos tanto a la ciencia como al arte. La mayoría de los resultados han pasado desapercibidos o con glorias pasajeras, muchas veces caemos bien, otras mal, pero el proceso parece no detenerse, aunque dentro del grupo a nadie le preocupa justificar Supersudaca ante nada, más que *per se*. El grupo podría terminar al final de escribir estas líneas, pero pareciera que la obra incompleta funciona, es contagiosa, cuando pareciera olvidada resucita en las formas más impensadas, como el concepto del *mueblenstein*, un mueble multipropósito con propiedades de arquitectura creado colectivamente. ¡Esto tiene vida propia! Todas las reflexiones, discusiones y obras que hemos realizado en estos años han llevado a los miembros de Supersudaca, si no a seducir a la bancarrota –otro tema permanente de discusión– a ser invitados, a tener experiencias en lugares inverosímiles, a interactuar con gente e instituciones admirables, todo en un esfuerzo a primera vista intrascendente, que se puede decir sin conclusión. Si bien, aún no existe un libro de obras completas de Supersudaca, de serlo sería de operaciones inconclusas u *obras incompletas*. Supersudaca ha sido, y quizás seguirá siendo una audaz *agencia de viajes*, en un sentido muy amplio del concepto, para producir, experimentar y compartir contenidos de arquitectura, sin ninguna pretensión y sin más patrimonio que sus preguntas y discusiones. Una vez más, quizás nadie lo sepa, pero en este viaje posiblemente sea tiempo de invitar más a la flota y seguir dando un giro al itinerario de vuelo.

Notas

1   Ayn Rand, *El manantial*. 1943, repr. Nueva York, Plume, 2005.

2   Capítulo "Genealogía de la Arquitectura Directa" en este volumen.

3   Capítulo "¿Y PREVI?" en este volumen.

Genealogía de la Arquitectura Directa

Intro-outro

"¿Y por qué no lo hicieron realmente?"
Jean-Louis Cohen[1]

Ha sido una aventura pasar de la ficción (o representación) de la arquitectura a la realidad. Primero como estudiantes y luego como docentes, practicantes e investigadores, pero sobre todo en el marco y los caminos pertenecientes a Supersudaca.

Para sus integrantes, Supersudaca es sin duda el proyecto que más ha trascendido en el tiempo con relación a cualquier otro en lo disciplinar, pero también en lo afectivo y personal. Sin duda, ha sido una gran aventura acceder a una forma de mirar el mundo de la arquitectura y la arquitectura del mundo con múltiples puntos de vista y realidades. Y esto pasó antes del multiverso, antes de WhatsApp, de YouTube, de Facebook, Instagram y ahora de TikTok y Discord, pero al mismo tiempo anticipando, de manera análoga, una conexión, una inteligencia colectiva que parece inagotable y siempre entusiasta – como se demuestra cada vez que nos encontramos, aunque sea de forma parcial o vía Zoom.

Esta conexión dio lugar a la exploración de realidades alternativas en la *performance* de la arquitectura más allá del encargo, del cliente y del concurso, pero al mismo tiempo sin descartarlos. También ofreció la posibilidad de abordar iniciativas más allá de una lectura disciplinaria lineal, hegemónica o coherente de la arquitectura.

De estas exploraciones y discusiones incombustibles nació la *arquitectura directa*, último componente del trinomio Supersudaca (recopilado en *El giro Supersudaca*). Este concepto termina estructurando nuestra "mesa de tres patas": el *mundo de la arquitectura*, que remite a la tradición y al estado del arte disciplinar; la *arquitectura del mundo*, que enmarca la investigación urbana crítica, el vínculo con la sociedad y su despliegue en el espacio; y la *arquitectura directa*, enfoque al que está dedicado este texto.

El objetivo de este ensayo es comprender brevemente la genealogía del concepto de "arquitectura directa" –tanto en su epistemología interna como en sus ramificaciones, rizomas y *spin-offs*– pero también su (auto)crítica del estado actual, así como abrir su eventual proyección. A continuación, se mencionarán algunos casos y referencias para rastrear su origen y la exposición de sus resultados y conclusiones para sus perspectivas futuras en, idealmente, una discusión más amplia sobre las posibilidades de salida y las implicancias disciplinarias en relación con los desafíos del siglo actual, con marcadas complejidades en la estructura social y el impacto en su entorno de vida, que difiere de cualquier condición previa de la arquitectura.

Tesis: hazlo tú mismo. De los *petit projets* al Berm

Hubo una experiencia que fue la piedra angular de lo que sería el inicio de la idea de *arquitectura directa*. Corría el año 2001, y en un estado embrionario de lo que luego se convertiría en Supersudaca, varios de sus miembros –estudiantes del Instituto Berlage provenientes de América Latina– se encontraban fascinados de poder estudiar una masterclass en la ciudad de París. El tema del taller eran los "Grands Projets", a más de una década de su implementación.

Viajamos desde Holanda para instalarnos en la oficina del destacado arquitecto Dominique Perrault, autor de uno de los "Grands Projets": la Bibliotèque de France, que se vislumbraba en el horizonte a través de las mamparas acristaladas del estudio. Nos pidieron y recomendaron recopilar datos, estudios de flujos y análisis programáticos de las obras icónicas del bicentenario de la Revolución Francesa. Todo ello en un estado de laboratorio abstracto, revisando pantallas y documentos.

Sin embargo, en un momento de distracción se nos ocurrió mirar por la ventana y al ver la ciudad surgió la pregunta: ¿por qué no dejar a un lado nuestros teclados y notas para salir a vivirla? Estableciendo así un vínculo con el caso de estudio asignado, el Museo del Louvre y la sociedad en la que opera.

Más que un trabajo de campo con el objetivo de recopilar una información particular, estábamos encantados con lo que el espacio urbano parisino tenía para ofrecer. Rápidamente nos dimos cuenta de que el simple hecho de movernos por la ciudad sin otro objetivo que la ciudad misma (¿*flânerie*?) ofrecía un carácter y una serie de opciones imposibles de representar gráfica o numéricamente. Lo que nos llamó la atención en el camino hacia el Louvre, desde nuestra experiencia, fueron las conexiones entre los espacios comunes –principalmente los parques y el metro– donde un elemento parecía tan cotidiano que pasaba desapercibido: las sillas. Sillas públicas, de color verde, no ancladas al suelo. Como parecían tener un valor de uso tan evidente que todos los ciudadanos las respetaban, daba la impresión de que nadie las robaba, destruía o arrojaba al río. Las sillas dejaban huellas, configuraciones de los habitantes de la ciudad mientras se reunían y congregaban: algunos miraban hacia las magníficas esculturas de Henry Moore, Alberto Giacometti o Jean Dubuffet; otros, todo lo contrario, pero seguían juntas. Diferentes situaciones del día a día se registraban en estos dispositivos tan obvios.

Nuestra conclusión para el taller fue que si bien el Louvre se transformó, en cuanto *grand projet,* en un museo-*mall* –con locales comerciales y salas de eventos, centrando toda la atención en la entrada de la pirámide de cristal de I. M. Pei–, dejó fuera el *cour carré*, el patio de origen medieval del castillo que también conecta con el resto de París hacia la isla mediante el Pont des Arts.

Nuestra propuesta fue poblar la *Cour Carré* con la misma textura de grava y sillas que la ciudad ofrece en sus ilustres espacios comunes conducentes al museo, así, restablecer automáticamente la conexión con la ciudad. La propuesta, también reflexionaba sobre el contexto de crisis financiera del museo y apuntaba en una nueva dirección: pasar de los *grands projets* a los *petit projets*, en alusión a "El Principito".

Era un enfoque atrevido, ya que la mayoría de nuestros colegas tomaron una dirección diferente, pero al jurado, compuesto por "starchitects" y académicos que admiramos, les encantó la propuesta. Nos animaron a formar una especie de grupo que se ocupara de cuestiones urbanas y propusiera ideas sencillas, con recursos mínimos y máximo impacto público. Pero Jean-Louis Cohen, destacado investigador de arquitectura, biógrafo de Le Corbusier y curador, planteó una pregunta: ¿por qué no lo hicieron? ¿Por qué no tomaron algunas sillas y probaron?

Nos quedamos sin respuesta. Era obvio que deberíamos haberlo intentado, incluso si ello hubiera hecho saltar algunas alarmas. Nos quedamos con las ganas y sin darnos cuenta nos comprometimos a que en la próxima ocasión debíamos concluir esta narración, generando lo que los situacionistas ya habían preconceptualizado: una situación urbana.

De regreso en Latinoamérica en 2003, propondríamos hacer ese "Doble Click": salir con los estudiantes de taller de arquitectura por la ciudad de Talca (Chile) a encontrar conflictos u oportunidades de mejora y generar un proyecto, para luego gestionar cómo hacerlo realidad. Algunos resultaron bien y otros no tanto, pero se lograron casos notables como *El Museo Callejero*, donde un paso a nivel oscuro, inseguro y maloliente fue transformado, pintándolo de blanco y reuniendo allí a músicos y artesanos del barrio, en un espacio activo y seguro. Posteriormente, en sucesivos talleres se repetirían los ejercicios, involucrando diferentes métodos para lograr la posibilidad de intervenir efectivamente en el espacio de la ciudad.

Así, en 2003, la German Cultural Foundation junto con el Caracas Urban Think Tank convocaron a un grupo de diecisiete especialistas (fotógrafos, arquitectos, urbanistas, semióticos, sociólogos, ingenieros, cineastas, comunicadores sociales y escritores) para viajar a Caracas a estudiar un lugar, donde la gasolina es más barata que el agua, y donde la altura de los edificios aumentó de uno a veinte pisos en unos cinco años, durante el *boom* económico de los años 50.

Supersudaca se unió al equipo. A su llegada a Caracas, la gran energía y esperanza generada por la victoria de Hugo Chávez ante el fallido golpe de Estado de 2002 hizo más interesante para los expertos investigar el papel inverso de los especialistas y los habitantes de los barrios. Ahora que estos últimos tenían poder, había que concebir un nuevo método lejos de los computadores y la oficina. Era momento de cuestionar la autoridad del experto versus el conocimiento de los habitantes del barrio. Cuando un líder comunitario nos pidió que diseñáramos un parque, estaba claro que esperaban un nuevo enfoque y el reconocimiento de los roles de poder invertidos. Entonces, después de conversar con los líderes de la comunidad, decidimos probar un nuevo método que no dependiera de la organización jerárquica de expertos y clientes.

Inspirándonos en los primeros experimentos sobre democracia descentralizada en Estados Unidos, probaríamos una especie de democracia directa: la *arquitectura directa*. La idea no era sólo el proceso típico de empoderamiento para demandar justicia, sino el inicio de plataformas de organizaciones autosuficientes que pudieran abordar sus necesidades públicas –incluyendo la decisión de programas, ubicación, financiamiento, definición de prioridades por parte de los afectados y el diseño arquitectónico en cuanto tal. En lugar de mostrar nuestros talentos para crear formas, testeamos el papel del arquitecto como "partera", guiando y mediando a las personas para construir lo que necesitan a través del diseño de un método que incluía la organización de una competencia de los mismos usuarios en dos etapas; en la primera, todos ellos podían determinar lo que realmente querían, para luego proceder a un proceso de negociación a través de sueños colectivos más pequeños y, finalmente, a una dirección de diseño acordada en común y apoyada por la comunidad. Ello implicaba una actitud de DIY o "hazlo tú mismo": así se acuñó el concepto de arquitectura directa.

Para 2005, Supersudaca contaba con una metodología para intervenir en las complejas metrópolis que habitamos. Podríamos aventurarnos más allá de la propuesta teórica clásica al contar con un método de trabajo como comadronas, articulando las aspiraciones de una determinada comunidad con los recursos disponibles y luego implementarlas en el espacio. Entonces, cuando recibimos la oferta de impartir un curso de Urbanismo en la Pontificia Universidad Católica del Perú – PUCP, llegó el momento de formalizar Arquitectura Directa en una pedagogía que pudiera leer y escribir en nuestras desbordadas ciudades.

El resumen del curso impartido por Supersudaca decía:

> La responsabilidad social de la arquitectura es hacer mejores ciudades. Pero sólo eventualmente tiene la oportunidad de "hacer" ciudades a través de proyectos o planes. En esas raras ocasiones, y basándose en la supuesta competencia profesional que la sociedad a la que "sirve" ha considerado responsable, los arquitectos tienden a ofrecer con diligencia soluciones para cambiar el mundo. Ungidos por la omnipotencia, convierten estudios y reflexiones en intervenciones y argumentos prometedores... pero... la interminable lista de intermediarios que ayudan en la labor del proyecto reducen al arquitecto a patéticos niveles de impotencia. La arquitectura se convierte en una disciplina experta en conjugar en pretérito perfecto (cláusula condicional "si"), que –orgullosamente– ilustra a todo color publicaciones leídas sólo por otros arquitectos (!). Demasiado talento y energía se convierten en demasiada irrelevancia.

¿Cómo podemos trascender esta condición pasiva de intervenir en la ciudad? ¿Cómo solucionar la inutilidad de la tarea de la arquitectura para mejorar la calidad de vida de las ciudades? Entre el cinismo y la ingenuidad, ¿nos capacitamos –una generación más– para desempeñar el papel del intelectual incomprendido? ¿Nos empeñamos en diferenciar arquitectura de urbanismo, para que el barro no nos alcance más allá de la escala 1/200? ¿Cuánto tiempo mantendrá el avestruz su cabeza bajo tierra?

Quizás haya algunos espacios en los que nuestro poder limitado –una vez asumido– podría marcar la diferencia. Si no podemos controlar el tren que transformará la ciudad, tal vez seamos capaces de conducir cientos de *mototaxis*. Si entendemos el urbanismo más allá de la mera planificación determinista y nos centramos en la inducción de situaciones que suceden, podríamos encontrarnos no construyendo una ciudad... sino cultivando su urbanidad. Al cambiar a otra estrategia, encontramos un gran potencial al operar en los puntos ciegos de la arquitectura y el urbanismo tradicionales. Aquellos intersticios, cuya escala es menor que la de un edificio pero cuyos efectos pueden tener proporciones urbanas. Allí donde nadie reclama competencia, y no hay –por tanto– responsabilidades ni culpas. Allí donde podemos ejercitar el conocimiento espacial de la arquitectura practicando un urbanismo sin presupuesto, de mínimos recursos pero máximos impactos. Un espacio donde la principal herramienta sería el ingenio, donde los proyectos se ejecutan de verdad, sin medios ni intermediarios: una Arquitectura Directa.

La mecánica del curso de catorce semanas consistió en aplicar la *General system theory,* de Bertalanffy, al estudio de los componentes e interrelaciones de un sistema urbano dado. Una vez mapeado, definimos su "punto G": allí donde con un mínimo esfuerzo se pueden alcanzar los máximos niveles de cambio, ya sea para resolver un problema o para estimular un potencial encontrado.[2] Al final se realizó una intervención real con el mínimo de recursos. Sillas, bolsas de plástico, líneas amarillas, pancartas, pintura, globos, volantes, cartulinas etc., se convirtieron en detonantes para desencadenar círculos virtuosos en el ámbito urbano: la conciencia de los vecinos, la limpieza de una calle, la animación de un *terrain vague*, la sensación de seguridad en una calle peligrosa, la construcción de un hito etc. En todas estas intervenciones los efectos se han beneficiado del reconocimiento de que las relaciones entre urbanismo y ciudadanos son lo más importante a nivel de aquellas cuestiones ordinarias que definen nuestra calidad de vida.

Se estaba abriendo un mundo fascinante y por eso probamos esta hipótesis con Supersudaca desde Lima hasta Tokio, principalmente en colaboración con estudiantes de arquitectura de varias universidades.

En Lima, estudiantes de urbanismo reorganizaron mercados utilizando líneas de pintura; un improvisado orinal público fue desplazado con un *stencil*. En Buenos Aires, se implementó el cartel "KK", denunciando por medio de gráficas naranjas los excrementos de perros en parques públicos. En Curazao, las intervenciones realizadas a lo largo de cinco años pusieron en evidencia la falta de acceso público a las playas, y llevaron finalmente al gobierno local a promover una iniciativa para abrir el acceso al mar ilegalmente privatizado y proporcionar infraestructura básica en las tres últimas playas públicas urbanas en Willemstad. En Cartagena, se mapeó la zona donde vive la comunidad Zenú, que no aparece en los mapas de la ciudad para visibilizarla, y se le dio identidad a una institución que acoge a niños de un barrio vulnerable para reunirse durante el día con actividades sociales y culturales, eligiendo un nombre y pintando las fachadas de azul, todo ello decidido mediante votación y trabajo con los mismos niños de la institución. En Haarlem, Países Bajos, acamparon en un parque. En Amberes, donde un terreno abandonado se convirtió durante más de 50 años en una reserva natural urbana, el Berm, las intervenciones ayudaron a descubrir los puntos ciegos en el sistema de gobernanza que llevaron a un cambio hacia una política de protección de la naturaleza impulsada por los ciudadanos, donde las políticas de los "bienes comunes" jugaron un papel importante. Y así exploramos, prototipamos y experimentamos durante más de dos décadas, y en los más diversos contextos, lo que definimos como arquitectura directa: una forma de expresar ideas sobre el espacio de manera empírica.

Antítesis: para ser bueno... y otras derivas, de la India a la oleada actual

Es de esperar que en la experimentación haya tropiezos o *cul de sacs*; la arquitectura directa se encuentra en un estado preliminar, aunque pueden rastrearse varias experiencias, desde ejercicios en Taliesin hasta las *performances* y *happenings* de los años 60.

Si bien evita depender de encargos, depende de instituciones que lo apoyen, un equipo dispuesto a dar su tiempo y una fuerte conexión con las redes locales. La academia es, por tanto, un caldo de cultivo ideal, ya que incorpora una dimensión crítica. Sin embargo, cuando se institucionaliza a nivel público como política, tiende a volverse acrítica y a instrumentalizarse para promover a la autoridad de turno. Particularmente en los municipios, se utiliza para glorificar al alcalde en ejercicio. Esto es lo que hemos constatado críticamente con el llamado urbanismo táctico, anteriormente con el urbanismo social y la acupuntura urbana.

Hemos tenido incluso experiencias donde nuestras sospechas eran altas y nos cuestionamos autocríticamente, si podíamos realizar algún tipo de aporte en términos de impacto en un taller de diez días de duración. Por ejemplo, nos invitaron a trabajar en Daharavi, Mumbai, la barriada más grande del mundo –una de las áreas de gentrificación más codiciadas del mundo, dada su ubicación central y la escasez de terrenos para la inversión.

La actividad incorporó invitados internacionales, organizaciones no gubernamentales y arquitectos del más alto nivel, incluso al destacado arquitecto indio Charles Correa. Sin embargo, la complejidad del problema era inabordable, y lo primero que escuchamos en las reuniones con la comunidad y sus representantes fue que estaban cansados de ser analizados y encuestados. No habían visto ningún cambio en décadas. Incluso en este punto, parecían creer más en las iniciativas privadas que en el gobierno o en las organizaciones no gubernamentales – ONG. Un comienzo difícil.

En lugar de intentar convencer nuevamente a la comunidad de aquello de que parecían desconfiar, intentamos ofrecerles lo que esperaban. Para llegar a ser buenos, había que ser malos. Simulamos encuentros de iniciativas y proyectos inmobiliarios privados con nuestro grupo de estudiantes, creando imágenes seductoras con el vocabulario de representación de promotores inmobiliarios y con el lenguaje de la "starchitecture" que habíamos aprendido en Holanda.

Por supuesto, esto causó malestar a los organizadores, quienes vieron con recelo y perplejidad cómo estábamos arruinando el ambiente de la actividad y vendiendo nuestras almas al diablo. Una provocación que podría parecer innecesaria, pero nuestra curiosidad era mayor: ¿qué pasaría si presentáramos estas ideas a la comunidad? Una *performance* con folletos y videoclips, donde arquitectos y estudiantes se hicieron pasar por promotores para aprehender una idea certera de la situación. Esta vez nos quedamos perplejos, al darnos cuenta de que la mayoría de las personas entrevistadas se quedaba fascinada por las proposiciones agresivas del sector inmobiliario. Jugamos con fuego y casi nos quemamos.

Esta experiencia –entre otras– presenta una conclusión, una mirada más bien descarada al espejo; podemos hacer las intervenciones mínimas que queramos, una fiesta, una pintura, un mural, un baile, un techo, pero la utopía capitalista en torno a la ciudad está arraigada en el nivel popular más profundo y es difícil recuperar la confianza en lo colectivo y comunitario a nivel espacial sin tener una respuesta de salida y bienestar económico.

Al mismo tiempo, esto confiere a la arquitectura un arma de doble filo: si sigue el juego de la especulación privada puede también convencer a las personas, a veces en contra de sus propios intereses, revelando el lado oscuro de la arquitectura directa. Cuando se preguntó a los habitantes si estaban dispuestos a abandonar su lugar de origen por generaciones y mudarse a otra parte a cambio de un beneficio económico, varios representantes de la comunidad se mostraron dispuestos a ello, si es que les permitía brindar educación y un futuro a sus hijos y nietos.

Este resultado generó un debate interno dentro del grupo –aún irresuelto– entre quienes creen *a priori* que aún es posible aportar algo desde las lógicas inmobiliarias privadas y aquellos que no. Obviamente, existe un gran "depende" según cada caso.

Definitivamente se necesita no sólo una reflexión más profunda sobre las expectativas, sino también una capacidad creativa mucho mayor, acompañada de una agenda de largo plazo con un cambio de escala en las políticas del espacio y la ciudad. La clave, parece, debe ir acompañada de las ganas y la confianza en otra opción.

Síntesis: dialéctica de Cantinflas. Ni lo uno ni lo otro, sino lo contrario

Después de veinte años, la arquitectura directa, como se suele declarar en los círculos académicos para quedar bien, ha traído más preguntas que respuestas. En nuestro caso, con un amplio abanico de experiencias. Esta acumulación, sin caer en un veranito de San Juan para brindar soluciones urbanas definitivas, tampoco es un acto de caridad de esos que se realizan para satisfacerse moralmente ante una sociedad desigual y en crisis medioambiental, donde nada cambia sustancialmente. La *arquitectura directa* engloba un catálogo de acciones que, aunque orgánicas, han tenido una revisión posterior sistemática por parte de los participantes y del resto de los miembros de Supersudaca, junto con otros actores invitados a debatir sobre la experiencia.

La iniciativa se ha tomado como una forma de cuestionar efectivamente lógicas espaciales, no como un fin en sí mismo. La arquitectura directa, no es una manera de hacerse sentir bien, porque la sinceridad, la empatía y la confianza entre los integrantes de Supersudaca deja poco lugar a la complacencia y la condescendencia. Todo se cuestiona. En tanto que los hallazgos y descubrimientos se celebran, se validan y se mantienen en conversación.

Es ciertamente un camino, pero un camino sin glorias, sin solución. Sí con mucha dedicación y cariño; un cariño genuino por quienes habitamos el planeta y sus condiciones difíciles y patológicas. Queremos seguir participando, seguir explorando, hacer el relevo, contagiar, polinizar a quienes lo intentarán y están motivados por una mayor creación y escala de la arquitectura directa. Promover un cuestionamiento desde las diferentes instancias profesionales que nos convocan. Desde las oficinas, o lo que queda de ese modelo en la arquitectura, las universidades, las instituciones públicas.

Nuestra autocrítica es el mejor elemento para abordar la incertidumbre con mayor certeza. No pretendemos una pureza absoluta en la arquitectura; al contrario, nos atrae la diversidad y el mestizaje. Después de todo, es Supersudaca. Esto, sin ninguna garantía de éxito y menos aún de reconocimiento disciplinar del mundo de la arquitectura, en su *status quo* actual. Bueno, al menos se espera algo para seguir operando y agradecer infinitamente a quienes han depositado su confianza en nosotros.

Todavía estamos impulsados a avanzar hacia un conocimiento de la causa, a establecer una dialéctica permanente con la realidad, aunque eso signifique asumir contradicciones. Confrontar nuestras ideas nos permite desaprender para reaprender otra dimensión de la discusión y la acción.[3] Para imaginar cambios hay que empezar por algún lado, y cada vez entendemos que los pequeños cambios, los *petit projets*, pueden abrir grandes luces, ahora que realmente lo hemos hecho.

Notas

1   "Paris as a masterclass jury." Berlage Institute, 2001.

2   BERTALANFFY, Ludwig Von. *General system theory: foundations, development, applications.* EE.UU., George Braziller Inc., 1969.

3   Esto implica padecer un estado de hipocresía incongruente en cuanto a lo que se exige en términos disciplinares como un calce perfecto entre práctica, academia e investigación actual. Tiene mucho sentido cuando intercambiamos y probamos una y otra vez otra versión de lo que domina y controla la producción urbana.

Reporte #1

L.A. Colectiva: La historia paralela de Latinoamérica como laboratorio reactivo de Occidente

Mario Pani avant l'heure

Escritor invitado Miquel Adrià

N.E.: Durante el terremoto ocurrido en la Ciudad de México en 1985, Nonoalco Tlatelolco volvió a convertirse en un símbolo. Esta vez, de destrucción, tragedia y cientos de muertes. El complejo sufrió daños severos: un block colapsó, once edificios tuvieron que ser demolidos y otros cuatro debieron ser achicados.

El arquitecto mexicano Mario Pani (1911-1993) realizó proyectos que arquitectos en Europa y América del Norte apenas tenían en mente. La emblemática revista *L'Architecture d'Aujourd'hui* se negó a publicar su trabajo cuando confundieron fotografías de sus edificios con fotografías de maquetas. Su proyecto Tlatelolco definió el ascenso y caída de un ideal colectivo moderno: el monoblock lineal. Casualmente, también resultó ser escenario de las muertes de la demostración de octubre del 1968, lo cual constituyó nada menos que el asesinato de un sueño colectivo mexicano.

[1] ARELLANO, Graciela de Garay; PANI, Mario. *Historia oral de la ciudad de México. Testimonios de sus arquitectos, 1940-1990*. México, Instituto Mora, 2000, p.13.

[2] GRAS, Louise Noelle. *Mario Pani: La visión urbana de la arquitectura. Exhibition catalogue*. México, Unam, 2000, p. 25.

[3] Mario Pani viajó a Francia en 1948, con la intención de visitar a Le Corbusier y de conocer personalmente los trabajos de l'Unité d'Habitation en Marsella. Después de varios intentos, Le Corbusier nunca lo recibió, ya que en ese momento se encontraba bajo duras críticas por su proyecto piloto y decidió no mostrarle a nadie su trabajo.

Pragmático y antisolemne,[1] luchó en todos los campos y apostó a lo grande por soluciones totales, implicando aspectos urbanos, sociales, económicos y políticos. Pani fue el último estratega que se sentó delante del tablero metropolitano para mover las fichas que respondían a un plan. Después de él las lecturas serán fragmentadas, tendiendo a intervenciones autónomas y a episodios urbanos de escala menor.

Desde hacía mucho tiempo me preocupaba esta idea de la arquitectura habitacional. El origen del asunto es la teoría de Le Corbusier sobre la Ciudad Radiante, es decir, edificios de gran altura que permitan liberar espacios para dejarlos verdes, con los servicios que requieran en planta baja. Por cierto que esta idea no se había realizado nunca, pues en el mismo momento que a mi se me ocurrió hacer el primero, el Multifamiliar Miguel Alemán, Le Corbusier estaba haciendo la Unidad de Marsella, que era un edificio de tan solo trescientos departamentos, pero se acabó después de que yo terminara el conjunto de aproximadamente mil viviendas.[2]

El complejo multifamiliar Presidente Miguel Alemán (1948) nació como respuesta enardecida a un concurso de ideas convocado en 1946 por el director de Pensiones Civiles, José de Jesús de Lima, para un conjunto de doscientas casas destinadas a funcionarios del Estado. La ocasión estaba servida. Pani propuso el modelo corbusiano de bloques en altura (compuestos en zigzag como se veía en las fotos de maqueta de la Villa Radiante,[3] que ocupaban solo el 20% del terreno sobre Avenida Coyoacán, aumentaban la densidad a 1.000 habitantes por hectárea y liberaban el espacio común para áreas verdes y servicios. La propuesta era tan tentadora como inusual para el cliente. "En un momento de audacia entusiasta, el arquitecto Pani pidió que le concedieran un plazo de quince días para presentar un proyecto detallado con su presupuesto correspondiente."[4] Así, convenció también a sus colaboradores para desarrollar el proyecto arquitectónico en pocas semanas, trabajando en tres turnos las veinticuatro horas; y contagió a un grupo de jóvenes ingenieros emprendedores que asumieron el riesgo de cotizar y construir a menor precio del estipulado, constituyendo la empresa Ingenieros Civiles Asociados – ICA que, con el tiempo, se convertiría en la más importante del país. El resultado fue un conjunto de nueve edificios de trece pisos y seis edificios, de tres. Los primeros se sitúan en zigzag siguiendo una de las diagonales del terreno

4   PANI, Mario. *Los multifamiliares de pensiones*. México, Editorial Arquitectura, 1962, p. 77.

5   ARELLANO, Graciela de Garay; PANI, Mario. Op. Cit. ARELLANO, Graciela de Garay. *Mario Pani vida y obra*. México, Unam, 2000, p. 47.

6   ARELLANO, Graciela de Garay. Op. Cit., p. 47.

7   ANDA, Enrique X., *Historia de la arquitectura mexicana: la arquitectura después de la revolución Mexicana*. México, Ediciones G.G ili, 1995, p. 228.

8   Ibidem.

y los más bajos están aislados sobre los frentes de calle más cortas. El conjunto se orienta norte-sur permitiendo que casi la totalidad de las habitaciones disfruten de vistas al este-oeste. Los edificios en zigzag se orientan al sur. Toda la supermanzana pasa a ser peatonal y los automóviles se estacionan en el perímetro. Las plantas bajas están destinadas a comercio y a pórticos de circulación y los departamentos son de dos niveles, teniendo en el de acceso la cocina y el comedor y en el otro –subiendo o bajando– los dormitorios y el baño. Los pasillos de circulación se reducen a uno por cada tres pisos.

Comparando este proyecto con la Unidad de Habitación de Marsella, que Le Corbusier estaba construyendo en las mismas fechas, Pani recordaba que "nuestro proyecto tenía la gran ventaja de que las circulaciones eran al aire libre, como puentes, mientras las de Le Corbusier eran pasillos internos". [5] El arquitecto proyectó además oficinas para la administración, escuela para 600 alumnos, guardería, lavandería con máquinas automáticas individuales y cámaras de secado, dispensario médico, casino, salón de actos canchas deportivas y una alberca semiolímpica.[6]

La Unidad Nonoalco-Tlatelolco representa para varias generaciones de arquitectos y críticos mexicanos un "crimen de la modernidad", sin arraigo territorial ni cohesión social[7] que muestra "la decadencia de los buenos principios asumidos para el diseño urbano y habitacional esgrimidos por el propio Pani en sus primeros multifamiliares".[8] Sin embargo, este macro-conjunto habitacional es la utopía hecha realidad del Movimiento Moderno, el sueño construido que apuntaba Le Corbusier en el Plan Voisin (1925), donde propugnaba una tabula rasa radical en la ribera derecha de Paris como única solución al hacinamiento urbano.

En 1964, Mario Pani y su Taller de Urbanismo realizaron un exhaustivo estudio para erradicar la "herradura de tugurios" que según ellos impedía la sana expansión de la capital. La zona de vecindades analizada tenía una densidad de 500 habitantes por hectárea en un solo nivel, sin servicios y un "hacinamiento terrible". La propuesta de Pani ofrecía 1.000 habitantes por hectárea, con 75% de zona verde y todos los servicios integrados en los edificios, invirtiendo la proporción de llenos y vacíos. El conjunto se dividió en tres macro manzanas separadas por ejes norte-sur existentes, dando continuidad al trazado urbano. No obstante, se podía recorrer peatonalmente todo el conjunto desde la plaza de las Tres Culturas, pasando por el Paseo de la Reforma y llegar hasta Insurgentes a través de dos kilómetros de jardines arbolados sin cruzarse con vehículos.

Planeado para 15.000 viviendas, distribuidas en edificios multifamiliares de distintas alturas, Nonoalco-Tlatelolco representaba una propuesta de alta densidad, con carácter ejemplar, donde se aplicaron los postulados modernos que Pani supo hacer suyos. Sus recetas para combatir los achaques urbanos debidos, casi siempre, al crecimiento acelerado, proponían crear ciudades "dentro" y "fuera" de la ciudad. Si ésto lo llevaría a cabo con Ciudad Satélite, Tlatelolco fue la oportunidad para aplicar a gran escala una cirugía radical dentro de la ciudad existente, aprovechando los ensayos de los multifamiliares Presidente Alemán y Presidente Juárez.

Así, el trazado del conjunto estará dibujado por la composición ortogonal de tres tipos de edificios que se corresponden a tres tipologías de vivienda. Los edificios bajos, de cuatro niveles sin elevador convierten a las escaleras –sin descansos– en dinámicos conectores que dan acceso a dos departamentos cada medio piso. Este hábil recurso de la sección queda expuesto en las dinámicas fachadas laterales. Los departamentos son de dos dormitorios y un baño. Los bloques de ocho pisos, son perpendiculares a los anteriores

[9] ARELLANO, Graciela de Garay. Op. Cit., p. 51.

y repiten el esquema del multifamiliar Juárez con circulación a norte y fachada a sur. Su sección también muestra como hacer más eficientes las escaleras accediendo a los medios niveles. Estos departamentos son de tres recámaras con baño y medio. Los bloques más altos son de catorce pisos, con los comercios en sus niveles inferiores, ubicados equidistante y estratégicamente a fin de acortar las distancias desde cualquier edificio del conjunto a los locales comerciales.

Si un extremo del inmenso conjunto está definido por la plaza de Las Tres Culturas, su opuesto es una afilada flecha de sección triangular, conocida como torre Banobras. Cabe rescatar una anécdota del impacto del proyecto. Cuentan que Pani envió unas fotos aéreas en blanco y negro a la revista *Architecture d'Aujour'dui*, la primera y la más venerada por este arquitecto de formación francófona. Como respuesta recibió una carta muy formal donde se le indicaba que la política editorial de la revista no les permitía publicar fotos de maquetas: nadie podía creer que esas imágenes fueran una realidad construida.

El proyecto fue severamente criticado por sus dimensiones, falta de estética y destrucción de los vestigios históricos.[9] Sin embargo, el sincretismo de la macroplaza salvaguarda algunos vestigios del pasado prehispánico y colonial, incorporándolos a los espacios representativos de la modernidad de bloques abstractos y a la dureza cacofónica de las fachadas en blanco y negro.

En la Plaza de las Tres Culturas un día de octubre de 1968, se rompió el hilo que articuló la historia de México. Una matanza indiscriminada acabó con las manifestaciones del descontento popular. Paradójicamente, y quizá no sea casual, sucedió en la nueva colonia de Tlatelolco, proyectada por Mario Pani. Si este conjunto para 100.000 habitantes era el paradigma de la modernidad acrítica de altos bloques lineales, iguales a otros tantos de las periferias metropolitanas del planeta, sería también el parteaguas de la arquitectura mexicana y el principio del declive de la brillante y espectacular carrera profesional de Mario Pani. La belleza metafísica de este paisaje artificial se convertiría en tabú, cargado de doble significado, que celebra la pérdida de libertades y la defunción de la modernidad.

Cronología Supersudaca de casos colectivos

Las políticas de estado sobre las viviendas colectivas comienzan en Latinoamérica durante el New Deal de Franklin Delano Roosevelt (con el Falansterio en San Juan, Puerto Rico, 1937) y en los años 40, imitando un estado benefactor, con proyectos sociales como Ciudad Evita (Argentina) y El Silencio (Venezuela), construyendo edificios de hasta cuatro pisos, y con el enfoque paternalista de la época. Posteriormente, el Megablock moderno inventado en Europa fue importado a Latinoamérica y construido en forma masiva incluso antes que en su cuna; por ejemplo, el complejo 23 de Enero, de Carlos Villanueva, con 9.126 unidades, es de 1952-57, comparado con ejemplares emblemáticos como el Tolouse le Mirail de Candilis, Josic y Woods con 5.656 unidades, de 1960-64. Los grandes esfuerzos resultaron en vano para atender la creciente demanda de vivienda. Mientras tanto, la rápida y flexible casa autoconstruida, creció de manera exponencial en Latinoamérica. La Barriada Asistida se convirtió en una alternativa para hacer más baratas las ciudades. A fines de los años 60, PREVI Lima intenta conciliar la baja altura con una alta densidad, la prefabricación con la autoconstrucción, la planificación moderna con el crecimiento orgánico: un punto medio entre el Megablock y la Barriada. Sin embargo, eso quedó en el olvido. A través de los años 70, el modelo de Megablock y de la Barriada Asistida se mantuvieron, como lo hizo en Argentina el infame Fuerte Apache y la mejor considerada Villa el Salvador de Lima, Perú. Los uruguayos incorporaron el eficaz modelo cooperativo de viviendas en Montevideo, vigente hasta la actualidad. Más tarde, durante los años 90 en Chile, con el boom económico y la reciente democracia, se promueve un plan cuantitativo de viviendas subsidiadas para terminar con los campamentos, luego Elemental apunta a una búsqueda de calidad dentro de este modelo.

Latin-America's Collective Housing Timeline by Supersudaca

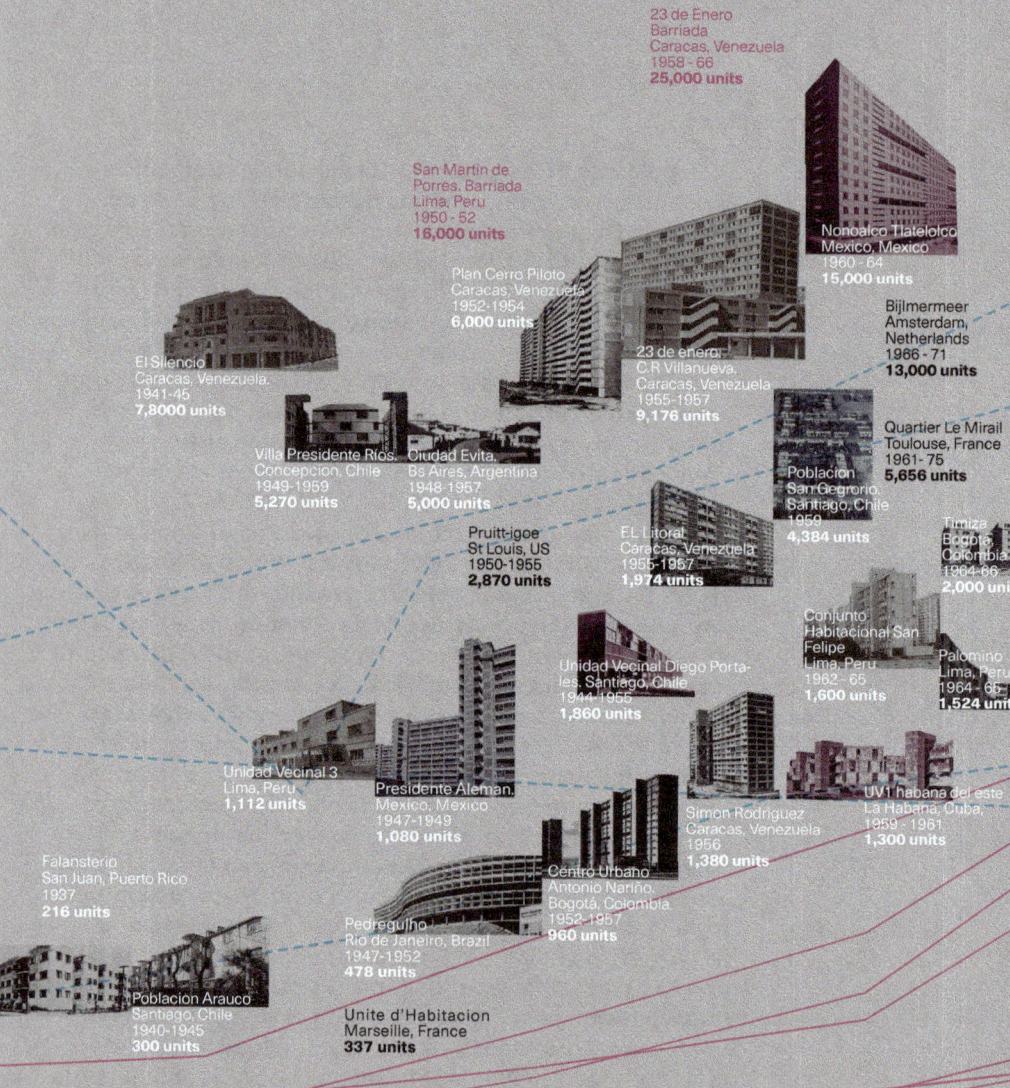

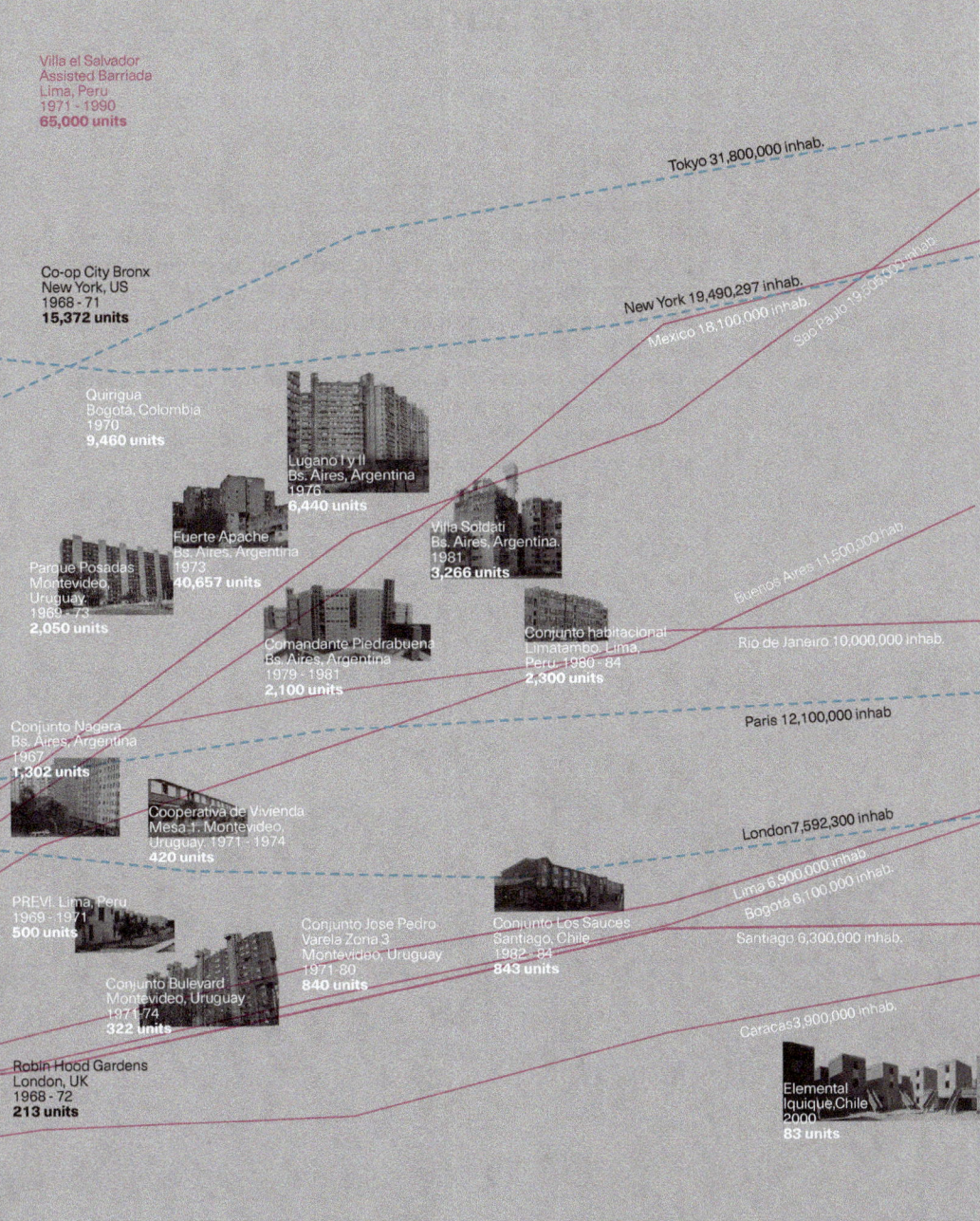

Monoblocks permanentes en Argentina

Enormes complejos residenciales fueron desarrollados en las afueras de Buenos Aires cuando los militares gobernaban Argentina en la década del 70, y fueron particularmente incitados por la Copa Mundial de Fútbol de 1978. Argentina aún creía ciegamente que los monoblocks lograrían deshacerse de los barrios marginales. Sin políticas de estado de asistencia social complementarias implementadas, eventualmente se convirtieron en guetos tridimensionales. Su aislamiento impedía el ingreso de las autoridades, generando más delincuencia y violencia. Hoy en día existe la connotación paralela de pasar de ser estigma a ser un orgullo local. Un ejemplo de esto es Carlitos Tévez, antiguo residente de Fuerte Apache y "protegé" de Maradona, quien con cariño declara que su carrera futbolística se originó en el monoblock.

Debido a un importante déficit de viviendas urbanas en la década del 70, causado por la inmigración rural a las ciudades, el Estado argentino promovió un nuevo sistema financiero para los inquilinos llamado Fondo Nacional de Vivienda – Fonavi. El sistema pretendía ayudar a la población de bajos ingresos, y a las familias desplazadas, tanto por las demoliciones de barrios marginales (villas miseria) o por las expropiaciones para la construcción de autopistas.

La mayoría de las viviendas financiadas por el Fonavi fueron construidas lejos de los centros urbanos y diseñadas con cantidades masivas de unidades y densidades extremadamente altas. Fonavi funcionó como un laboratorio, permitiendo la experimentación de un cóctel de ideas arquitectónicas modernistas, reproducidas con gran optimismo y poca crítica: conjunción de los sueños del Ciam de grandes torres y espacios abiertos, con las "calles en el aire" de Alison + Peter Smithson, más los métodos de prefabricación y estandarización modernos.

A pesar de que estos complejos han sido absorbidos por el crecimiento de la ciudad, no han logrado integrarse física y socialmente debido a la falta de mantenimiento, el hacinamiento y la mezcla forzada de sus poblaciones relocalizadas.

Los monoblocks siguen siendo *guetos* dominados por la delincuencia, las drogas y los traficantes de armas. Sin embargo, continúan emergiendo de estas fortalezas aquellas personas que son lo suficientemente fuertes, como jugadores de fútbol reconocidos internacionalmente o bandas de *cumbia villera*.

Un ejemplo de esto son los complejos Lugano I y II, que se desarrollaron durante más de once años, entre 1973 y 1984. Sus 92.000 metros cuadrados y 40.000 habitantes debían funcionar como una ciudad satélite. El *master plan* de este proyecto incluyó servicios tales como supermercados, cines, iglesias, clubes sociales, guarderías, centros comunitarios, escuelas, clubes deportivos, centros médicos, restaurantes y bancos.

La planta baja "fluye" por debajo de las losas, proporcionando espacio para parques, estacionamientos y calles. El segundo piso conecta sus diez torres con puentes elevados sobre las calles y provee un área comercial y de servicios. Hoy en día el área por debajo de las losas está cerrada y toda la planta baja sigue siendo una zona de exclusión. Durante el día la zona queda vacía cuando los familiares van a trabajar, y se congestiona durante las horas pico.

Villa Soldati, diseñado por Estudio Staff (Teresa Bielus, Olga Wainstein Krasuk y Jorge Goldemberg), consta de 3.200 unidades con un centro social, dos centros comerciales y 17.800

habitantes, una fisonomía compleja y casual con barrios y calles dentro de la mega estructura. Estas estructuras son tan intrincadas y diversas, que a veces los residentes no pueden identificar su propio edificio y la policía necesita asistencia para orientarse en los complejos. Estaba diseñado para tener una continuidad programática para con el resto de la ciudad, pero en vez, se convirtió en un gueto aislado. Propietarios privatizan entradas y pasillos, cercando áreas comunes cercanas a sus departamentos, al mejor estilo ley del más fuerte, estableciendo jerarquías basadas en la violencia

Los arquitectos de renombre internacional Manteola, Sánchez Gómez, Santos y Solsona diseñaron Piedrabuena en 1974. Tiene una plaza elevada sobre los cruces de las calles principales. Por debajo, un oscuro espacio fantasma se ha establecido como un centro de traficantes de drogas. La falta de identidad es tan fuerte que cada puerta del complejo se ha personalizado: colores, maderas, pequeñas pérgolas, frisos, columnas griegas o ladrillo acabado decoran las entradas de cada departamento. El complejo fue mal construido y mantenido. En 2005 la ley lo declaró en estado de emergencia y se debieron llevar a cabo reparaciones esenciales.

Otro caso emblemático es el Barrio Ejército de los Andes. Conocido hoy como Fuerte Apache fue construido en varias etapas entre 1970 y 1978, iniciado durante la presidencia del general Juan Carlos Onganía y finalizado durante la dictadura militar del general Jorge Rafael Videla. El objetivo apuntaba más a deshacerse de los barrios marginales (especialmente antes de la Copa Mundial de Fútbol) que a resolver el problema de la falta de viviendas. Diseñado por los mismos arquitectos que dieron forma a Villa Soldati, ocupa 23 hectáreas en el barrio Ciudadela del Gran Buenos Aires. Grupos de torres e hileras forman espacios abiertos rectangulares, alineados con los puntos cardinales. Cada grupo de torres contiene 200 unidades que comparten sólo tres ascensores. La hilera de edificios de cuatro pisos se conecta verticalmente por escaleras externas.

La estructura de los edificios no permite ninguna expansión, provocando que, cuando las familias crecen, subdivan el interior de las casas con el fin de adaptarse a los nuevos niños o parejas. Esto da como resultado una gran elevación de la densidad. Con la incorporación de cuatro nuevas torres, el barrio se expandió, generando una zona extremadamente densa.

Este complejo siempre fue considerado peligroso. Sin embargo, después de la crisis económica de 2001 las condiciones empeoraron. La mayoría de sus habitantes perdieron sus puestos de trabajo, el mantenimiento de los edificios caducó, los ascensores dejaron de funcionar y las pandillas prohibieron la entrada de la policía, convirtiendo el complejo en un gueto donde la policía se beneficiaba con ganancias ilegales (*coimas*) generando zonas liberadas. El nuevo escenario llevó al periodista de televisión sensacionalista José de Zer a etiquetar el barrio como Fuerte Apache,[10] nombre con el que todavía se lo conoce hoy en día. En ese momento las actividades económicas de la zona eran el tráfico de drogas y el desarmado de vehículos robados. Una vez dentro del complejo, el paisaje urbano se pierde de vista, reforzando sus cualidades de fortaleza, de escondite perfecto. Al parecer, la única manera de salir de este Fuerte es convertirse en una estrella de fútbol internacional, como lo hizo el jugador Carlitos Tévez.[11] Se dice que a un amigo suyo (supuestamente más talentoso que él) le pareció más fácil unirse a una pandilla y fue eventualmente asesinado.[12]

En 2003, la Gendarmería Nacional (una rama de las Fuerzas Armadas)[13] entró en el complejo, instalando bases a lo largo de su periferia y hoy en día la zona es patrullada por 120 gendarmes. Teniendo en cuenta que la Policía Bonaerense es considerada la más violenta y corrupta de la Argentina, los residentes le han dado la bienvenida a los Gendarmes.[14] La zona de control trabaja para mantener las armas fuera de las calles y evitar que los coches robados sean introducidos en el Fuerte. Al mismo tiempo, ha comenzado una renovación lenta de los edificios, financiada por el gobierno. Una de las instalaciones realizadas que enorgullece a los residentes es el nuevo campo de fútbol de pasto sintético, donde el mismo Tevez tal vez podría jugar algún día.

10 Fuerte Apache hace una obvia referencia al tristemente célebre barrio del Bronx "Fort Apache".

11 Carlos Tévez, alias "El Apache", jugó en Boca Juniors, Cruzeiro, el Manchester United y actualmente en el Manchester City.

12 Historia contada en Fuerte Apache por "el Negro" Orlando, quién, de la misma edad que Tévez, jugaba al fútbol con él en los campos de fútbol de la zona.

13 Esta vez los militares obedecían a un gobierno civil y democrático.

14 A pesar de la bienvenida, en hechos aislados algunos gendarmes fueron asesinados por las pandillas locales.

Experiencia Barriada: Entrevista a John F.C. Turner
11 de septiembre de 2000, World Bank, Washington D.C.

Autores invitados Roberto Chávez
Julie Viloria
Melanie Zipperer

NE: Esta es una versión editada por Supersudaca de la entrevista original.

15 TURNER, John. *La re-educación de un profesional*. In: TURNER, John; FITCHER, Robert (Ed.). *Libertad para construir. Control de habitantes del proceso de viviendas*. Nueva York, MacMillan, 1972, p. 123. Eduardo Neira fue un arquitecto peruano que estudió planificación urbana y regional en la Universidad de Liverpool. Neira dio a Turner su primer trabajo en Perú.

Después de sus estudios en la Architectural Association, John Turner viajó a Latinoamérica en la década del 50 para trabajar sobre los asentamientos informales del Perú, conocidos como Barriadas. Expuso la idea de que había más para aprender de estas iniciativas de autoconstrucción que lo que había para enseñar como arquitectos a sus habitantes. El enfoque de la Barriada Asistida que él defendía sustituyó la noción de los Megablocks –sólo convincente para unos pocos– como una forma viable para enfrentar los "grandes números" de la demanda de vivienda. Esta entrevista presenta cómo la dinámica informal se convirtió en su vocación de vida.

John F.C. Turner: Yo había estado trabajando durante algunos meses para el director de la Oficina de Asistencia Técnica a Urbanizaciones Populares de Arequipa –OATA, enviado por el entonces Ministerio Peruano de Obras Públicas. Eduardo Neira la había creado en 1955.[15]

Es extraordinario, ¿no? No sé de ningún gobierno nacional que haya adoptado medidas oficiales para asistir al desarrollo de los asentamientos ilegales antes de los años 60, o incluso más tarde.

Roberto Chávez: La gráfica que usted hizo en 1959 mostró que las áreas elaboradas como Urbanizaciones Populares, es decir construidas por la propia gente, ¿en realidad cubrían un área más grande que la ciudad en sí?

John F.C. Turner: Sí, es cierto. Cubrían más de mil hectáreas, mientras que el área de la ciudad legalmente constituida cubría menos de mil.

Roberto Chávez: ¿Neira y su equipo estaban al tanto de esto? ¿Sabían lo que estaba pasando realmente?

John F.C. Turner: Sí, estaban muy bien informados. El primo de Eduardo, José Matos Mar, antropólogo, y John P. Cole, un geógrafo británico que se había ido de Perú antes de mi llegada, habían llevado a cabo excelentes estudios sobre las Barriadas –los asentamientos ilegales urbanos– en Perú para un informe del gobierno publicado en 1956. Por lo tanto, muchos líderes profesionales eran conscientes de la magnitud de este fenómeno.

Roberto Chávez: ¿Qué tenían en común? ¿Provenían de una escuela? ¿Estaban asociados con el partido de Acción Popular?

John F.C. Turner: No sé acerca de sus escuelas, pero Acción Popular era un partido liberal de izquierda, similar a lo que hoy llamamos la "tercera vía". La verdad, ¡muy notable! Esto estaba realmente treinta años adelantado del resto del mundo. Como consecuencia de los terremotos, el dinero estaba disponible para la reconstrucción post-terremoto. El alcalde de Arequipa era un joven brillante y escuchó con mucha atención. Sabíamos que quería destinar parte del dinero a la construcción de viviendas para las víctimas del terremoto, lo cual en realidad no era una buena idea, ya que, de esa forma, muy pocos habrían sido ayudados. Así que propusimos un sistema de autoconstrucción para quienes habían perdido sus casas en el centro de la ciudad y tenían lotes vacantes en las Urbanizaciones Populares. Esto nos permitió duplicar el número de personas asistidas. El alcalde nos autorizó a llevarlo a cabo. Esa fue mi primera experiencia de trabajo realmente útil a nivel de organización popular. Una vez que el proyecto estuvo en marcha, nos dimos cuenta de que nuestras presunciones profesionales de diseño, construcción y superioridad de gestión eran, al menos, exageradas. Pronto aprendimos que necesitábamos del conocimiento propio de nuestros supuestos "clientes" y de las habilidades de los constructores locales. También aprendimos cuan gravemente nuestras ideas brillantes ignoraban sus realidades. [Risas]

16 "La experiencia de proyectos de vivienda de ayuda mutua organizados, responsables de dar vivienda a 30.000 familias rurales en 1949, lo que lo convierte en el esfuerzo más grande realizado en el país en un proyecto de viviendas de ayuda mutua." *OSTI Report*, p. 28-29, Apud: SPOHN, Richard B. "The Owner-Builder: Legislative Analysis and Recommendation." In: TURNER, John; FITCHER, Robert (Ed.). Op. Cit., p. 22-23. En este proyecto se les pagaba a los participantes sólo con un cuarto de su trabajo.

Julie Viloria: Sólo para ampliar un poco sobre eso, ¿cómo define su relación con la gente de las Urbanizaciones Populares? ¿Era contractual o eran relaciones informales sostenidas por un objetivo común?

John F.C. Turner: Eran bastante formales. Después de todo, había requisitos ligados al dinero. Tenía que ser firmemente destinado a personas que realmente fueran capaces de utilizarlo y que hubieran sido víctimas reales del terremoto. Los participantes también tomaron en serio sus responsabilidades porque el progreso dependía de las contribuciones disciplinadas de su trabajo, el cual era evaluado en reuniones periódicas con cada grupo.

Roberto Chávez: Esto es lo habitual hoy en día, pero esa fue la primera vez que se hizo.

John F.C. Turner: Bueno, yo no diría eso. Los días de faena (trabajo comunitario voluntario) eran tradicionales y comunes en ese momento. La gran mayoría de estas personas eran primeras y segundas generaciones de inmigrantes de las zonas rurales donde la ayuda mutua en la construcción de viviendas, especialmente de techos, era lo habitual. Las relaciones eran honestas. No hubo corrupción de la que yo estuviera al tanto. Los acuerdos eran abiertos y verbales, y aunque quizás hubo cierta resistencia a la sobreorganización que mis socios y yo proponíamos, no expresaron ninguna objeción fuerte. Lo que sí tuvimos que hacer fue convencerlos sobre el modelo de "ayuda mutua y autoayuda", de un manual puertorriqueño que Eduardo me había dado.[16] Los 140 participantes aceptaron la idea de que sería más rápido si trabajaban en grupos. Sin embargo, cuando se trataba de nuestros diseños para las casas, opinaban poco. A medida que el proyecto avanzaba nos dimos cuenta de que estos no eran los mejores abordajes. Los cambios se produjeron rápidamente. Nuestro primer acercamiento fue realmente inapropiado, lo cuál aprendimos una vez que empezamos a trabajar y hablar juntos. Así que poco a poco la relación dejó de ser pasiva, en la que los participantes decían poco y seguían nuestras instrucciones, parando después a comenzar a resolver las cosas juntos, incluyendo la ayuda críticamente importante del constructor local que habíamos contratado como supervisor, comprador y distribuidor de materiales de construcción. En retrospectiva, podríamos haber hecho mucho más con mucho menos esfuerzo mediante

17 Una agencia de movilización social patrocinada por el gobierno, el Sistema Nacional de Apoyo a la Movilización Social (Sinamos) fue establecido en 1971 por el gobierno militar del general Juan Velasco.

18 Director del Centro de las Naciones Unidas para la Vivienda, Construcción y Planificación en la sede de la ONU en Nueva York.

la asignación de dinero en efectivo por etapas: una vez que estuviera construida la base, el usuario podría obtener la próxima cuota para las paredes y así sucesivamente, hasta que el trabajo se hubiera completado. La manera de obtener los materiales y cómo organizar el trabajo sería decisión del usuario. Eso fue exactamente lo que Luis Marcial y yo hicimos en Lima con gran éxito unos años más tarde.

Roberto Chávez: Permítame interrumpirlo aquí por un minuto, John. ¿Sabe usted de algún otro país, además de Perú, en el que ya se estuviera experimentando con este tipo de cosas en los años 50?

John F.C. Turner: Bueno, algunos proyectos del tipo "lotes-y-servicios" y de autoconstrucción asistida se llevaron a cabo en el África colonial de los años 30, pero no tengo más que referencias de segunda mano. Además de los pocos proyectos (algo paternalistas) de viviendas de autoayuda en los Estados Unidos durante la era del New Deal, y un programa más amplio durante el gobierno de Tugwell en Puerto Rico en los años 40, no conozco otras innovaciones similares antes de los años 60 y 70.

Roberto Chávez: El modelo peruano que luego se convirtió en Sinamos[17] para los pueblos jóvenes durante el régimen de Velasco Alvarado parece haber llegado, digamos de parte suya a través de Eduardo Neira, pero según lo que usted conoce ¿dónde se encontraban sus raíces?

John F.C. Turner Creo que las políticas constructivas del régimen de Velasco hacia las barriadas –bajo las cuales fueron renombradas pueblos jóvenes– se debían en gran parte a los cursos sobre desarrollo enseñados por Neira y Matos Mar en la Escuela Militar, invitados por los coroneles jóvenes, conocidos como los Jóvenes Turcos de la década del 50. Debe haber sido durante la administración del General Odría que el dictador, impaciente con la insistencia de los profesionales sobre construir con altos estándares modernos –que la gran mayoría no podía costear–, apoyó la adquisición de San Martín de Porres: la enorme barriada o pueblo joven de Lima. Las Barriadas pasaron repentinamente a un primer plano en la arquitectura.

Debería mencionar la cobertura que la prensa nacional dio al proyecto de autoconstrucción en Arequipa. El diario *La Prensa* le otorgó un espacio central en su suplemento dominical. Ingenuamente, no me di cuenta de que la publicidad proveniente de *La Prensa*, y no de *El Comercio* (diario del banquero conservador) irritaría a los jefes administrativos y, al sentirse amenazados por la publicidad del proyecto de autoconstrucción, me echaron a patadas enseguida [risas]. Todo lo que obtuve de esto, en un principio, fue un encargo de Ernest Weissman[18] para redactar el proyecto.

Roberto Chávez: ¿Sobre su experiencia en Arequipa?

John F.C. Turner: Sí. El siguiente avance significativo, que debe haber sido en 1962, fue un artículo publicado en la revista británica *Sunday Times*, escrito por Jan Morris, un excelente escritor que, sin embargo, escribió sobre las barriadas desde una visión terriblemente engañosa y exageradamente dramática. Esto no sólo me irritó a mí, sino también al embajador británico. Me llamaron y me dijeron que tenía que hacer algo al respecto. Casualmente, Mónica Pidgeon, editora de *Architectural Design*, estaba a punto de viajar a Perú. Después de recorrer las barriadas de Lima con ella, inmensamente impresionada, Mónica dijo que quería escribir una nota y me pidió que fuera editor invitado. Fue así que se publicó la edición especial de Recursos de Vivienda en América Latina en agosto de 1963. Fue la primera publicación ilustrada que presentaba con una visión positiva lo que la mayoría de los constructores de la ciudad estaban haciendo en los países en vías de urbanización. La revista llegó a manos de Weissman, Wilson Garcés y compañía, de la ONU. Lograron interesar a George Movshon, el comisionado de UNTV, y en 1964 se filmó *Una vivienda propia*, principalmente en Lima: la fórmula de barriada de Perú.

Melanie Zipperer: ¿Qué hizo que esta experiencia peruana fuera especial? ¿Hubo condiciones especiales? ¿O cree usted que habría sido posible repetirlo en otra región?

John F.C. Turner: Es importante aclarar algunos hechos geográficos e históricos: en primer lugar, había un montón de terrenos vacíos y accesibles sin valor comercial que rodeaban todas las ciudades peruanas de la costa desierta en las décadas del 50 y 60. En segundo lugar, la ley peruana sólo permite privatizar las tierras desiertas si se las cultiva. De lo contrario, pertenece al Estado, que sólo puede arrendarla para la minería. En efecto, las tierras desiertas vacías son patrimonio común de la gente. La oposición a las barriadas – técnicamente el desarrollo ilegal no autorizado de la tierra– era políticamente contraproducente. Molestaba a los planificadores y a las clases medias, pero los políticos podrían hacer un buen uso de las oportunidades para construir circunscripciones basadas en la gran mayoría. Muy a menudo hubo demostraciones de la fuerza policial oponiéndose a los asentamientos iniciales, pero después de la usual batalla nominal con algunas piedras lanzadas, y quizás un poco de gas lacrimógeno, se les terminaba permitiendo a los colonos seguir adelante, especialmente después de alguna mala prensa y las intervenciones de algunos políticos. Aún así, hubo unos pocos mártires. Un tercer factor es ampliamente compartido con otras sociedades de proceso de urbanización reciente: la mayoría sólo puede soñar con comprar una casa o con obtener una de parte del Estado en condiciones accesibles. La elección es soportar las terribles condiciones de hacinamiento en los barrios pobres o construir tu propia vivienda.

¿Y PREVI?

Parecen ser pocas y lejanas las ocasiones en la arquitectura en que se reúnen a los graves problemas sociales parecen ser pocas y lejanas. La última vez que esto sucedió fue en respuesta a las demandantes condiciones de vida generadas por el crecimiento explosivo de la población de Lima.
En los años 60 un conjunto de "starchitects" fueron liderados por el presidente peruano Fernando Belaúnde Terry –él mismo un arquitecto– en el Proyecto Experimental de Vivienda, el concurso PREVI. Bealúnde –alguna vez mencionado como "un arquitecto de la esperanza para Latinoamérica" en la tapa de *Time*– fue capaz de concentrar un apoyo sin precedentes por parte del programa de desarrollo de las Naciones Unidas –ONU para un experimento que afrontara la demanda urgente de nuevas áreas de habitación.
El resultado enfrentó un informe contrario en minoría del jurado, además de que un golpe militar de izquierda, inusual para la época puso en peligro toda la operación. Finalmente, ninguno de los proyectos se llevó a cabo en su totalidad, pero todos se construirían conjuntamente. Esto generó una mezcla inesperada de un nuevo diseño urbano y residencial que pasó desapercibido para casi todos los libros de historia de la arquitectura. PREVI sigue siendo una caja negra de conocimiento colectivo por descubrir.

19 La tasa de crecimiento de la población en Lima entre 1961-1972 fue de 5,5% por año.

No hace mucho tiempo, en un país lejano...

A pesar de los esfuerzos titánicos como el 23 de Enero, de Carlos Raúl Villanueva, en 1950, en Caracas, y Nonoalco Tlatelolco, de Mario Pani, en 1960, en la Ciudad de México, las barriadas (o villas miseria o viviendas informales) de América Latina superaron todos los programas de vivienda, pública o privada. El aspecto racional y austero de estos monoblocks de viviendas colectivas de gran altura resultó inútil al lado de la forma rápida y flexible de construir la vivienda propia –y para siempre– de las barriadas. En Perú se llevó a cabo un intento de reconciliación entre ambas: racionalidad y flexibilidad. El aparente callejón sin salida de las viviendas colectivas de América Latina aún podría ocultar un camino intransitado y prometedor.

En 1969, la humanidad llegó a la luna... y en Lima se trató de resolver el problema de la vivienda del tercer mundo: El Proyecto Lima, PREVI

El trabajo arquitectónico más ambicioso de nuestros tiempos yace inexplicablemente olvidado en la historia de la profesión. En la década del 60, bajo el patrocinio de las Naciones Unidas –ONU, los arquitectos más lúcidos del momento se congregaron en Lima (Perú) en un notable esfuerzo de utilizar viviendas innovadoras para ayudar a los sectores de bajos ingresos del tercer mundo: el Proyecto Experimental de Vivienda –PREVI. Los conceptos y las técnicas que se desarrollaron constituyen un tesoro escondido para una disciplina que ha dejado de desplegar sus mentes más talentosas allí donde más se las necesita.

Barriadas de Lima

A comienzos de los años 60, las ciudades de América Latina estaban creciendo tremendamente rápido. Lima, capital de Perú, estaba experimentando una inmigración constante de gente desde el campo hacia la ciudad, atraídos por la oportunidad de mejorar sus condiciones de vida.[19] En ese tiempo la gente resolvía sus necesidades de vivienda por su cuenta. Tomando terrenos vacíos en las afueras de la ciudad, se instalaron en sofisticados patrones, construyendo sus propias casas, urbanizando vastos territorios, y llamando la atención de la comunidad internacional de arquitectura. José Matos Mar, John F.C. Turner, William Mangin y otros académicos que han estudiado este fenómeno, teorizaron e informaron

20 Véase: *Architectural design*, ago. 1963. Una barriada de Lima aparece en la portada, y todo el contenido está dedicado a retratar la arquitectura de las barriadas.

21 Famoso es el caso de Charles Jencks, cuando ubica a las barriadas en su árbol evolutivo de la arquitectura del siglo 20, entre Archigram y los Metabolistas.

22 En 1961, el Gobierno peruano aprobó la pionera ley 13.157: la primera que le reconoció un estatus formal a las barriadas y buscó su evolución a asentamientos apropiadamente urbanizados.

23 Peter Land es un arquitecto británico graduado de la Architectural Association y la Universidad de Yale, que fue por primera vez a Perú en 1960, patrocinado por la OEA, para enseñar hasta 1963 en el Instituto de Planificación de Lima, fundado por Belaúnde. Land volvió a Lima en 1965 para trabajar para las Naciones Unidas y luego se quedó como el principal asesor de PREVI hasta 1973.

sobre estos episodios en las principales revistas de arquitectura.[20] Para los intelectuales iconoclastas de los años 60, las barriadas de Lima se convirtieron en una forma vanguardista de urbanismo.[21] Para los habitantes del Perú, este emprendimiento significaba una forma de supervivencia que implicaba arduo trabajo. A pesar de los esfuerzos pioneros del gobierno peruano para entender esta forma tan heterodoxa de asentamientos e intentar formalizarlos para lograr mejores condiciones de vida[22], su intento de frenarlos fue en vano, debido a la escala y a la velocidad de la cuestión. A mediados de 1960 en Lima, la vivienda informal por vez primera superaba cuantitativamente a la vivienda formal.

El arquitecto presidente

En 1963, Fernando Belaúnde fue elegido presidente de Perú. En 1965 fue nombrado el "arquitecto de la esperanza de América Latina" en la portada de la revista *Time*. Él se había convertido en una figura prominente tras organizar la primera escuela de arquitectura y el instituto de planificación, así como también promovió modernos conjuntos de vivienda social en la revista de arquitectura que dirigía. Cuando se convirtió en presidente, construyó compulsivamente complejos de vivienda de altura media y alta en todo Perú. Ante la imposibilidad de su política de vivienda de hacer frente a la velocidad de las barriadas, intentó una estrategia diferente:

Por qué no organizar un concurso internacional para encontrar conceptos innovadores y técnicas de vivienda, teniendo en cuenta los mismos parámetros que utilizaron los habitantes de las barriadas (una casa que crece en un lote con una fórmula de baja altura y alta densidad) y aplicando tecnología de avanzada para construir viviendas económicas en escala masiva.

Categoría Naciones Unidas

Durante 1965, el presidente Belaúnde –junto a funcionarios de su círculo y liderado por el arquitecto británico Peter Land[23]– desarrollaron la forma en que se organizaría dicho proyecto. En 1966, esta idea fue presentada oficialmente al Programa de Desarrollo de la ONU. Después de examinar la situación peruana durante varios meses, y reconociendo su condición prototípica para la aplicación de los resultados del proyecto en el resto del tercer mundo, la ONU decidió patrocinar el emprendimiento como un proyecto piloto.

El proyecto apuntaba a un enfoque holístico hacia el problema de la vivienda, que se dividió en tres grupos de prioridades. De esta manera se diseñaron tres proyectos piloto complementarios: diseño y construcción de un nuevo barrio (PP1), regeneración urbana de un barrio precario existente (PP2) y un programa de autoayuda de emplazamiento y servicios (PP3).

Falso comienzo

El Proyecto Piloto 1 (PP1) –tema de este ensayo– fue un concurso abierto a arquitectos peruanos y a una selección de destacados arquitectos internacionales. Mientras se llevaba a cabo el proceso de selección, en octubre de 1968, un golpe militar derrocó al presidente Belaúnde. El nuevo gobierno militar, que fue inusualmente –dado el contexto de América Latina– izquierdista, menospreció el proyecto PREVI al identificarlo con las políticas de Belaúnde e intentó cancelarlo. El acuerdo de la ONU impidió esto y el proyecto siguió adelante. Esto significó, sin embargo, un importante retroceso con respecto al futuro apoyo por parte del gobierno peruano. El concurso se inició en marzo de 1969 y trece equipos internacionales (según lo establecido por la financiación) fueron finalmente seleccionados.

El *Dream Team*

La selección de los equipos internacionales apoyados por la ONU constaba de un elenco estelar de la escena arquitectónica –la mayoría entre 40 y 50 años– con fuertes simpatías por la innovación en vivienda.

En representación de Francia fue la oficina de George Candilis (c. 1913), Alexis Josic (c. 1921) y Sadrac Woods (c. 1923),[24] componentes esenciales del *Team* 10 y ex colaboradores de Le Corbusier, sobre todo en proyectos de vivienda como la Unitè d'Marseille así como de su atractiva apuesta de vivienda ATBAT en Marruecos. Aldo van Eyck (c. 1918), otro fundador y figura prominente del *Team* 10, representó a los Países Bajos. En ese momento era famoso por su enfoque estructuralista, su Orfanato en Amsterdam (1955-1960) y sus estudios cuasi antropológicos sobre el uso del espacio en la cultura Dogon de Mali. En representación de Polonia fueron Oskar Hansen (c. 1922) y Svein Hatløy, quienes habían realizado la urbanización de Przyczulek Grochowski en Varsovia (1963). Hansen también era miembro del *Team* 10 y autor del concepto *Open Form*,[25] el cual permitía la participación activa

---

24 PREVI fue el último proyecto diseñado por la asociación Candilis-Josic-Woods, ya que se separaron justo después de esto en 1969.

25 Oskar Hansen presentó su concepto *Open Form* en el Ciam de Otterlo en el 1959, así como en la primera reunión oficial del *Team* 10 en Bagnols-sur-Cèze en 1960.

26 Fue demolido en 1990, después de que los residentes votaran a favor de ello. La presidenta de los residentes Margaret Davies dijo que "El arquitecto o bien tuvo un problema cerebral o sufría de depresión aguda cuando diseñó la propiedad". *Building design*, 3 mar. 1989, p. 5.

del usuario en el proceso de creación. James Stirling (c. 1926) representó al Reino Unido. Reconocido a nivel mundial en ese momento a causa de su Runcorn New Town Housing[26] (1967-1976), donde dirigió la construcción de 1.500 viviendas de bajo costo a través de la producción en masa con grandes paneles prefabricados en un barrio de baja altura y alta densidad, cuyas unidades fueron agrupadas en torno a plazas: precisamente lo que PREVI estaba buscando. Japon fue representada por Kiyonori Kikutake (c. 1928), Fumihiko Maki (c. 1928) y Kisho Kurokawa (c. 1934), quienes fueron famosos por su Manifiesto Metabolista y habían sido contratados como consultores para la Industria de la construcción japonesa en la Nippon Prefabrication Co. desarrollando, desde 1961, prototipos de bajo costo de casas tipo cápsula.

27 "Ha sido más que suficientemente demostrado en numerosas situaciones desde el final de la década del 50 que las viviendas de baja altura y alta densidad son a su vez prácticas y eminentemente habitables. Quizás esto sea más notable en Siedlung Halen, construido por Atelier 5 en las afueras de Berna, Suiza, en 1960, y en el posterior Siedlung Thalmatt (1985) diseñado por los mismos arquitectos." In FRAMPTON, Kenneth. *Historia crítica de la arquitectura moderna*. 3ª edición. Londres, Gustavo Gilli, 1992, p. 342.

28 La experiencia del barrio Albertlund podría ser vista como una referencia directa de PREVI. Véase: HALL, Thomas (Ed.). *Planning and urban growth in the nordic countries*. London, Taylor & Francis, 1991, p. 110.

Desde Suiza llegó Atelier 5, un colectivo de jóvenes arquitectos que había construido el ícono absoluto de la vivienda de baja altura y alta densidad, el complejo residencial Halen, cerca de Berna (1955-1961), y más tarde, por iniciativa propia, el complejo residencial Thalmatt 1 (1967-1972).[27] Dinamarca fue representada por Knud Svenssons (c. 1925), que había desarrollado el innovador barrio prefabricado de baja altura Albertslund,[28] cerca de Copenhague (1962). Finlandia fue representada por Toivo Korhonen (c. 1926), un discípulo de Alvar Aalto, que había construido Tonttukallio, un proyecto de casas adosadas en Espoo (1959). Los representantes de España fueron José Luis Iñiguez de Onzoño (c. 1927) y Antonio Vázquez de Castro (c. 1929), autores del exitoso poblado dirigido Caño Roto en Madrid (1957-1969).

Desde Alemania llegó Herbert Ohl (c. 1926), quien trabajó en el Departamento de Construcción Industrializada en la Escuela de Ulm, fundada por Max Bill en 1951. En representación de la India, Charles Correa (c. 1930), quien había ganado el primer premio en un concurso nacional para viviendas de bajo costo con su casa "tubo", diseñada climáticamente.

En representación de un equipo de los Estados Unidos fue el Center for Environmental Structure, dirigido por el joven destacado del momento, Christopher Alexander (c. 1936). El único equipo de América Latina fue de Colombia, liderado por otro ex colaborador de Le Corbusier, Germán Samper (c. 1924), junto a sus socios Esquerra, Sáenz y Urdaneta, quienes habían construido con éxito el barrio La Fragua con la ayuda de sus habitantes, en Bogotá.

Programa

La competencia internacional solicitaba el diseño y la construcción de un barrio de 1.500 viviendas flexibles y de bajo costo, en un complejo de poca altura y alta densidad. No estaban buscando edificios de altura o mega estructuras. El objetivo principal de la competencia consistía en proponer conceptos pioneros en cuatro niveles: la tipología de la casa, la técnica de construcción, cómo se agrupaban y un diseño esquemático del barrio. El único componente obligatorio del programa era que los lotes debían tener una superficie total de entre 80 metros cuadrados y 150 metros cuadrados y las viviendas entre 60 metros cuadrados y 120 metros cuadrados, inicialmente en estructuras de uno o dos pisos construidas por contratistas. Los edificios debían construirse de tal manera que las propias familias pudieran agregar un tercer piso de ser necesario. Buscando estandarizar el proyecto, todo se basó en un módulo de 100 milímetros.

En el diseño urbano se contemplaron escuelas, un centro deportivo, un centro comunitario y parques. Los automóviles no debían ser estacionados en lotes individuales; la cantidad de calles debía mantenerse al mínimo posible debido su alto costo, y se recomendaba separar el área de tráfico del área peatonal (priorizando el diseño de esta última).

El agrupamiento de las viviendas debía ser pensado para estimular la vida comunitaria en torno a los espacios abiertos de usos múltiples. Los predios debían estar cercados por un muro de 2,2 metros de alto y un pequeño jardín privado debía ser parte integral de la casa. Los tipos de vivienda se dividieron de la siguiente forma: el 40% para las parejas con uno o dos hijos, otro 40% para las parejas con tres o cuatro hijos y el restante 20% para las parejas con seis hijos o más. El 25% de las unidades quedarían incompletas, para luego ser terminadas por los propietarios. En un futuro, las casas debían ser capaces de crecer para alojar hasta a diez personas, incluyendo a los ancianos.

Propuestas experimentales

Las propuestas, sobre todo las de los equipos internacionales, fueron altamente experimentales e innovadoras.

A nivel urbanístico, variaron entre soluciones basadas en el medio ambiente (Hansen, Correa, Van Eyck), determinadas por el usuario (Alexander), basadas en plazas públicas (Stirling, Samper), o en esquemas de malla (Candilis, Ohl).

Las unidades de vivienda variaron entre casas de patio cuadrado (Stirling, Samper), largas y angostas (Alexander, metabolistas, Hansen), modulares (Svenssons, Ohl, Korhonen) tipo rompecabezas (Correa, Candilis), y en forma de H (Van Eyck).

Las tecnologías de construcción comprendían una variedad desde ladrillos modulares de hormigón (Van Eyck, Correa, japonés, Samper), vigas de bambú (Alexander), paneles de hormigón prefabricados (Atelier 5, Svenssons), piezas prefabricadas de hormigón (Hansen, Stirling, Ohl), y pórticos de hormigón (Korhonen).

Fricciones en el jurado

En agosto de 1969, los equipos presentaron sus propuestas y el jurado internacional se reunió en Lima. El jurado de alto nivel incluía al arquitecto español José Antonio Coderch, al norteamericano Carl Koch, gurú de la prefabricación y diseñador de Techbuilt (casas en kit), al danés Halldor Gunnlogsson, profesor del Massachusetts Institute of Technology –MIT, al croata Ernest Weissmann, ex colaborador de Le Corbusier y director de la Sección de Vivienda de la ONU, junto con el director de PREVI, Peter Land, y otros representantes de Perú. La alta calidad y el amplio espectro de las propuestas generaron un intenso debate ya que parte del jurado se inclinó hacia las propuestas más originales en cuanto a construcción se refiere, mientras que a otros les gustaban las que mejor se adaptaban tecnológica y sociológicamente a la realidad peruana. Los ganadores internacionales fueron Kikutake-Kurokawa-Maki, Atelier 5 y Herbert Ohl. Sin embargo, un grupo de miembros del jurado emitió un informe en minoría debido a su disconformidad con el resultado del concurso –especialmente con la selección de la propuesta de Ohl– y recomendando que se publicara la propuesta de Alexander.

PREVI contraataca: ¿Por qué elegir si puedes construirlos todos?

Dado el tono experimental del proyecto, en 1970, por recomendación del jurado, se tomó la decisión de desarrollar y construir las veintiséis propuestas (trece internacionales y trece peruanas) en lugar de sólo las seis ganadoras. De esta manera se probaría el conjunto de conceptos más amplio posible. Peter Land y el multidisciplinario Grupo de Desarrollo conjugaron un diseño urbano basado en las mejores ideas de la competencia que dio lugar a un mosaico de agrupaciones de los diferentes equipos.

A partir de entonces comenzó una nueva historia: el proceso de hacer realidad las propuestas, conocido como PREVI, episodio dos. Se estableció en Lima un laboratorio de investigación y desarrollo incorporando al proyecto a varios expertos que probaron y evaluaron los procesos de construcción y materiales con el fin de reducir los costos y acelerar la construcción con mano de obra relativamente calificada. En 1974 finalmente se construyó la primera fase de 500 viviendas. Justo en ese momento el gobierno militar peruano cerró y desmanteló la oficina del Grupo de Desarrollo de PREVI, los expertos internacionales y funcionarios de la ONU volvieron a sus países, los expedientes fueron archivados y se cerró el caso.

El regreso de PREVI: Cómo lograr ampliar la extraña casa prefabricada de este arquitecto famoso

Pasaron dos años hasta que la primera vivienda fue habitada. En 1976 las familias recién mudadas se paseaban por el extraño barrio de color blanco y desadornado en busca de su propia vivienda. Las casas finlandesas fueron muy populares, ya que no fueron construidas con muros, sino con columnas, y por lo tanto eran más fáciles de modificar. Nadie dio a los nuevos residentes de estas casas experimentales ninguna orientación sobre cómo podrían ampliar o modificar sus hogares.

La ocupación de PREVI dio comienzo a un nuevo experimento, y los habitantes de Perú quedaron a la deriva... otra vez.

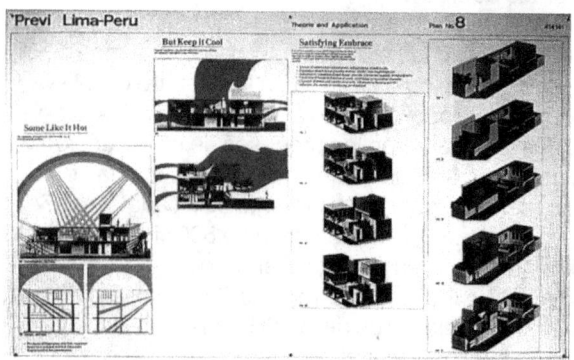

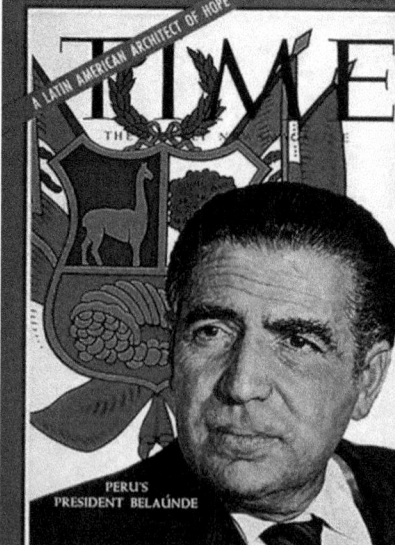

"**PREVI fue una de las últimas ocasiones en que los arquitectos occidentales se comprometieron a un enfoque estructural de los problemas urbanos en el tercer mundo.**"
Duivesteijn Adri
> Político holandés, en *The Hidden Assignment* (Rotterdam, Editores NAI, 1994).

"**Espero que a este proyecto se lo llame el Proyecto Lima y que tenga tanta influencia beneficiosa sobre la planificación urbana y rural a nivel mundial como la tuvo la Carta de Atenas.**"
Fernando Belaúnde
> Presidente de Perú y arquitecto. Citado en el diario *El Peruano*, informe sobre el discurso de apertura de PREVI, 28 jun. 1968.

"**El presidente Belaúnde me llamó un día y dijo: 'Pienso que es hora de que surjan nuevas ideas en cuanto a las viviendas y creo que las Naciones Unidas prestarán apoyo a un concurso internacional'.**"
Fernando Correa
> Arquitecto y director peruano de PREVI (1968). Fernando Correa entrevistado por Supersudaca, Lima, ene. 2006.

"**Entre los desarrollos suburbanos de baja altura y baja densidad y las estructuras de departamentos de gran altura existe la necesidad de otro modelo de forma urbana para el crecimiento de la ciudad. Uno de los objetivos del barrio de PREVI fue desarrollar un modelo de forma urbana de baja altura y alta densidad.**"
Peter Land
> Arquitecto y director de PREVI para las Naciones Unidas (1968-1972). Peter Land entrevistado por Stephen White, Chicago, abr. 1992, publicado en *AD*, mar./abr. 1994.

"Hay una lección importante que la experiencia me ha enseñado y es que no importa qué tipo de molde se utiliza, *in situ*, prefabricado, convencional etc., las personas en esta situación son muy dinámicas y se modificará la casa en poco tiempo."
Ernesto Winkowski
> Arquitecto y director de PREVI para las Naciones Unidas (1972-1976). Ernesto Winkowski entrevistado por Supersudaca, Montevideo, feb. 2006.

"Todos los arquitectos y sus equipos fueron traídos a Perú para que se les explicaran las bases del concurso, para familiarizarse con Perú, para obtener toda la información posible. Absolutamente todo el mundo estaba aquí. No sólo se les dieron conferencias sobre la vida peruana, sino que también tuvieron la oportunidad de visitar los barrios marginales. Recuerdo que Christopher Alexander vivió allí durante quince días con su equipo de tres arquitectos. Germán Samper fue a La Quinta Heeren en Barrios Altos. El arquitecto de Finlandia fue a vivir a un pueblo cercano. Leer el programa y diseñar una casa no era su objetivo. Querían conocer la idiosincrasia de la gente y el diseño se dirigió a un grupo de seres humanos, no por el sólo hecho del diseño. Había una necesidad de responder a las características de la comunidad. Hoy en día el aspecto social está muy descuidado."
Raquel Barrionuevo
> Ingeniero y miembro del Equipo de Desarrollo de PREVI. Citado de una entrevista con Raquel Barrionuevo por Supersudaca, Lima, ene. 2006.

"Fuimos invitados a Lima por quince días. Nos recibieron, nos dieron conferencias y cursos, porque el concepto de vivienda social para un alemán, un británico o un francés es muy diferente al nuestro. El nuestro es mucho más pobre."
Germán Samper
> Arquitecto y participante de Colombia en PREVI, entrevistado por Elizabeth Añaños para Supersudaca, Bogotá, abr. 2008.

> "Estudiamos la forma en que vivían con mucho cuidado. Nos convertimos en miembros de las familias. Y así nos vimos realmente inmersos en el proyecto."

Christopher Alexander
> Arquitecto y participante de Estados Unidos en PREVI. De Michael Mehaffy, "Una conversación con Christopher Alexander". *Katarxis,* n. 3, Londres, sep. 2004. Disponible en: http://www.katarxis.com.

> **"Lo que distingue a Perú es la tremenda libertad para todo que tienen los propietarios de las viviendas y los constructores... tenemos que permitir esto, y transformarlo en algo menos descontrolado. En cierto modo, es restrictivo no construir para el cambio y la adaptación."**

James Stirling
> Arquitecto y participante del Reino Unido en PREVI. *The Times*, Londres, 1969.

"¿De quién son los problemas que estás tratando de resolver si no los tuyos propios? ¿Quién puede hablar en nombre de todos? ¿El Señor? ¿Todos? ¿O simplemente tú?"
Aldo van Eyck
> Arquitecto y participante de los Países Bajos en PREVI. De la conferencia de Aldo van Eyck sobre barriadas, Delft, oct. 1970.

"John Turner y su fascinación por Lima influenciaron y convencieron a todos sobre la capacidad de las personas para proveerse de una vivienda digna. Esto ha sido muy mal interpretado como una actitud de *laissez-faire* por los arquitectos en el tercer mundo en donde lo que deberían hacer –como mucho– es cumplir con la infraestructura, y dejar el resto a la propia gente. Turner ha sido la gran excusa para que los arquitectos siguieran ausentes en el tema. En cambio, ¡ahora los arquitectos sólo quieren hacer museos y convertirse en famosos! ¿Por qué hay tan pocos concursos internacionales en materia de vivienda social? PREVI fue ejemplar en este sentido."
Charles Correa
> Arquitecto y participante de la India en PREVI. Charles Correa, entrevistado por Supersudaca, Mumbai, mar. 2008.

"Si el Weissenhof Siedlung es el parto natural de la vivienda social en el primer mundo, PREVI es el coitus interruptus de las viviendas del tercer mundo."
Supersudaca
> En: ¿Y PREVI? Propuesta ganadora del primer premio en la 4a Bienal Iberoamericana de Lima, oct. 2004.

"El jurado real del concurso debería llevarse a cabo después de décadas de ocupación, finalmente ¡se trataba de un problema de viviendas progresivas!"
Kiyonori Kikutake
> Arquitecto y participante japonés en PREVI. Kiyonori Kikutake entrevistado por Supersudaca, Tokio, jul. 2006.

Rewind: el post de PREVI

El resultado del Proyecto Experimental de Vivienda en Lima podría ser visto no sólo como un caso ejemplar para revisar, sino también como inspiración para reformular la voluntad de los arquitectos. Por ejemplo, mediante la sustitución de "social" por "diverso" y "vivienda" por "barrio" –más en un sentido antropológico que un fetiche arquitectónico intocable– PREVI inesperadamente puede ofrecer la comprensión de un exitoso entorno urbano abierto a la adaptación, la integración y las oportunidades para ciudadanos de bajos y medianos ingresos del tercer mundo.

Como lo ha señalado John Turner,[29] los arquitectos tienen mucho que aprender sobre cómo las personas viven fuera de los países desarrollados. Superando la tendencia hacia la utopía paternalista y la indiferencia práctica, Turner ofrece una especie de enfoque de trípode:[30] movilizando los sectores locales, públicos y privados para crear calidad de vida sostenible en condiciones inestables.

Accidentalmente, hoy PREVI es exactamente lo que Turner describió. PREVI fue diseñado precisamente por la generación más comprometida de arquitectos del siglo pasado, pero más tarde fue masivamente adaptada por sus usuarios. Esto demuestra que a veces los malentendidos pueden tener finales felices ya que PREVI es un proyecto exitosamente modificado, personalizado, parodiado, customizado y mutado. Es una mezcla que exuda un signo vital de nuestro tiempo, más que informalidad, PREVI es transformalidad, no son sólo piezas brillantes de profesionales con talento, sino una mezcla de inteligencia práctica colectiva con la producción de arquitectos como subestructura.

---

29 Véase: TURNER, John F. "The re-education of a professional", "Housing as a verb". In: TURNER, John F; FICHTER, Robert (Ed.). *Freedom to build*. Nueva York, Macmillan, 1972, p. 122-175. También se publicó este libro en español e italiano: *Libertad para construir: El processo habitacional controlado por el usuario*. México, Siglo 21, 1976; *Libertà di costruire*. Milán, Il Saggiatore, 1979.

30 John F.C. Turner, "Reflexiones sobre la escala y la subsidiariedad en el desarrollo urbano y la mitigación de la pobreza: una visión personal del desarrollo de las personas". Discurso de apertura del Foro Urbano 2002: Tools, Nuts & Bolts, en el Banco Mundial. Washington, DC, 2-3 abr., 2002.

[31] Entrevista privada con Kiyonori Kikutake, agosto de 2007. Esta era una operación arriesgada, ya que hoy en día su propuesta se esconde irreconocible detrás de un programa múltiple.

Forward: vieja escuela = nueva escuela

Se pueden aprender cuatro lecciones del enfoque de PREVI para futuras operaciones colectivas:

Lección 1: Diversidad tipológica

Al igual que en la naturaleza, la variedad es buena. La diversidad tipológica de PREVI promueve la distinción e identidad en un entorno urbano. Dentro de una oferta generosa, un amplio rango de personas puede coexistir y complementarse mutuamente, añadiendo su carácter al medio de vida y cuidando de ella al aumentar con el tiempo su sentimiento de pertenencia.

PREVI es la ejecución de lo no planificado, ya que todas las propuestas del concurso fueron construidas parcialmente. Esto tal vez canceló el experimento potencial en cuanto a las contribuciones urbanas, pero este déficit se compensó con una nueva salida de la fuerza plural, dejando espacio para la evolución de logros y errores. Al igual que en los procesos de vida, los cruces biológicamente diversos generan "vigor híbrido" en lugar de una endogamia degenerada. Mezclar el diseño tipo "panal de abejas" de Aldo Van Eyck con el esquema constructivo de Atelier 5, más el pionero despliegue fractal de Oskar Hansen, por nombrar algunos de las invenciones urbanas más subestimadas hasta el día de hoy, fue a la vez un sacrilegio y un golpe maestro.

Lección 2: Boom folklórico

En los entornos sociales dinámicos, todo lo que puede crecer, crece, y a menudo lo hace mucho más de lo que se había planificado.

Uno de los requisitos del concurso PREVI fue la capacidad del diseño para ampliarse con el paso del tiempo y así poder dar lugar a un número de habitantes cada vez mayor. Era también altamente aconsejado brindar orientación sobre cómo los residentes podrían ampliar sus viviendas. Todas las propuestas ofrecían posibilidades de crecimiento viables de varias maneras. Algunas eran más "paternalistas", como el autoimpuesto muro perimetral en ángulo de Aldo van Eyck, con el fin de evitar problemas de adosamiento para garantizar ventilación y luz natural. Otras propuestas eran más "autóctonas", como la de James Stirling, que ofrecía crecimiento en espiral alrededor de un patio central. El equipo Metabolista explicó que dejaban el patio lateral como área de expansión.[31] Sin embargo, ninguna de las precauciones y medidas fueron suficientes para predecir el futuro: la transformación de las unidades desdibujó casi por completo las intenciones originales, incluyendo el jardín delantero. Hoy en día los diseños originales son casi irreconocibles y muestran una riqueza inesperada de posibilidades, de hecho, tan rica, que una valiosa evidencia empírica yace para experiencias aún inexploradas, que probablemente siga aumentando mientras usted lee este artículo.

Lección 3: Pandemonium programático

Una de las conclusiones más claras es que las opciones multi-programáticas implican una oportunidad para vencer la pobreza. Aún así, los cambios y combinaciones de programas no eran una preocupación importante en los esquemas originales propuestos por PREVI. No obstante, más del 60% de la superficie ha sufrido alteraciones programáticas. Esta empresa autogestionada ha dado lugar a las deformaciones más curiosas y a una astucia no convencional. Las más atractivas, casi encantadoras, son la escuela secundaria de cuatro pisos de James Stirling, el jardín de infantes de Atelier 5 y el sector gastronómico de Maki, Kurokawa y Kikutake, una pequeña lista no sólo de hibridación, sino de la generación totalmente espontánea de una nueva especie.

Lección 4: La vecindad

El programa de televisión mexicano de los años 70, *El Chavo del 8*, fue un programa infantil de humor en torno a una condición muy particular, casi dramática: un huérfano (el Chavo) vivía en un barril –entre otros personajes– en el patio de una comunidad semicerrada, La Vecindad: un espacio compartido de viviendas contiguas habitadas por una madre soltera con su hijo (Doña Florinda y Quico), además de un padre soltero con su hija (Don Ramón y La Chilindrina), y una mujer de edad avanzada (La Bruja del 71). En resumen: no había configuraciones familiares arquetípicas. Malentendidos y conflictos se desarrollaban entre las figuras –y otros– que nutrían situaciones absurdas de las que El Chavo siempre resultaba ser el torpe protagonista. Estas historias de aspecto inicialmente inocente terminaron no sólo retratando la realidad social mexicana, sino que también son válidas para la mayoría de América Latina. La Vecindad es más un arreglo que una tipología. De alguna manera, sin quererlo, la gente se cuidaba entre sí. Este modelo de escala intermedia dentro de la ciudad, entre el barrio y la unidad particular, constituye probablemente el logro de PREVI.

Fast forward: falla exitosa

La sentencia tentadora es considerar que PREVI es otro fracaso más dentro de los proyectos arquitectónicos de iniciativa social. Nunca fue realmente ejecutado según lo previsto ya que el proceso estuvo lleno de excepciones y problemas, ninguno de los diseños operó como se había imaginado, las geniales ideas fueron mal utilizadas y se desfiguró la forma arquitectónica. Algunos, con más generosidad, sostienen que no es más que el remanente de una asistencia social, un sueño imposible. Esto es correcto si pensamos en la arquitectura como un evento puramente estático –y estético–, incapaz de hacer frente a la indeterminación. Paradójicamente, esto haría que a la arquitectura le sea imposible actuar en donde se demande por las concepciones más inteligentes.

Por supuesto que es absurdo mantener a la arquitectura como responsable de todos los males del mundo. Se puede alcanzar una arquitectura de calidad sin preocuparse por ningún asunto social. Sin embargo, mirando hacia atrás, PREVI ofrece una visión de otra actitud: la arquitectura no sólo como un fin en sí mismo, sino también como un medio para un objetivo mayor.

Cuando lo impredecible es al mismo tiempo resultado de las alteraciones drásticas en beneficio del conjunto, la diversidad y lo incompleto son un logro. Implicando la desaparición de la autoría en una colección anónima de expresiones infinitas e individuales: una verdadera arquitectura colectiva.

No más vivienda social (antimanifiesto)

Parece que tan pronto como se descarta la noción de vivienda social, se abren más posibilidades de una nueva conciencia de propuestas de vida atractivas para aquellos que más lo necesitan. No sorprende que hoy en día nadie quiera vivir en una zona estigmatizada de la ciudad, y la categoría de vivienda social parece convertida en una fijación de socialista-caviar, con la segregación como contraefecto. La vivienda social ha perdido su significado original, o lo que es peor, se ha convertido en una carga, y su fracaso disparó declaraciones para un cambio de prioridades en la arquitectura.[32]

No obstante, dar un paso hacia atrás podría ayudar a dar un salto, para ampliar el ancho de banda de la contribución de la arquitectura. Esto podría tender a un enfoque renovado e irreprochable para el beneficio de un gran porcentaje de la población mundial.[33] Hablar sobre las implicaciones colectivas podría convertirse en un desafío continuo, y sobre todo, en una instancia para recuperar y reproducir el pensamiento arquitectónico verdaderamente innovador.

[32] En 1976, Charles Jencks adjudicó la muerte de la arquitectura moderna a un momento preciso en el tiempo: 15 de julio, 1972 a las 21:32 (más o menos) con la demolición del proyecto de vivienda Pruitt-Igoe de Minoru Yamasaki en St. Louis. JENCKS, Charles. *The lenguage of post-modern architecture*. Nueva York, Rizzoli, 1977, p. 9.

[33] El 51% de la población mundial vive en barrios marginales, de acuerdo con los datos de las Naciones Unidas sobre las poblaciones de los barrios marginales en zonas urbanas.

Montevideo cooperativo: Entrevista a Gustavo González
7 de julio de 2009

34 Gustavo González es parte de una Cooperativa de Ayuda Mutua y ex dirigente de la Federación Uruguaya de Cooperativas de Vivienda de Ayuda Mutua. En la actualidad, es coordinador del programa de Vivienda y Hábitat del Centro Cooperativo Sueco – SCC en América Latina.

Gustavo González[34] es un iniciador de las Cooperativas de Ayuda Mutua en Montevideo, una iniciativa paradójica que comenzó en la década del 70 y que se mantuvo a través de los años 80. Mientras el mundo estaba mirando hacia otros lados, los uruguayos desarrollaron propiedades de gestión compartida y autoconstrucción para el alojamiento colectivo. Esta entrevista documenta una historia de éxito sin precedentes y ofrece pistas sobre cómo su éxito podría ser adaptado para una aplicación más amplia en la actualidad.

35 Además de los préstamos hipotecarios, los usuarios pagan una cuota mensual para el mantenimiento diario y la conservación de la estructura del edificio.

36 Existen dos tipos de Cooperativas de vivienda en Uruguay. Las de Ahorro Previo, donde los miembros contribuyen con sus ahorros –complementando el crédito del Estado– y las de Ayuda Mutua, que recurren a la labor de sus miembros como mano de obra durante la construcción. Ambos tipos pueden tener propietarios o usuarios. En las cooperativas de propietario, una vez que la fase de construcción se ha completado, a cada miembro se le asigna una unidad de propiedad individual.

Supersudaca: ¿Qué implica la noción de Ayuda Mutua y Cooperativa del Usuario?

Gustavo González: Ayuda Mutua es una solución de vivienda para los sectores de la sociedad que no tienen forma de ahorrar dinero, pero tienen la capacidad de trabajar para construir su vivienda y para pagar un préstamo de hipoteca de bajo interés.[35] Este sistema de autoconstrucción se asocia generalmente a un régimen de usuario en el que la familia adquiere el derecho a utilizar la vivienda y la cooperativa, como entidad, administra una propiedad colectiva.[36]

Supersudaca: ¿Cuáles son los fundamentos de la Propiedad Colectiva?

Gustavo González: El tiempo ha demostrado que no es posible solucionar el déficit de vivienda en América Latina sin los subsidios estatales. Eso significa que todos pagan impuestos para que todas las familias sin una vivienda adecuada la puedan conseguir. El apoyo del Estado de las Cooperativas de Ayuda Mutua se compone de varias exenciones fiscales, la disposición de la tierra y la financiación de préstamos del banco antes mencionada.

Es muy importante entender que la propiedad colectiva es aún una propiedad. Si un grupo de familias se reúne para construir sus viviendas, estas pertenecen a todo el grupo y nadie puede salir al mercado a vender su propia unidad, porque es producto del trabajo de todos. Tiene que haber un aspecto educativo que enseña: "Si la sociedad responde a una necesidad básica, ningún individuo puede beneficiarse de ello". Esta es la idea básica que divide los dos conceptos: la vivienda como un bien y la vivienda como un derecho.

Supersudaca: El cooperativismo ha sido fuertemente vinculado a los sindicatos y a grupos de izquierda. ¿El modelo de ayuda mutua sólo tiene lugar dentro de estos ambientes?

Gustavo González: La educación y la organización política, en el sentido más amplio, han sido muy importantes para el modelo, ya que han influido sobre la capacidad de autogestión de las cooperativas. Sin organización y eficiencia –en la gestión y la construcción– nada se puede lograr. Los miembros de las cooperativas tienen la necesidad de construir, y construir bien. Además, debe funcionar como una empresa, comprando materiales y manejando las

[37] La Ley Nacional de la Vivienda (n. 13.728) fue introducida en 1968 por el gobierno de Jorge Pacheco Areco, quien en 1973 dio su apoyo al golpe de Estado militar.

finanzas. Para ello, las personas encaran una formación y amplían sus horizontes.

Supersudaca: ¿Puede explicar por qué la propiedad colectiva y la noción de usuario se introdujeron legalmente bajo un gobierno derechista?[37]

Gustavo González: El sistema del usuario es pragmático: si a la gente de bajos recursos se les da una casa cuyo mantenimiento no pueden pagar, es dinero malgastado. A través de la propiedad común, la inversión pública está protegida mediante la prevención de que el beneficiario venda la vivienda en el mercado de bienes raíces. El Estado evita que las personas puedan ganar dinero sólo para darse vuelta y demandar una vivienda nuevamente. Protege la inversión, incluso desde un punto de vista capitalista o económico liberal.

38 Una solución adoptada por algunas cooperativas es pagar al usuario que se marcha su capital social mensualmente durante diez años, lo que permite al nuevo usuario financiar su entrada a lo largo de este tiempo.

Supersudaca: ¿De qué manera es compatible el concepto de propiedad colectiva con la dinámica del mercado de bienes raíces?

Gustavo González: Cuando un usuario de primera generación deja la cooperativa, la colectiva le devuelve su capital social, es decir, las horas de ayuda mutua que él proveyó y el capital que aportó, pero la vivienda sigue en manos de la cooperativa y la comunidad elige un nuevo miembro que pueda aportar el mismo capital social. Hoy en día un problema frecuente para las cooperativas creadas hace tiempo es que después de muchos años, el capital social a aportar es demasiado alto para alguien con un trabajo normal. Una solución podría ser que el estado subsidiara al nuevo miembro y que la cooperativa transfiriera este dinero al usuario que se marcha. Esto garantizaría que las personas que entran en el sistema pertenezcan a un sector social que realmente merece la vivienda.[38]

Supersudaca: ¿Cómo es la gestión del proyecto arquitectónico de las cooperativas? ¿Cómo ha evolucionado el diseño?

Gustavo González: Los arquitectos de los Institutos de Asistencia Técnica ejecutan el diseño; entonces se crean equipos multidisciplinarios específicamente para ayudar a las cooperativas a través de un proceso de diseño negociado colectivamente. En cuanto al diseño, hubo dos períodos importantes. Los años 1970 fueron los años del gran desarrollo de viviendas, enormes edificios de hormigón de mediana altura y una arquitectura muy austera en lotes muy grandes, con pocos espacios verdes o recreativos al aire libre y un mínimo de mobiliario exterior. Desde la década del 80, se llevaron a cabo construcciones más pequeñas, que potenciaban los aspectos sociales y espaciales. La atención se centró en nuevos volúmenes de menor escala, proporcionando áreas al aire libre con espacios verdes, creando entornos más agradables. Se avanzó también en el plano tipológico, con propuestas que podían contener unidades de uno, dos o tres dormitorios.

Supersudaca: ¿En qué medida se ha explorado la estandarización y la sistematización de la construcción?

Gustavo González: En el segundo periodo se tuvo acceso a nuevas tecnologías, por ejemplo, techos impermeables de hormigón, paneles de poliestireno expandido con mallas electrosoldadas y mortero proyectado. La estandarización se ha centrado principalmente en algunos elementos de construcción (por ejemplo, las baldosas de ladrillo y vigas de hormigón) asociada a los sistemas de construcción basados en ladrillo. Una condición clave para la sistematización de los elementos de construcción es que puede ser producido y transportado por miembros de la cooperativa, que a menudo son mujeres.

Supersudaca: ¿Considera posible exportar el modelo a otros contextos sociales?

Gustavo González: La vivienda como un derecho es la mejor inversión para cualquier sociedad democrática, y no me refiero a una de carácter socialista. En Cuba, por ejemplo, la vivienda es individual. La propiedad colectiva con subsidio estatal no tiene nada que ver con el socialismo o el tercer mundo. En las sociedades regidas por la asistencia social, como Suecia, existen muy buenos proyectos de propiedad colectiva.

La crisis económica mundial provocada por la burbuja inmobiliaria en los Estados Unidos exige repensar el juego que estamos jugando. Hoy en día los estados están protegiendo a las empresas de una posible quiebra, socializando efectivamente las pérdidas. Las cooperativas son una forma responsable de inversión colectiva.

Know-how latinoamericano: Entrevista a Alejandro Aravena y Fernando Pérez Oyarzún
12 de junio de 2009

Durante la década del 90 el crecimiento económico milagroso de Chile estaba obsesionado con las estadísticas, las nuevas políticas democráticas promovían la construcción masiva de viviendas para eliminar los barrios marginales. La firma de arquitectura Elemental apuntaba a una búsqueda de calidad dentro de este modelo.
Alejandro Aravena no sólo explica cómo lograr cambios jugando con las reglas, sino que en una intensa conversación con Fernando Pérez Oyarzún analiza críticamente que han pasado 40 años desde que la urbanización en América Latina pasó el umbral del 50%, sin financiación pública. También, que un oculto "know-how" puede abrirse paso, y que el espacio público o colectivo podría ser la frontera de un nuevo espíritu empresarial.

Cómo urbanizar con poca plata, o urbanizando con tiza

Supersudaca: Dentro del enigma de lo que vendrá en un futuro próximo, después de la situación de crisis y de la ciudad poscapitalista, pareciera ser que, en América Latina, especialmente en lo que respecta a las cuestiones colectivas, de alguna manera estamos acostumbrados a esta situación de crisis. ¿Hay algo que valga la pena rescatar?
Alejandro Aravena: Lo que hace Urban Age en Londres o Rockefeller en Nueva York, o los reportes como el de *The Economist* del 2007 cuando se refieren al proceso del planeta cruzando el 50% de población urbana, es en realidad hablar de Asia y África, porque la verdad es que Latinoamérica tuvo esa pregunta antes que el resto del

mundo y de una manera bien específica, alcanzando las tasas del orden del 85% de la población urbana hace 40 años. Y no es que sólo tuvo la pregunta de la urbanización antes, sino que la pregunta de urbanización *con poco dinero*. Europa en cambio estaba con esos niveles de urbanización todavía antes que Latinoamérica, pero el punto es que se hizo con muchos más recursos por familia, por lo tanto, la pregunta específica que nosotros tuvimos, 40 años antes, fue moverse del campo hacia las ciudades, tratando de alojar gente por el orden de 10.000 dólares por familia. Esa es una pregunta que, como la tuvimos antes, eventualmente nos permite ahora decir que tenemos un conocimiento que el resto de la gente no tiene. Ese principio nos debería permitir exportar *know-how*.

Fernando Pérez: Hay un caso que en Chile hemos olvidado, que es el de la Operación Sitio, ocurrida a fines de la década del 60. Esto surgió frente a un proceso de urbanización muy acelerado, con una fuerte inmigración, y que se dio con muchos menos recursos de los que tenemos hoy día. O sea, las dos condiciones que Alejandro está poniendo, llevadas a su *peak*. Por esos años la gente invadía grandes terrenos en la periferia, y entonces el Ministerio reaccionaba diciendo: "Mire, casa no le puedo dar. Lo que puedo hacer es comprar o expropiar este terreno, yo hago los trazados de urbanización y le doy su parcela. Es todo lo que puedo hacer hasta ahora". Irónicamente, la oposición política lo llamaba Operación Tiza: ¿han visto ustedes? En vez de dar vivienda a la gente, le dan tiza, le marcan en el suelo un terreno. Tan torpe como podría parecer, esta operación es responsable de amplísimos sectores urbanizados con relativo éxito en la periferia de Santiago de Chile. Y no es menor lo que hacía esta operación, ya que le daba a la gente algo que hoy es muy valioso: un trozo de terreno importante, con título de propiedad. Entonces, ocurría que al mismo tiempo que se trazaban los terrenos, se definían las calles, es decir, quedaba toda la base para conectarte a las redes de la ciudad; luego podías continuar con el alcantarillado o la electricidad, porque esto no era un caos. Y lo que es colectivo también es que cada persona sabía que era dueño, y adentro ponía una mediagua o dos, o los restos que tenía en el momento, y luego venía la autoconstrucción, o conseguían subsidios etc. Eso es una demostración de lo que Alejandro está diciendo, todo lo que te doy es un trazado en el suelo, pero ese trazado en el suelo sitúa una posición tuya en la ciudad, te conecta de una cierta manera, te da unas coordenadas.

Alejandro Aravena: Déjame construir sobre eso porque me parece súper relevante. Esto de hacer un trazado de tiza en el suelo, que cuesta cercano a cero, en realidad que cuesta lo que cuesta el suelo, es muy relevante porque cae en hacer aquellas cosas que una familia por su cuenta nunca va a poder hacer bien individualmente. Si la plata no te alcanza para todo, tienes que poder hacer un listado de prioridades y hacer primero lo que individualmente no se va a poder hacer. El trazado de un conjunto urbano es del tipo de cosas que espontáneamente es difícil que resulte bien. Y esto es importante porque el valor de la vivienda que pongas en ese sitio depende en gran medida del valor del barrio, y si el barrio no vale nada, esa vivienda no vale nada. Si uno propone que lo medular de un proyecto de vivienda es que aumente su valor en el tiempo, se pone como un atributo el que sea una inversión y no un gasto, que es lo planteamos en Elemental. Cuidar el conjunto urbano es del tipo de cosas de lo que uno tiene que hacer con la primera mitad.

El desastre de Latinoamérica, porque tuvimos la pregunta antes, fue que tuvimos los problemas antes. El porcentaje de informalidad en la ciudad latinoamericana es superior al 50%, donde vayas, Caracas, Ciudad de México, Lima. Y lo que tiene Santiago, al menos como diferencia, es no sólo que tenemos poco dinero, sino que, porque hizo este tipo de operaciones, el porcentaje de informalidad en Chile es bajísimo. Es la única manera de combatir en un sistema democrático la toma ilegal de terrenos. Aquí empieza a ocurrir lo que Hernando de Soto, el economista peruano, habla en el libro *El Misterio del Capital*, o sea si va a haber capitalismo, que corra para todos, y lo que permite que todos nos beneficiemos de esas reglas del juego que están operando en este momento, es que la propiedad, ese activo, pueda tener una vida paralela como capital. Compro la propiedad, pido un crédito para hacer un negocio en la casa, un taxi, una máquina de coser, lo que fuera. Lo que De Soto estudia es cuánta plata se transa en el mundo informal, que es tanta como en el mundo formal. La diferencia está en que en el capitalismo el valor de los activos además tiene un valor paralelo como capital, y eso es lo que ha hecho despegar al primer mundo, y el libro de hecho se llama así: *El misterio del capital; ¿porque el*

[39] Cf. SOTO, Hernando De. *The mystery of capital: why capitalism triumphs in the west and fails everywhere else*. New York, Basic Books, 2000.

capitalismo triunfa en occidente y fracasa en el resto del mundo?[39]

Finalmente, lo relevante es que el proceso de urbanización del planeta en el que estamos es que de nuevo no alcanza la plata para hacerlo a punta de casas. Hay mucha gente que está mirando para esta vereda del frente, ¿Qué pasó por el lado de la tiza?, porque nos vamos a ver obligados a movernos, por así decirlo, por una línea intermedia entre la casa y lo mínimo que puede ser un trazado en el suelo. Ahora, porque de nuevo no va a ser una opción, va a haber que urbanizar en África o en China con muy poco dinero, y estrategias como la Operación Sitio tendrán versiones de diseño que serán 2.0. Es a lo que nos vamos a ver enfrentados de ahora en adelante, y tenemos el conocimiento. En Latinoamérica tuvimos la pregunta antes, tuvimos los problemas antes; en principio debiéramos tener alguna ventaja comparativa. Por fin un conocimiento que exportar al resto del planeta.

Espacio público y ciudades inclusivas

Fernando Pérez: Desde su comienzo, Elemental planteó un tema en relación con el espacio fuera de la vivienda, como la problemática inmediata pendiente. Las discusiones que tenían en el proyecto de vivienda social en Iquique, Chile, sobre si debía haber pasajes o no, o preguntarse por el tamaño de los patios, ha perdurado como un asunto todavía pendiente. Tan importante como resolver con criterio este asunto de la unidad de vivienda, es resolver los articuladores entre la ciudad y la unidad, que en este caso pueden pasar a ser tremendamente protagónicos. Tan protagónicos, que, en una intervención de Luis Eduardo Bresciani, jefe de la División de Desarrollo Urbano del Ministerio de Vivienda y Urbanismo de Chile, llamó a los arquitectos y a múltiples actores a organizarse en torno al espacio público. Él creía que el próximo desafío para Chile –para lo que habría gran cantidad de recursos– era que hubiera compañías de mediano y pequeño alcance dedicadas al espacio público. Hay un desafío y creo que la demanda de diseño ya no está en la operación mínima (de la vivienda), sino en preguntarse cómo incorporar un poco más de recursos sin dilapidarlos, y sin ponerlos donde no corresponde. Creo que es una gran pregunta en este momento en Chile.

40 Véase: MOHAN, Rakesh and DASGUPTA, Shubhagato. "The 21st century: Asia becomes urban." *Economic and political weekly*, v. 40, n. 3, 2005, p. 213-223.

Supersudaca: El tema de *dónde poner la plata cuando es escasa,* que en Latinoamérica se ha desarrollado a través de algunos ejemplos de espacios públicos, como el caso de Bogotá, Colombia, Curitiba, Brasil, con Jaime Lerner y la "acupuntura urbana", realizada en Río de Janeiro sobre las favelas. Es decir, hay temas de espacios públicos a los que se ha llegado por pensar en *dónde pones la plata, siendo que es poca,* y a quién y cuántos les va a llegar.

Alejandro Aravena Sí, déjame llegar a eso a partir de articular tres puntos. El espacio entre lo público y lo privado es una cuña, un espacio colectivo. En Iquique uno de los inventos fue hacer un condominio donde hay entre dieciocho e veinte casas. El conjunto no ocurre a lo largo de una calle, sino ocurre en un lugar que tiene entradas y accesos controlados. El problema de la seguridad era un tema mayor dada las condiciones de donde venía la gente, por lo tanto, el control sobre su propio espacio público era relevante. Eso como primera cosa.

Segundo, cuando esto ocurre, cuando haces una Operación Sitio con lotes más bien pequeños, la distancia entre calles es muy poca. O sea, si algo mira uno en las periferias que hemos producido es que tienen demasiadas calles para la cantidad de autos que hay, porque es la única manera, si uno piensa en términos de lo privado y de lo público, que tienes de garantizar acceso a cada vivienda. Por lo tanto, hay una sobredosis de calles, cuando en realidad no son tan necesarias. En tercer lugar, en ambientes sociales frágiles, este espacio colectivo es muy relevante en el despegue económico y social de ese grupo de familias.

Vámonos al caso de Colombia o Brasil que nombras, y entendamos lo que han logrado con estas operaciones sobre infraestructuras y espacio público. La ciudad es al mismo tiempo una concentración de una cierta élite que crea conocimiento, que es lo que va a hacer las diferencias de las economías de los países, esto es idea de un economista hindú que se llama Rakesh Mohan, del Banco Central de India,[40] quien plantea lo siguiente: lo que viene en las economías del mundo, no es ya competir por el valor de los bienes y servicios, ni siquiera por la eficiencia para moverlos, que está asociada a la infraestructura que ciertos países pudieran construir; lo que va a venir ahora, lo que va a hacer la diferencia entre los países, son los profesionales capaces de crear conocimiento. Las ciudades del primer mundo están invirtiendo en poder atraer a estos profesionales creadores de conocimiento, y el caso más emblemático probablemente sea el de Chicago, que ha mejorado sus indicadores de captura para este tipo de gente, llegando a estar por sobre Nueva York.

Si eso lo miras a escala más global, ocurre más o menos lo mismo en cuestiones de seguridad, de educación, oferta cultural, eficiencia de infraestructura, conectividad, acceso a servicios sofisticados; finalmente tener una *masa crítica*. Lo que tiene el conocimiento, dice Mohan, es que se genera en encuentros cara a cara, no es por Internet, esto ocurre en reuniones como tenemos aquí, cara a cara. Mientras más gente de esa hay en un lugar, más posibilidades de haber conocimiento hay. Eso para la élite. Para los pobres, en cambio, la ciudad es un atajo hacia la equidad. Esto significa que no hay que esperar que haya redistribución del ingreso, que es casi lo único que uno escucha para corregir la desigualdad, o para mejorar la calidad de vida de la gente.

Por lo tanto, tienes una ciudad para ricos y para pobres, que más que nunca se necesitan mutuamente. Por eso que, de las recomendaciones de Naciones Unidas, o de los foros globales sobre urbanización, lo que sale es *la ciudad inclusiva*. Ricos y pobres van a tener que, más que nunca, estar cerca. Los pobres necesitan de las oportunidades de la ciudad, no tienen otra, esa es su red de sustento. Los ricos necesitan de las redes de oportunidades de la ciudad porque ahí está la masa crítica que genera estos saltos en los desarrollos. Es lo que va a hacer las diferencias en las economías del mundo.

Supersudaca: O sea, una ciudad inclusiva es buen negocio.

Fernando Pérez: Un negocio que además es sustentable.

Alejandro Aravena: Sobre todo, pero sustentable desde un punto de vista ambiental, económico y social.

Supersudaca: Negocio que además es capaz de abrir fronteras, porque habría necesidad de que haya pobres donde sólo hay ricos.

Alejandro Aravena: Y más aún, Latinoamérica, logra todo esto sin recursos. Bogotá, y sobre todo Medellín, son lugares donde esto se ha hecho bien. Me parece que el caso colombiano es absolutamente extraordinario en la capacidad de transformación de entornos sociales, por medio de operaciones en la ciudad. Probablemente los más complicados que uno podría encontrar en una ciudad. Difícilmente uno podría encontrar una situación más compleja, radical y violenta que una ciudad colombiana y, aun así, con operaciones específicas, bien direccionadas y eficientes, ha habido un golpe a la calidad de vida de esas ciudades. El caso de Bogotá con espacio público y transporte, o el de Medellín, donde se hace la biblioteca Parque España, que es en realidad un espacio público. Más allá de las rocas impresionantes, lo que tiene de notable esa biblioteca es que puedes entrar a cualquier hora en los intersticios entre las rocas. Está lloviendo y hay niños que en vez de estar en la calle pueden estar dentro del edificio. Se ha generado un espacio tal que te juntas ahí a hacer nada. Más aún cuando para acceder a eso (la operación más radical de todas) se construye este Metrocable, que al momento que se traza, la quebrada de la ladera era impenetrable, es decir, era donde estaban los sicarios de Pablo Escobar, ¡no se podía entrar a ese lugar! Ahí ahora hay una empresa de desarrollo urbano que coordinadamente pone agua potable, alcantarillado, gas, electricidad, telefonía, o sea hay un *upgrade* coordinado de todos los servicios de este lugar. Hay una gobernanza política que es una cabeza que decide cómo hacerlo, y que coordina todos los sistemas. El recurso más escaso para hacer ciudades relativamente bien es la coordinación, no es la plata. La ciudad, las redes, es en general muy difícil que se haga bien espontáneamente, y ahí, en Medellín, hubo una opción que me parece que fue la opción indicada, y lo que debieran seguir haciendo es insistir en la infraestructura pública, pero todavía mejor.

Supersudaca: Elemental jugó con las reglas para hacer sus proyectos de vivienda social, pero al mismo tiempo las redefinió, donde lo colectivo y la rentabilidad económica y social es lo importante. Como arquitectos, ¿creen que se está obligado a jugar con las reglas o tienes que tratar de cambiarlas?

Alejandro Aravena: O las dos.

Fernando Pérez: Creo que el gran desafío de la educación de arquitectos hoy es encontrar una manera en que las prácticas disciplinares se enfrenten tan frontalmente como sea posible a estos nuevos desafíos, para lo cual tienes que enfrentarte a esos problemas crudamente, con las reglas encima. Esto no haría sino renovar una especie de prácticas que se van haciendo cansinas, adquiridas, gestuales y formales.

Alejandro Aravena: Entrenarse en responder a un problema con las restricciones que ese problema tiene en la realidad, es lo que te permite al mismo tiempo tener distancia, a la vez que tienes algún mecanismo que cuando salgas a jugar allá afuera, lo que estudiaste y para lo que te entrenaste, valga la pena. Si no hay restricciones no estás obligado a ser original. Las restricciones que en general te llevan a preguntas nuevas, como consecuencia, te llevan a respuestas nuevas.

Pareciera, sin embargo, que estamos demasiado preocupados por el estilo o por la respuesta más que por la pregunta.

De grandes cajas a pequeñas cajas

Ensayo Mario Marchant

Desde la década del 90 han ocurrido grandes cambios en América Latina asociados al proceso de redemocratización que comenzó a reemplazar a la mayoría de las dictaduras militares del continente. Junto a esos cambios, e independientemente de la orientación ideológica de los nuevos gobiernos democráticos, se implementaron políticas neoliberales. Esa década marcó el final de las estrategias de desarrollo empleadas por muchos gobiernos de América Latina desde la segunda mitad del siglo 20 dentro de los marcos de ideológicos y políticos de izquierda y/o socialistas. Esa fue una época en la que parecía que los ideales que la arquitectura iban de la mano con las aspiraciones culturales colectivas de muchos dirigentes políticos: proyectos de viviendas y planes urbanísticos propuestos por varios arquitectos prominentes de América Latina (que encontraron en los principios modernistas la receta "perfecta" para aplicar en esta tierra fértil) parecían convencer fácilmente a los gobiernos sobre la urgente necesidad social de viviendas, visualizando lo que prometía ser un futuro brillante. Consecuentemente, durante los años 50 y especialmente durante la década del 60, esos ideales, se cristalizaron en varios proyectos racionalistas (¿colectivos?) popularmente conocidos como Unidades Vecinales –UV, como la UV de Matute, en Lima, Perú, y la UV Portales en Santiago de Chile. Estos proyectos eran esencialmente Grandes Cajas modernistas (bloques y megabloques como el Narkomfin de Ginzburg, la Unité d'Habitation de Le Corbusier o los Microrayons Soviéticos) que incluían pasillos interminables y puentes peatonales elevados que conectaban las unidades de vivienda estandarizadas. Por un momento, la arquitectura pareció plasmar perfectamente la vida colectiva.

    Durante los últimos quince años, hemos sido testigos de una profunda modernización del entorno urbano del continente (autopistas con peajes, parques industriales privados, redes hoteleras internacionales, centros comerciales etc.).

41 *Little boxes* es una canción escrita y compuesta por Malvina Reynolds en 1962, que se convirtió en un éxito para su amigo Pete Seeger en 1963, cuando lanzó su versión. La versión de Reynolds se publicó por primera vez en su álbum de 1967 de Columbia Records, *Malvina Reynolds sings the truth*.

Junto con esa idea de progreso típicamente occidental, varios países de América Latina también modificaron sus estrategias de vivienda llevándolos a establecer políticas de subsidios que –en asociación con el sector privado– se suponía debían satisfacer las demandas sociales de ese "producto". Ese escenario hizo que el sueño de la vivienda colectiva de América Latina se transformara radicalmente en el sueño de la vivienda individual de América Latina. La producción de viviendas rápidamente cambió de Grandes Cajas a Pequeñas Cajas. Las Pequeñas Cajas han proliferado en las ciudades de América Latina como callampas (hongos) después de un aguacero, delimitando inmensas áreas urbanas (y no sólo de expansión suburbana como muchos podrían imaginar) con interminables filas de Pequeñas Cajitas. El tejido urbano inicial confeccionado por estas pequeñas casas individuales es inicialmente un paisaje sombrío de aburrido conformismo, tal como lo describió la cantante norteamericana de música folk Malvina Reynolds en 1962 con la canción *Little boxes*,[41] que satiriza sobre el desarrollo de los suburbios de Estados Unidos:

> *Little boxes all the same.*
> *There's a green one and a pink one*
> *And a blue one and a yellow one,*
> *And they're all made out of ticky tacky*
> *And they all look just the same.*
>
> *(Pequeñas cajas todas iguales*
> *Hay una verde y una rosa*
> *Y una azul y una amarilla,*
> *Y todas están hechas de cartón*
> *Y todas se ven igual)*

Sin embargo, hay una diferencia significativa entre la dispersión (sub)urbana de Estados Unidos que describe Reynolds y el fenómeno de las Pequeñas Cajas en América Latina. Si nos detenemos cuidadosamente en esa postal inicial de homogeneidad urbana podemos ver claramente cómo la gente en las ciudades latinoamericanas ha producido interesantes transformaciones formales y programáticas en sus pequeñas cajitas: desde recintos adicionales a la unidad original hasta una variedad de usos no residenciales (educativos, religiosos y comerciales). Por ejemplo, en La Florida, una típica comuna de clase media baja en el sector sur de Santiago de Chile, una madre podría comenzar su día dejando a su hijo en una Pequeña-Caja-Guardería y desde allí, caminar unos pasos, y detenerse en la puerta de la Pequeña-Caja-Iglesia para un servicio religioso. Una vez que el servicio haya terminado ella podría ir con una amiga (con la que recién se encontró en la Pequeña-Caja-Iglesia) para conocer la reciente ampliación de su Pequeña-Casa (un segundo piso para el nuevo bebé) y luego rápidamente pasar por la Pequeña-Caja-Almacén de al lado para comprar el pan, las verduras y un pollo asado para el almuerzo familiar. Así, los nuevos paisajes urbanos que las Pequeñas Cajas de América Latina están construyendo no se ven todos iguales. Hay una importante variedad y singularidad dentro del patrón repetitivo de base (inicialmente concebido sólo para viviendas). La diversidad ha sido producida principalmente por la falta de infraestructura y servicios urbanos (generada por una mala o inexistente planificación urbana por parte del estado), lo que va de la mano con la rápida construcción de estos proyectos inmobiliarios producto de las fuerzas del mercado. Como consecuencia, algunas personas han visto esas necesidades urbanas faltantes como algo para criticar y exigir a los gobiernos locales. Otras lo han visto como una oportunidad para obtener beneficios personales. La capacidad de individualización, flexibilidad y expansión controlada de las Pequeñas Cajas puede quizás explicar su demanda y popularidad. También podría explicar el por qué han sido un fracaso las Grandes Cajas del pasado caracterizadas por una limitada y poco flexible capacidad espacial de sus unidades para modificarse y crecer, junto a los desescalados y poco controlados espacios públicos abiertos que las rodeaban. Además, el deseo de "la casita con patio" ha sido fuertemente insertado en el imaginario social de América Latina desde la época colonial, cuando las nuevas ciudades fueron construidas basadas en mini versiones urbanas de las haciendas de campo de la colonia española (creando la típica manzana urbana, de varias casas con fachada continua y con patios interiores).

Las ideas arquitectónicas detrás de las Grandes Cajas de América Latina de las décadas del 1950 y 1960 pudieron haber confundido la noción de lo colectivo (un grupo de individuos con similitudes, pero con aspiraciones particulares) con la noción de lo masivo (una gran estructura sin reconocimiento individual). Masivo claramente no implica colectivo. La arquitectura colectiva debe tener en cuenta la flexibilidad espacial, la capacidad de cambiar y crecer, así como espacios sociales más pequeños y supervisados como factores esenciales para la satisfacción individual y para la creación de un sentido de comunidad urbana entre los residentes, que realmente represente la noción social de lo colectivo. Si la arquitectura de las

Pequeñas Cajas en los Estados Unidos (e incluso en algunas partes de Europa) resultó en una expansión urbana monótona cada vez mayor, en América Latina parece estar construyendo una emergente forma contemporánea de vida colectiva (con la ausencia de una visión, plan o discurso arquitectónico), que muestra que las aspiraciones colectivas se han convertido cada vez más en un producto de los individuos, nuevamente, un fenómeno colectivo.

De slum a Slim
Neza York o el perfecto rascasuelos

La transformación de *slums*[1] periféricos en barrios atractivos es particularmente importante cuando se abordan los desafíos emergentes de áreas que antes se encontraban en los bordes de las ciudades. No son muchos los asentamientos informales o irregulares que logran romper su ciclo-sin-salida, y muchos menos alcanzan el éxito, pero esa es una razón más por la que es imperativo observar más de cerca la secuencia de acontecimientos que transformaron los *slums* y zonas "prohibidas" de la periferia de Ciudad Nezahualcóyotl – Neza, en la periferia de la Ciudad de México, en un territorio altamente urbano que hoy atrae a inversionistas y habitantes de todo tipo.

    La hipótesis que conduce al surgimiento de una ciudad atractiva a partir de un lugar precario no se basa en ninguna creencia de progreso inevitable ni en un optimismo ciego. Los barrios pobres en semejantes condiciones periféricas en la Ciudad de México pueden empeorar si no se les presta atención ni inversión. El éxito de Neza es una combinación de la lucha obstinada de sus habitantes por ganarse la atención de los sucesivos gobiernos (poder que emanó de su gran número, solidaridad y focalización de objetivos), lo que condujo a la eventual introducción de mejoras clave en infraestructura. Finalmente, su trazado urbano específico, en forma de cuadrícula, ha ayudado a extender los beneficios a todos los rincones de Neza. Estos son quizás los ingredientes secretos de este milagro urbano mexicano que sigue mejorando día a día.

Nezahualcóyotl, también conocida como "Neza York"

Nezahualcóyotl, también conocida como Neza York, no se acerca en absoluto al perfil de la ciudad de Manhattan, y ante esta no es posible imaginarse a Neza hasta que se está en ella. Sin embargo, en términos de densidad de población, la ciudad de Neza podría leerse como un rascacielos horizontal.[2] Su diseño urbano se extiende en una superficie de alrededor de 10 x 4 kilómetros, en una cuadrícula regular que comprende una de las más grandes y densas ciudades de baja altura del mundo, con una población de 1,11 millones de habitantes en una superficie de apenas 4.190 hectáreas; su densidad de 264 personas por hectárea se extiende de manera casi perfectamente pareja en su territorio con forma de red.

La densamente poblada Randstad (en los Países Bajos), con una densidad de 83 habitantes por hectárea, o el París urbano de 70 habitantes por hectárea están muy por debajo de la densidad de Neza. El distrito de Manhattan, una de las zonas urbanas más densas del mundo, tiene una densidad de 273 habitantes por hectárea, casi la misma que Neza. Lo que hace que esto sea notable es que la altura de la mayoría de los edificios en Neza es de sólo dos pisos en promedio.[3] El tamaño de las manzanas es también notablemente similar a las dimensiones de Nueva York; la mayoría de las manzanas en Neza miden 220 x 35 metros, mientras que en Manhattan tienen una longitud similar, pero veinte metros más anchas. No es de extrañar que los habitantes de Neza que han emigrado recientemente a Nueva York puedan fundirse fácilmente en su cultura urbana, mostrando las compatibilidades de ambas ciudades y su amor por la cultura callejera.[4]

Además de esto, Neza también comparte algo más con Nueva York: la exuberancia de su arquitectura. En Neza esto está representado por las 285.027 casas autoconstruidas[5] y las habilidades, potencialidades y auto confianza (ego) de cada propietario para mejorarlas y ampliarlas a lo largo del tiempo. Fundada oficialmente en lo que era la periferia de la Ciudad de México hace cincuenta años, Neza es actualmente el segundo municipio en términos de población del estado de México[6]–un estado autónomo que rodea el Distrito Federal, donde se encuentra la capital mexicana. A pesar de ser un municipio no perteneciente a la capital, Nezahualcóyotl se ha convertido de facto en parte de la Región Metropolitana de México por su cercanía y relevancia.[7] Vale la pena volver a visitar su ascenso desde un asentamiento apenas legal, construido por miles de familias, a uno de los lugares más poblados y activos de la Ciudad de México en un período de 50 años.[8]

El aviso del diario

Hermosa casa de dos pisos muy amplia, incluye un departamento con acceso independiente. Terreno de 153 metros cuadrados. Construcción de 247 metros cuadrados. Excepcional casa de dos pisos, lista para habitar, incluye: living, comedor, cocina, cinco dormitorios todos con clóset, estudio, patio trasero, dos estacionamientos, muy espaciosa en todas sus superficies, excelente ubicación, muy cerca de centros comerciales, colegios, universidades, avenidas, parques, museos, incluye todos los servicios. El departamento incluye living, comedor, cocina, baño, un dormitorio, excelente distribución, bien iluminado, visítelo.[9]

Normalmente, si usted leyera hoy un aviso de este tipo en un diario de la Ciudad de México, concluiría que la casa podría ser una propiedad atractiva que vale la pena considerar comprar. El precio de 1.672.000 pesos mexicanos (alrededor de 125.000 dólares) podría ser demasiado para su presupuesto,[10] pero resulta tentador averiguar más.[11] ¿Se puede ubicar una propiedad tan atractiva en el infame suburbio de Nezahualcóyotl,[12] ampliamente conocido como uno de los barrios más difíciles de la ciudad, un área prohibida para muchos? En los medios de comunicación todavía se considera un lugar donde sólo viven los nacos[13]. Sin embargo, al leer nuevamente el aviso, usted se da cuenta que la propiedad sigue siendo atractiva; hay escuelas, parques y muchos árboles cerca cuando se busca en Google Maps. Lo más sorprendente es que hay incluso una universidad privada a la vuelta de la esquina.[14] De hecho, el aeropuerto está bastante cerca y no solo el Metro, sino que muy pronto Metrobús conectará la localidad con la capital y zonas cercanas. El comercio (y no hablamos sólo de mercados informales, sino de *malls* con productos de primera línea) y los museos están cerca. Es difícil evaluar adecuadamente la descripción que se hace en medios de comunicación, pero es menos difícil creer que la regulación de precios a este nivel comienza a mostrar una ciudad lo suficientemente atractiva para esos precios de las propiedades.

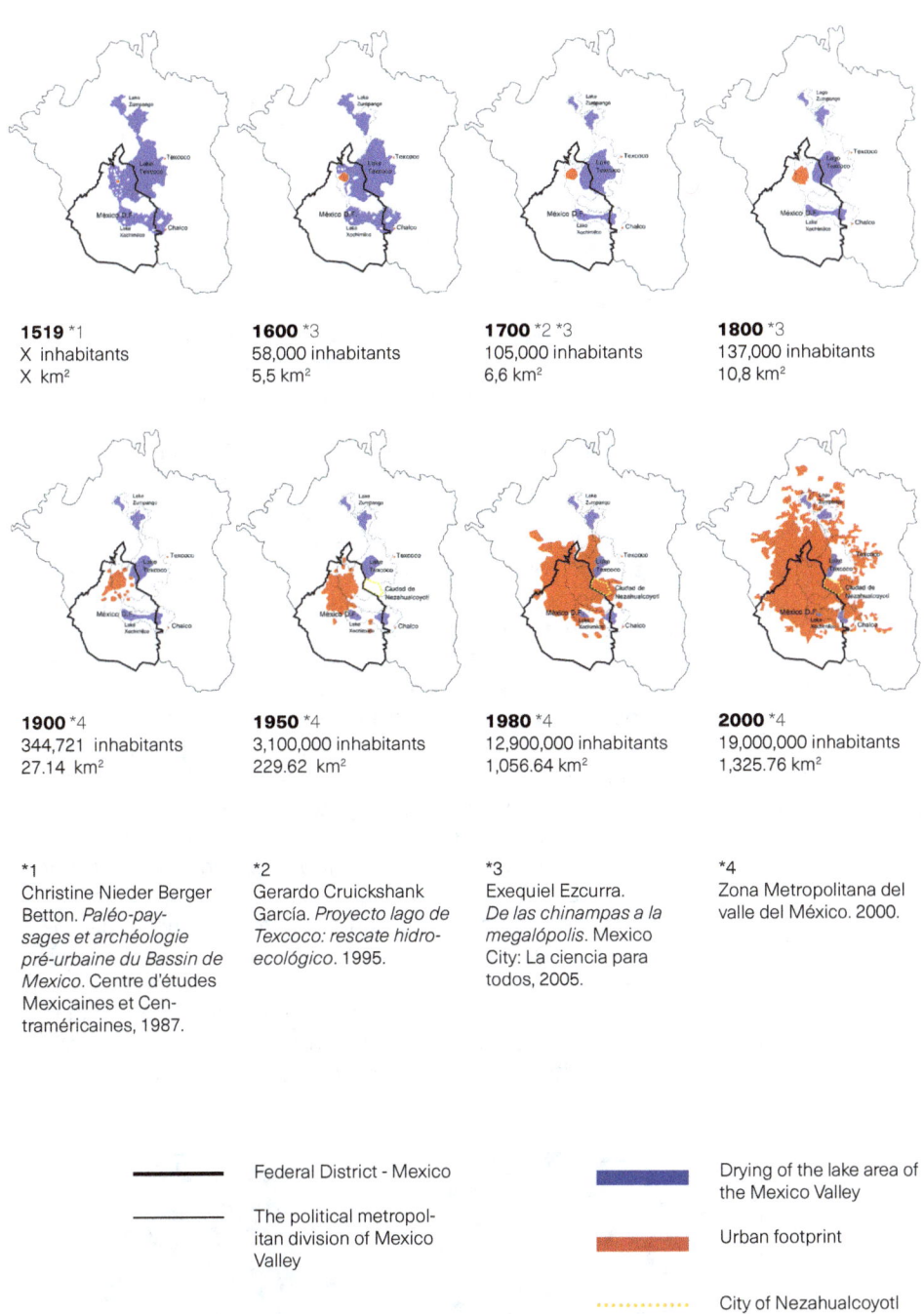

1519 *1
X inhabitants
X km²

1600 *3
58,000 inhabitants
5,5 km²

1700 *2 *3
105,000 inhabitants
6,6 km²

1800 *3
137,000 inhabitants
10,8 km²

1900 *4
344,721 inhabitants
27.14 km²

1950 *4
3,100,000 inhabitants
229.62 km²

1980 *4
12,900,000 inhabitants
1,056.64 km²

2000 *4
19,000,000 inhabitants
1,325.76 km²

*1
Christine Nieder Berger Betton. *Paléo-paysages et archéologie pré-urbaine du Bassin de Mexico*. Centre d'études Mexicaines et Centraméricaines, 1987.

*2
Gerardo Cruickshank García. *Proyecto lago de Texcoco: rescate hidroecológico*. 1995.

*3
Exequiel Ezcurra. *De las chinampas a la megalópolis*. Mexico City: La ciencia para todos, 2005.

*4
Zona Metropolitana del valle del México. 2000.

— Federal District - Mexico

— The political metropolitan division of Mexico Valley

■ Drying of the lake area of the Mexico Valley

■ Urban footprint

··········· City of Nezahualcoyotl

Recuperando Neza

Desde su fundación en 1325, la Ciudad de México ha sufrido severas inundaciones debido a su condición geográfica de cuenca endorreica,[15] una condición topográfica que retiene el agua de lluvia sin ofrecerle salida por ríos u océanos. Para protegerla contra las inundaciones se necesitaba un sistema adecuado de evacuación de agua. Las obras de infraestructura para drenar el agua de la cuenca son numerosas y se remontan a muy atrás en la historia, incluso hasta la llegada de los españoles.[16] Como los lagos fueron finalmente drenados a principios del siglo 20, la cuestión de qué hacer y quién debería explotar las nuevas tierras gradualmente recuperadas es crucial para comprender el surgimiento de la ciudad de Nezahualcóyotl en lo que solía ser el lago Texcoco, el lago más bajo –pero el más grande– de todos los lagos mexicanos.

El secado de los lagos coincidió claramente con la explosión demográfica de la Ciudad de México, que comenzó a ejercer presión sobre el *stock* de viviendas de la ciudad después de la década del 40, En sólo treinta años el área metropolitana pasó de 1,6 millones de habitantes en 1940 a 9,2 millones en 1970.[17] Cuando los arriendos de las viviendas comenzaron a aumentar en el centro de la ciudad, el gobierno del PRI intentó abordar este impopular aumento mediante un decreto de arriendos fijos o congelados en 1942.[18] Los propietarios respondieron deteniendo todo el mantenimiento de las viviendas. Para agregar más presión a la mezcla, hacia 1950 el Regente (alcalde designado) de la ciudad, señor Uruchurtu, prohibió la creación de nuevos barrios dentro de los límites del Distrito Federal.[19] En unos pocos años, la combinación de edificios para arriendo en decadencia en el centro, el aumento demográfico y la creciente densificación obligaron a miles de familias recién llegadas a buscar terrenos donde pudieran construir sus propias casas a bajo costo. Los municipios del vecino estado de México eran la respuesta obvia, y Nezahualcóyotl fue uno de los primeros que se puso a su disposición.

Visiones para una nueva tierra

Los primeros intentos de darle un nuevo uso a los terrenos recuperados de los lagos se llevaron a cabo en 1919 y 1921, cuando la situación se consideró de emergencia debido a la repentina aparición de tormentas de polvo provenientes de la superficie seca del lago que comenzaron a contaminar la ciudad. El gobierno federal pretendía convertir la zona en tierra agrícola y más tarde en una zona de piscicultura, pero esos proyectos no lograron despegar. Este fracaso llevó al gobierno a considerar el beneficio de permitir que el capital privado ofreciera su visión para el territorio. En 1930, el ingeniero Angel Peimbert y el arquitecto Luis MacGregor propusieron un escenario que combinaba agricultura intensiva, industria y eventual urbanización mediante subdivisión de terrenos.[20] La idea de integrar la zona recientemente recuperada del lago a la ciudad en expansión se hizo evidente. Para 1932 el gobernador del estado de México, Filiberto Gómez, entregó siete mil hectáreas de tierras estatales a unas pocas manos privadas; estas fueron vendidas por el gobierno al ridículo precio de un peso por hectárea, con la condición de que los compradores trataran la tierra y la limpiaran de todos los residuos tóxicos.

Esta inusual transacción terminó en manos de altos mandos militares (incluidos futuros políticos de alto rango como Lázaro Cárdenas, Francisco Mujica y Leopoldo Treviño), funcionarios del gobierno federal e incluso los visionarios de la zona: MacGregor y Peimbert. El tamaño de los terrenos comenzaba en 40 hectáreas y cada inversionista individual podía adquirir dos.[21]

Que comience la lucha

Sin embargo, una vez que el gobierno federal secó el lago, la transferencia de propiedad a manos privadas fue pronto impugnada por agricultores de tierras comunales (ejidatarios) que reclamaron partes del territorio del lago seco como propias, iniciando lo que se convertiría en una lucha respecto de quién era el legítimo propietario que duraría décadas.[22] Independientemente de estos problemas, el gobierno del estado de México procedió con el plan y los terrenos quedaron disponibles para su desarrollo por los inversionistas. Varios promotores inmobiliarios, algunos de ellos con experiencia reciente en el desarrollo de barrios obreros de la ciudad,[23] advirtieron una oportunidad y comenzaron a anunciar la venta de terrenos ofreciendo distintas formas de pago, generalmente repartiendo las cuotas a lo largo de varios años. La mayoría de los desarrollos ofrecían parcelas compactas de 10 x 20 metros. La venta masiva se llevó a cabo sin mucha supervisión gubernamental ni respeto a la ley. En pocos años se vendieron miles de terrenos sin calles pavimentadas, alcantarillado, veredas, alumbrado público, agua o electricidad, y durante décadas muchos de los barrios permanecieron en esta condición. La infraestructura básica debía instalarse una vez que suficientes compradores hubiesen pagado sus préstamos a los desarrolladores, de modo que (según ellos) hubiera suficiente capital para sus inversiones. Algunos promotores trasladaron desde el comienzo esta responsabilidad a los compradores.[24] Sin embargo, durante varias décadas muchos promotores nunca completaron (o ni siquiera comenzaron a cumplir) sus promesas.

El gobierno mexicano fue en parte culpable de este flagrante abuso de poder, ya que una de sus leyes de 1948 permitía a los promotores protegerse legalmente contra los reclamos de los propietarios cuando los primeros no completaban la infraestructura básica.[25] A medida que la frustración se convirtió en la norma, poco a poco los grupos políticos comenzaron a volverse más activos en la lucha por sus derechos contra los promotores y el gobierno. Sin embargo, les llevó años darse cuenta de lo eficaces que podían ser si estuvieran adecuadamente organizados. La represión y las amenazas a los líderes mantuvieron las iniciativas colectivas al mínimo durante las primeras décadas. Lo que desencadenó la primera batalla organizada (y exitosa) fue su desesperación cuando se difundieron rumores de que un desarrollador no era en realidad propietario del terreno por el que estaban pagando.[26] Las organizaciones vecinales lograron concertar una reunión en la que participó la policía, el gobierno de la Ciudad de México, el promotor y representantes de los habitantes. La respuesta a la demanda por los derechos de propiedad fue una huelga unánime sobre los pagos mensuales, hasta que el promotor entregó los títulos oficiales de propiedad como había prometido. Después de este primer éxito surgieron varios movimientos de base exigiendo a los promotores que completaran las obras de infraestructura, y acciones contra los intentos del gobierno de imponerles impuestos para suministrar la infraestructura faltante. Los colectivos se volvieron activos también contra los desalojos de tierras, ya que sus contratos con los promotores incluían una severa medida de desalojo si los pagos se retrasaban más de dos meses. Desde una *terra indomita*, Neza poco a poco empezó a gravitar hacia la voz y el poder de los colectivos organizados.

De *slum* a Slim[27]

Fue en este período de lucha y desesperación que la aparición de Neza en las afueras de la ciudad se convirtió en un caso de estudio prototípico para investigadores y periodistas en México y el extranjero. El antropólogo estadounidense Oscar Lewis la describió en su investigación Five families: mexican case studies in the culture of poverty *(Antropología de la pobreza: la vida de cinco familias)*. Una de ellas, la familia Sánchez, acababa de comenzar a establecerse en el asentamiento apenas habitado de Nezahualcóyotl. El cuadro que describe el antropólogo es el de la vida íntima de una estructura familiar compleja: una familia que lucha por conseguir agua se enfrenta a un transporte público mal conectado y se sustenta en parte con la cría de animales en casa, pero con un abrumador sentimiento de inseguridad.[28] Otro experto en la Ciudad de México, el geógrafo británico-estadounidense Peter M. Ward, a pesar de ser más optimista sobre el poder de los entornos autoconstruidos, consideró en 1976 la zona como un problema futuro debido a su aislamiento: "Para la vasta área de colonias proletarias en el este del área metropolitana (Ciudad Nezahualcóyotl), aislada de cualquier zona comercial o industrial adecuada, este problema es claramente real".[29]

Sin embargo, las batallas por obtener agua, alcantarillado, electricidad, pavimentación y títulos de propiedad finalmente se fueron ganando, logrando estabilidad para sus habitantes y para los futuros inversionistas.[30] Poco a poco, la ciudad de Neza empezó a proyectar un cuadro más complejo y vívido que desafiaba los conceptos predominantes de pobreza, exclusión o incluso la idea de un *slum* periférico. El problema del "aislamiento" abordado por Peter M. Ward finalmente dejó de ser el más importante, ya que el anillo principal de la ciudad *(periférico)* terminó conectando a Neza con la ciudad; en 1991, el Metro de la ciudad abrió la línea A paralela al borde de Neza. Aunque la producción de viviendas asequibles por parte del estado o las corporaciones de vivienda representaba apenas el 35% de la demanda de viviendas en México en 1970,[31] la iniciativa propia de los habitantes de Neza contribuyó en gran medida a resolver la escasez de viviendas de la Ciudad de México. Tanto es así que hacia 2011 Neza dijo adiós a su caracterización de *slum* en todos los sentidos,[32] según la definición de ONU Hábitat.[33]

El capítulo final de la historia de Neza York ocurrió recientemente, cuando el empresario mexicano Carlos Slim propuso al entonces gobernador del estado y ahora (al momento de escribir este artículo) presidente Enrique Peña Nieto transformar el vertedero de la Ciudad de México, Xociaca –uno de los más grandes del mundo, ubicado en Neza–, en un ambicioso parque temático: el parque Bicentenario. El área de inversión abarca 138 hectáreas: parques, universidades, centros comerciales y plantas de reciclaje, que deben convertirse en un ejemplo para otras regiones del mundo, según Carlos Slim.[34]

La ciudad en reversa

Durante las primeras décadas de su creación, los motivos para la larga y constante mejora dependieron en gran medida de las formas colectivas de movilización de los ciudadanos; al final, la sola densidad de su población parece haber jugado un papel importante a la hora de hacer de Neza un lugar que ningún político puede pasar por alto con facilidad –y, de hecho, tampoco ningún empresario. Al contrario de los problemas de las ciudades europeas o estadounidenses, donde el debate ahora se centra a menudo en cómo involucrar a la comunidad en el desarrollo de los barrios periféricos o pobres, Neza plantea la pregunta al revés: ¿cómo puede la comunidad idear estrategias para asegurar la participación del gobierno en la solución de los desafíos de la ciudad?

Las habilidades y la perseverancia empleadas por los habitantes de Neza demostraron que la lucha por tener éxito no es una moda pasajera, sino que es el resultado de abordar con determinación un conjunto de demandas específicas y justas. Esto se logró a pesar de que estas luchas implicaron un enfrentamiento con las autoridades. Neza demuestra que los ciudadanos son el componente clave en la mejora de cualquier lugar de la ciudad; la enorme inversión realizada por ellos mismos en la mejora de sus casas, y sus constantes demandas por una mejor infraestructura y conectividad a la ciudad se han convertido, finalmente, en un atractor de más inversiones por parte de todos los sectores de la sociedad.

Cuando vuelvo ahora a Google Maps y a Street View para revisar nuevamente los avisos de propiedades antes mencionados, advierto que el perfil de la calle no muestra una vida urbana espectacular: hay bares, mercados y lugares donde jugar *pool*, pero ninguno parece ser de mi gusto. Sin embargo, sigo paseando en Google Street View y de repente me doy cuenta de que ya no logro distinguir Neza de otros barrios o calles de la Ciudad de México que conozco. Neza finalmente se ha mimetizado con la ciudad: ya no hay otra manera de llamarla sino *ciudad*.

Notas

1   *Slum*: barriada, villa miseria, cante, favela, barrio bajo etc. (según la región).

2   OMA, Rem Koolhaas y Bruce Mau, *S, M, L, XL*. Nueva York, Monacelli Press, 1995. Véase la metáfora empleada por OMA en la competencia del parque en La Villete, en París.

3   CASTILLO, Jose; RAINES, Sarah. "Urbanisms of the informal: transformations in the urban fringe of Mexico City." *Praxis: journal of writing + building*, v. 1, n. 2, 2001, p. 100-111. <https://bit.ly/3IN5crD>

4   KUGEL, Seth. "Urban tactics: destination, Neza York", *The New York Times*, 15 feb. 2004. <https://nyti.ms/331W4sG>

5   *Censo de población y vivienda*. Tultepec/Nextlalpan/Tultitlán, Inegi, 2010. <https://bit.ly/3dAKFIP>

6   RICÁRDEZ, Mario Bassols; ESPINOSA-CASTILLO, Maribel Espinosa. "Construcción social del espacio urbano: Ecatepec y Nezahualcóyotl. Dos gigantes del Oriente." *Polis*, v. 7, n. 2, 2011, p. 181-212. <https://bit.ly/3dz80US>

7   Nezahualcoyotl es uno de los 58 municipios del estado de México incluidos en la Región Metropolitana del Valle de México. Véase: ROMERO, Fernando. *ZMVM: Zona metropolitana del valle de México*. Mexico, Laboratorio de la Ciudad de México, 2000.

8   El municipio de Nezahualcoyotl fue oficialmente creado el 23 de abril de 1963. En ese entonces se estimaba que tenía una población de cien mil habitantes. Véase: Gobierno Municipal Nezahualcoyotl, "Breve historia del municipio." <https://bit.ly/33650NK>

9   Este aviso fue publicado en el diario *El Universal* el 9 de octubre de 2013.

10   El sueldo mínimo en México es de 64,76 pesos diarios (cerca de 4,9 dólares diarios o 61 centavos la hora). Si ganaras este salario necesitarías trabajar alrededor de 100 años sólo para pagar la propiedad, o 300 años si destinas un tercio de éste a gastos de vivienda. Véase: Comisión Nacional de los Salarios Mínimos, "Nuevos salarios mínimos 2013, por área geográfica generales y profesionales."

11   Otro anuncio en *El Universal* mostraba un departamento en venta en la céntrica Colonia del Valle en la Ciudad de México por 1.800.000 pesos (alrededor de 140.000 dólares).

12   Para una revisión reciente de la reputación de Nezahualcoyotl, véase: MORENO, Miriam. "Neza, el callejón sin salida", *Letras Libres*, 1 jun. 2011. <https://bit.ly/3lUkomR>

13   Nacos es un término peyorativo para describir a mexicanos de clase baja que viven en la ciudad con dudoso gusto estético. Véase el retrato tragicómico de la relación entre los nacos en su papel de habitantes periféricos (paracaidistas) y los *picudos* (clase dominante, conocida también como *fresas*) en su papel de terratenientes con el comediante de televisión El Pirruris. <https://bit.ly/341Lh2Q>

14   La Universidad La Salle abrió su campus en 1996. Además de ofrecer diplomas secundarios y licenciaturas, también ofrece cursos de posgrado.

15 ESPINOSA-CASTILLO, Maribel. "Procesos y actores en la conformación del suelo urbano en el ex Lago de Texcoco", *Economía, Sociedad y Territorio*, v. 8, n. 27, may./ago. 2008, p. 769-798. <https://bit.ly/3scG0xr>

16 *Ibidem*. Véase también VALEK-VALDÉS, Gloria. *Agua. Reflejo de un valle en el tiempo*. México, Universidad Nacional Autónoma de México, 2000.

17 CANCLINI, Nestor García, CASTELLANOS, Alejandro, ROSAS, Ana. *Mantecón, la ciudad de los viajeros: travesías e imaginarios urbanos. México, 1940-2000*. México, Universidad Autónoma Metropolitana/Grijalbo, 1996.

18 WARD, Peter. "Intra-city migration to squatter settlements in Mexico City", *Geoforum*, v. 7, n. 5, 1976, p. 369-382. <https://bit.ly/3AN-4G3r>

19 SAUCEDO, Pedro Ocotitla. "Movimientos de colonos en Ciudad Nezahualcóyotl: Acción colectiva y política popular 1945-1975." Disertación de maestría. Universidad Autónoma Metropolitana, 2000. <https://bit.ly/3rjk04I>

20 SAUCEDO, Pedro Ocotitla. Op Cit.

21 Ibidem.

22 Se trataba de personas principalmente de las tierras comunales de Chimalhuacán. Véase: SAUCEDO, Pedro Ocotitla. Op Cit.

23 Ibidem. Por ejemplo, el promotor Alejandro Romero construyó anteriormente barrios proletarios como la Colonia Obrera y la Colonia Emilio Carranza. Las dimensiones de los bloques de Colonia Obrera y Neza son casi idénticas; su única diferencia es el bloque *pancoupe*, cortado a 45 grados en sus esquinas.

24 Ibidem.

25 ESPINOSA-CASTILLO, Maribel. Op.Cit.

26 Se suponía que la Colonia El Sol iba a ser una reserva contra inundaciones de propiedad del gobierno federal. Véase: SAUCEDO, Pedro Ocotitla. Op Cit.

27 Carlos Slim era la persona más rica del mundo según la lista Forbes 2013. <https://bit.ly/3L1zke8>

28 LEWIS, Oscar. *Five families: Mexican case studies in the culture of poverty*. Nueva York, Basic Books, 1959.

29 WARD, Peter. Op. Cit., p. 380.

30 El 98% de todos los servicios está cubierto. Véase RICÁRDE, Mario Bassols; ESPINOSA-CASTILLO, Maribel. Op. Cit.

31 BREDENOORD, Jan; VERKOREN, Otto, "Between self-help and institutional housing: a bird's eye view of Mexico's housing production for low and (lower) middle-income groups", *Habitat international*, v. 34, n. 03, 2010, p. 359-365. <https://bit.ly/3l-SUEjY>

32 RICÁRDEZ, Mario; ESPINOSA-CASTILLO, Maribel. Op. Cit.

33 Ibidem.

34 "Carlos Slim, la ciudad que construyó en Neza". *El Universal*, 4 abril 2011.

Papel Latino

Supersudaca se incorporó al proyecto por invitación del profesor Zhao Pei. La tarea original era compilar una lista de libros esenciales para comprender la evolución de la arquitectura moderna en algunos países de América Latina. Aunque la petición inicial era centrarse en nueve países,[1] argumentamos que podríamos descubrir una lectura más fresca si fuéramos capaces de extender esta lista a todos los países de la llamada América Latina.[2] Al mismo tiempo, creímos que sería útil contar con una lectura multidireccional entre países más que con una lista por países aislados entre sí, para mostrar las relaciones y diferencias entre las líneas de tiempo de las naciones. La bibliografía tuvo como objetivo mostrar cómo la arquitectura moderna se estableció, evolucionó y especialmente cómo fue reportada o ignorada en los diferentes países, desde el siglo 20 hasta la actualidad. La investigación también incluyó un comentario sobre nuevas lecturas del campo, específicamente sobre cómo se utilizó la arquitectura moderna en América Latina y en qué contextos.[3] Las siguientes reflexiones se presentan como punto de partida para futuras indagaciones que hemos considerado al realizar este trabajo bibliográfico.

Sobre la ambición

El encargo era apasionante (y sigue siéndolo): compilar una biblioteca de arquitectura moderna y contemporánea de América Latina. Rápidamente surgió una pregunta: ¿cómo abordar este desafío titánico? Para empezar, ninguno de nuestros integrantes es historiador de la arquitectura o del arte, y aunque en el grupo hay arquitectos de Argentina, Perú, Bolivia, México, Uruguay y Chile (e incluso Bélgica), nos faltaban varios otros países donde no teníamos un punto de apoyo en la comprensión de la historia de su arquitectura. También surgió otro aspecto: ¿debíamos hacer una lista de los libros "imprescindibles" por país o más bien intentar encontrar intereses comunes entre países? ¿Debíamos agrupar estos intereses comunes en temas como arquitectos exiliados, estructuras laminares, asentamientos informales, tipologías de construcción, educación en arquitectura o cronológicamente, según tendencias en las tecnologías de construcción? Comenzamos el proyecto con el entusiasmo de que esta lista sería la primera en ser justa en cuanto al equilibrio de género, y la primera en incluir países normalmente minimizados o ignorados en los estudios habituales sobre América Latina. En un mundo ideal sería también la primera en incluir simultáneamente en su catálogo crítica, paisaje y urbanismo. Finalmente, la lista debía incluir arquitectos menos conocidos para equilibrar la prevalencia de los "maestros intocables".

Sobre cómo abordar la tarea

Pronto quedó claro que la tarea que teníamos entre manos quedaba fuera de nuestras posibilidades. Sin importar cuántas horas dedicáramos a este proyecto, nunca podríamos ofrecer una visión justa de la bibliografía sobre esta gran región del mundo. Por lo tanto, decidimos abordar esta brecha en el conocimiento mediante dos métodos complementarios: entrevistas a expertos y una encuesta abierta. Esta última planteaba diez preguntas clave para comprender la lista de libros que se consideraban esenciales desde el punto de vista del usuario. Las preguntas incluían qué libros de arquitectura o urbanismo eran los más influyentes en su carrera, qué libros de teoría o historia de América Latina se consideraban esenciales, cuál es el mejor libro de arquitectura emergente latinoamericana etc. En principio, esta encuesta debía recopilar información sobre varios países latinoamericanos. Sin embargo, a pesar del esfuerzo de distribución y promoción,[4] no arrojó grandes cantidades de información ni descubrimientos sorprendentes con los que no estuviéramos familiarizados. Más bien, reveló un gran problema: muchas personas dejaron varias preguntas sin respuesta. ¿Tan desconocidos eran los libros de arquitectura en América Latina? ¿O se trataba más bien que de los arquitectos latinoamericanos no eran tan leídos como los extranjeros? No podemos dar una respuesta completa a esto, pero está claro que –desde un punto de vista popular– los libros de arquitectura latinoamericana no estaban en la lista de prioridades de muchos arquitectos y estudiantes. Como posible motivo, queremos mencionar que desde el comienzo de las escuelas de arquitectura en América Latina se consideró una bibliografía que privilegiaba Europa, la historia occidental y también en parte la cultura estadounidense –especialmente en los países que miran al Océano Pacífico o al Caribe. Entonces, si bien muchos de nosotros estamos familiarizados con las mismas lecturas que podríamos encontrar en cualquier universidad internacional, existe un enorme desconocimiento sobre publicaciones locales entre los países latinoamericanos. Pero podemos decir que la tendencia actual de publicación en línea puede ser un factor de cambio en este tema crítico.

Paralelamente –y, en definitiva, de manera crucial– comenzamos a realizar entrevistas a expertos que consideramos podrían ser útiles para recopilar la bibliografía. La lista incluye a los siguientes historiadores y críticos: Ana María Durán Calisto, de Ecuador, quien amablemente sugirió donar libros para el catálogo; y Claudia Schmidt, de Argentina, quien también se tomó el tiempo de revisar y compilar nuestra lista agregando varios libros a su parecer esenciales. Tuvimos también una larga charla con el arquitecto costarricense Álvaro Rojas. Hablamos simultáneamente con Francisco Díaz y Mario Marchant de Chile. En México, entrevistamos a Alejandro Hernández y Miquel Adrià, de Arquine, y a la arquitecta e historiadora Fernanda Canales. También en relación con la arquitectura mexicana entrevistamos al historiador Keith L. Eggener, de Estados Unidos, quien nos compartió una valiosa lista de revistas y otros libros no sólo de arquitectura. De Caracas y Miami entrevistamos al profesor Henry Rueda, quien señaló la importancia de la industria petrolera en Venezuela como puerta de entrada para las ideas urbanísticas y arquitectónicas estadounidenses (en lugar de la influencia europea más común en América Latina). Desde Perú tuvimos una larga sesión con Adolfo Córdova, de 94 años, una de las figuras clave de la arquitectura moderna del Perú. Pablo Vallejo Urresta, desde Quito, Ecuador, nos habló de las publicaciones como un vestigio que muestra un mapa que –eventualmente– deja ver un contexto más amplio. Desde Brasil, entrevistamos al fotógrafo Leonardo Finotti y a la ex editora de *A+U Brasil*, Bianca Antunes. También en Brasil, por medio de Leonardo, entramos en contacto con los jóvenes historiadores Fernando Lara y Luis Carranza, quienes dedicaron mucho tiempo a explicarnos su propia trayectoria para compilar el estudio reciente más completo sobre la arquitectura moderna en la región. A través de ellos llegamos al historiador colombiano Felipe Hernández. También entrevistamos a la curadora de la Bienal de San Pablo 2013, Ligia Nobre, de Brasil;

Guillermo Kliczkowsky (editorial CP67) y Fernando Diez (revista *Summa+*) de Argentina, y Felipe Mesa de Colombia. Como mencionamos anteriormente, consideramos que este es un proyecto vivo, por lo que aún pretendemos enriquecer la lista con varias voces más.

Finalmente, además de nuestros propios hallazgos, encontramos algunas listas bibliográficas clave que fueron muy útiles para determinar la biblioteca esencial. Entre ellas se encontraba la publicada en el Museum of Modern Art of New York – MoMA, *Latin America in construction: architecture 1955-1980*, y las bibliografías de Oxford sobre arquitectura moderna en América Latina por país. Para el caso específico de México, también fue de gran utilidad el ensayo bibliográfico de la historiadora Louise Noelle, publicado en el libro *La arquitectura mexicana del siglo 20*.[5]

Sobre la legibilidad

Aunque el presupuesto era limitado, eso no nos impidió intentar recopilar los libros más útiles o interesantes. Hemos dado prioridad a los libros escritos en inglés, ya que se van a leer en China, pero en muchos casos los libros clave permanecen escritos únicamente en español o portugués. Aunque son de gran importancia, no hemos incluido libros de arquitectura que cubran la historia mundial de la arquitectura moderna, ya que asumimos que la Universidad de Beijing ya los tiene en sus estanterías. Otro aspecto que la lista no contiene por el momento es el extenso catálogo de revistas. Para algunos países esto no es sólo es una fuente importantísima de información, sino muchas veces la única. Es el caso, por ejemplo, de la revista *El arquitecto peruano* en Perú, *Trama* en Ecuador o la revista *Archivos de arquitectura antillana* de República Dominicana. En otros países sigue siendo fundamental acompañar la escasa presencia de libros con la presencia vital de revistas académicas o independientes; por ejemplo, *Notas CPAU*, *Anales de Arquitectura UC*, *Summa+* y más recientemente, la *Revista PLOT*, en Argentina; el *Boletín del centro de investigaciones históricas y estéticas* de la Universidad Central de Venezuela y *Habitat*, de Brasil. De México sigue siendo clave incluir *Arquitectura México* y también la revista más establecida *Arquine*.[6]

Sobre la definición de qué es América Latina

Cuando entrevistábamos a historiadores, una primera pregunta habitual era: ¿cuál es la definición de América Latina? En muchas de sus entrevistas se señala claramente esto como una forma de establecer una metodología clara. Por ejemplo, en el libro antes mencionado de Fernando Lara y Luis Carranza[7] se incluye la aguda observación de Teddy Cruz de que América Latina comienza en la línea del llamado Ecuador Político, aproximadamente en el paralelo 30°N, que separa a Estados Unidos de México. Esto es útil en el caso del Caribe y países como Surinam o Belice, que, aunque pertenecen al continente, debido a su idioma diferente han permanecido en gran medida desconectados de la cultura de los latinoamericanos. ¿Qué pasa con Los Ángeles, que tiene la segunda población mexicana más grande? Finalmente llegan a una propuesta práctica: el límite es geográfico, la arquitectura construida en América Latina, que incluye también edificios realizados en la región por Le Corbusier, Richard Neutra, Mies van der Rohe y John Lautner, entre otros[8] –sin abarcar la producción de arquitectos latinoamericanos que construyen o escriben en el extranjero.[9] El enfoque de Carranza y Lara se basa en la hipótesis de que por primera vez somos capaces de construir una narrativa latinoamericana, a medida que países previamente desconectados entre sí comenzaron a construir vínculos culturales e institucionales en las últimas décadas. Se trata de un cambio drástico, ya que el primer intento por construir una metodología adecuada para una historiografía, de Juan Pedro Posani, concluyó que "la historia de la arquitectura moderna en América Latina está y debe estar integrada por las historias particulares de cada uno de sus países".[10] Sin embargo, Claudia Schmidt nos recuerda que situar una temática general por sobre las historias nacionales nos devuelve de alguna manera a la visión europea sobre el Nuevo Mundo. También ve una clara línea divisoria entre los países de habla hispana y Brasil.[11] Sobre todo, insiste en revisar quién escribió qué, dónde se sitúa geográfica y culturalmente el historiador y quiénes son sus contactos.[12] Otro factor más sutil, pero igualmente importante, tiene que ver con el supuesto de que América Latina pertenece a la periferia. En esta lógica, se espera que el centro (Europa-Estados Unidos) produzca y la periferia recoja.[13] Además, con el comienzo del regionalismo crítico en los 1980, se volvió casi obligatorio esperar una arquitectura "periférica" en la "periferia". Según Pablo Vallejo

Urresta, de Ecuador, "desde el principio (el centro) nos ubica en la periferia y nos exige una respuesta periférica".[14]

Sobre cómo los historiadores occidentales registran la arquitectura latinoamericana

Es bien sabido que los historiadores occidentales de la arquitectura han minimizado, descuidado o hecho burla del papel de la contribución latinoamericana a la modernización del campo. Suele ser una visión anglocéntrica del mundo, que se da también en otras partes de la cultura a nivel mundial y que espera que el mundo simplemente se haga eco de lo que se ha pensado en el llamado Occidente. Recordando al arquitecto argentino Amancio Williams, el historiador Henri-Russell Hitchcock mencionó en el primer estudio sobre arquitectura latinoamericana del catálogo del MoMA[15] que "el visitante del norte no puede evitar quedarse atrapado por el hecho de que el arquitecto más destacado se llama Williams", a pesar de que los "Williams" han estado por generaciones en Argentina.[16] Siegfried Giedion, autor del primer libro exhaustivo sobre este movimiento emergente, *Space, time and architecture,* [17] hasta la tercera edición revisada de 1959 no hizo mención alguna a la región –aunque no sólo estuvo ausente América Latina: también faltaron Asia, Oceanía y África. El libro *History of modern architecture*[18] de Leonardo Benevolo, publicado por primera vez en 1960 en italiano y traducido al inglés en 1966, incluye en el último capítulo, llamado "New International Field", tres proyectos realizados por arquitectos brasileños. El capítulo abre afirmando que "al comienzo de la Segunda Guerra Mundial el movimiento moderno había afectado a países de todo el mundo, pero lo que ocurrió fuera de Europa y América fue sólo una consecuencia de los experimentos europeos y americanos ya descritos".[19] Los proyectos que se incluyen en este capítulo con más detalle son el Ministerio de Educación de Brasil (1935), el conjunto habitacional de Pedregulho, de Eduardo Affonso Reidy (1950) y la nueva capital Brasilia (1958). Para el Ministerio de Educación, Benevolo atribuye la autoría principal a Le Corbusier, aunque últimamente se ha cuestionado esto.[20] Sin embargo, Benevolo reconoce que ésta fue la primera realización de un tipo de edificio que Le Corbusier había estado pensando durante algún tiempo. Antes de describir el proyecto recientemente construido de Brasilia, Benevolo presenta sensatamente la voz crítica de Max Bill, quien, en una conferencia en San Pablo en 1953, advirtió que la arquitectura en Brasil corría el peligro de caer en un lamentable estado de academicismo antisocial. Sin embargo, Benevolo concluye la parte de Brasilia con una observación optimista, mencionando que el experimento considera el pensamiento actual sobre la planificación y anticipa de diversas maneras sus posibles desarrollos.[21]

Justo a principios de los 1980, el tono de condescendencia empieza a cambiar.[22] Esto anticipa la opinión del famoso historiador británico Eric Hobsbawm, quien afirmaba que la pérdida de protagonismo de Europa a partir de la Segunda Guerra Mundial se hizo más evidente en la arquitectura, donde los mejores ejemplos aparecieron en Brasil y México.[23] El historiador de la arquitectura británico Kenneth Frampton asumió un papel protagónico en el cambio de rumbo de la época con su célebre ensayo *Critical regionalism: modern architecture and cultural identity*,[24] que apareció en su *Modern architecture, a critical history*. En este ensayo incluye una serie de arquitectos que supieron reinterpretar el vocabulario moderno mediante el uso de soluciones específicas que no son simplemente vernáculas y necesariamente locales, de esta manera logrando resistir a la cultura global.[25] Comienza su escrito con el arquitecto danés Jørn Utzon, pasando luego al español Josep Antoni Coderch, al portugués Álvaro Siza y luego al mexicano Luis Barragán. De este último incluye dos extractos de su discurso del premio Pritzker. De modo más superficial menciona a los brasileños Oscar Niemeyer y Affonso Reidy, a los argentinos Amancio Williams y Clorindo Testa y, finalmente, a Carlos Raúl Villanueva, de Venezuela. La lista continúa hasta llegar a fuentes europeas, entre ellas el italiano Carlo Scarpa, el sueco Sverre Fehn y el griego Dimitris Pikionis, para concluir finalmente con el japonés Tadao Ando. En un campo que ha estado dominado exclusivamente por arquitectos europeos y estadounidenses, esta fue una movida acogedora que finalmente puso al mismo nivel la relevancia emergente de formas alternativas de abordar el proyecto moderno. El libro ha tenido varias ediciones, pero la quinta (que, por cierto, eliminó el subtítulo "una historia crítica") añade un número notable de páginas al libro original. Si este tenía 351, el nuevo tiene 642, sin incluir notas. La adición pretende entregar un relato más amplio de la historia de la arquitectura moderna en todo el mundo, con un capítulo sobre las Américas donde Estados Unidos y Canadá comparten espacio con Colombia, México, Perú, Venezuela, Argentina, Uruguay y Chile. La extensión parece titánica, pero paradójicamente, en lugar de ofrecer una nueva lectura (o múltiples lecturas del desarrollo de la historia), simplemente se vuelve más inclusiva geográficamente. Su historia se mantiene en el mismo paradigma: las formas modernas, originadas en Europa y Estados Unidos, son absorbidas por la periferia.[26]

Modern architecture since 1900, de William Curtis (1982), dedica también algunos ensayos a la cuestión de la identidad regional.[27] Sin embargo, como también lo hizo Benevolo antes que él, confirma que en ciertos países de Europa Occidental, Estados Unidos y partes de la Unión Soviética el movimiento moderno fue, en sus años de formación, una propiedad intelectual. Hay que esperar hasta la posguerra, según Curtis, para presenciar algunos experimentos que se llevaron a cabo en México y Sudamérica. Dejando de lado a renombrados arquitectos modernos de México como Mario Pani o Juan O'Gorman, se concentra en Luis Barragán, como Frampton anteriormente, pero advierte sobre los peligros de simplificar demasiado la fórmula del regionalismo crítico establecida por este. Curtis afirma que hablar de la fusión del regionalismo y el estilo internacional, de lo vernáculo y de Le Corbusier, es trivializar a Barragán. En contacto con la vena trágica de la historia cultural mexicana, su estilo expresaba un estado de ánimo arquetípico. A propósito de arquitectos menos conocidos, a finales de los 1980 apareció el libro *Architecture of the third world*, del historiador alemán Udo Kultermann, incluyendo arquitectos de regiones antes ignoradas como Ricardo Porro de Cuba, Fernando González Gortázar de México, Joaquim Guedes de Brasil o Mario Pérez de Arce Lavín.[28] Sin embargo, mucho antes del reconocimiento de Frampton o Curtis sobre la contribución de América Latina al movimiento moderno está el papel que Charles Jencks dio a los movimientos de asentamientos informales del Perú de tendencia activista e intuitiva, justo entre el Metabolismo japonés y Archigram, enfatizando los métodos de autoorganización no jerárquicos de aquellas *barriadas*.[29] El sobrio *Modern architecture,*[30] de Alan Harold Colquhoun (2002), menciona al equipo del Ministerio de Educación de Brasil que incluía a Affonso Reidy, Oscar Niemeyer, Lucio Costa y Jorge Moreira, como un edificio destacado realizado en colaboración con Le Corbusier. Colquhoun menciona que este edificio abordaba mejor las ideas de Le Corbusier debido a su ubicación, la que no tenía que hacer referencia a ciudades históricas antiguas. Además, lo considera el primer rascacielos de cristal construido siguiendo los principios de Mies van der Rohe y Le Corbusier. A pesar de esta entrada excepcional, América Latina está completamente ausente del resto del libro. Más recientemente, historiadores más jóvenes como Jean-Louis Cohen han pretendido ser más inclusivos y menos parciales que los otros antes mencionados, pero de nuevo, América Latina apenas está presente en la línea de tiempo de Cohen: de 474 subcapítulos, sólo hay tres sobre Brasil y dos sobre América Latina. En ambos subcapítulos de América Latina se nos recuerda que en la mayoría de los casos los arquitectos se formaron en Europa y/o trabajaron para Le Corbusier.[31] Con todo, hay excepciones que cuestionan la visión singular de Europa y Estados Unidos como epicentros de la creación. Por ejemplo, el crítico de arquitectura del *New York review of books*, Martin Filler, en *Makers of modern architecture*, ha incluido un argumento convincente de que el principal diseñador de la sede de las Naciones Unidas fue el joven Niemeyer y no Le Corbusier, a pesar de las afirmaciones posteriores.[32] Para complicar aún más las cosas, Niemeyer también dejó una amarga declaración sobre el edificio en cuestión. Según él, después de que su propio diseño fuera elegido por unanimidad, Le Corbusier lanzó un último intento de mezclar su propio diseño con el de Niemeyer, comprometiendo las intenciones de diseño del brasileño: "No tengo nada más que decir sobre lo que pasó mientras estudiábamos el proyecto de las Naciones Unidas. Pero eso no me impide sentir un poco de tristeza cuando veo la foto del conjunto construido. ¡Oh... a la Plaza de las Naciones Unidas que diseñé le faltan tantas cosas!"[33]

Un caso peculiar de replanteamiento de la perspectiva eurocéntrica es el del arquitecto y profesor catalán Helio Piñón, quien intuyó que América Latina tenía muy buena arquitectura, pero reconoció que ignoraba sus verdaderas dimensiones. Luego escribió varias monografías sobre los brasileños Paulo Mendes da Rocha (2003) y Eduardo de Almeida (2005), el uruguayo Raúl Sichero (2002) y el argentino Mario Roberto Álvarez (2002)[34]. Asimismo, Toyo Ito, en coautoría con Xavier Guzmán Urbiola y Víctor Jiménez, escribió un libro sobre la casa de O'Gorman, de 1929.[35] Quizás esta lista crezca con el tiempo.

Sobre cómo los historiadores latinoamericanos registran la arquitectura latinoamericana

Si la visión que los historiadores europeos o angloamericanos tienen de América Latina ha sido marginal, la que los latinoamericanos tienen de sí mismos es aún más crítica. A la ignorancia, la humildad o la autocompasión del periodo posguerra le siguió en los 80 una dura división entre los latinoamericanos propiamente, por una parte, y los que seguían las tendencias globales, por otro. Además, en la región, países distintos de las potencias editoriales de Brasil, Argentina y México se han quejado de su papel periférico en el contexto de la periferia latinoamericana. Afortunadamente, el tono reciente es más matizado; no precisamente de celebración, pero sí plenamente consciente de que aquí se han logrado varias obras críticas que merecen más atención. En este sentido, esperamos toda una nueva generación de historiadores de América Latina y del extranjero que sean capaces de compensar el abandono y desprecio que la región ha experimentado durante la mayor parte del siglo 20 y el contexto actual.

Para comprobar la falta de interés de los propios latinoamericanos, hay que esperar hasta 1969 para que aparezca el primer estudio sobre arquitectura latinoamericana realizado por un autor local: *New directions in Latin American architecture*, del argentino Francisco Bullrich.[36] Esto es casi quince años después del catálogo de la exposición de Hitchcock, *Latin American architecture since 1945,* en el MoMA. Aunque el título trata sobre América Latina, Bullrich ignora el concepto de "América Latina" ya desde el comienzo. Esto no es sorprendente, ya que antes había ignorado el concepto de arquitectura argentina al preguntar qué tiene que ver Perú con Argentina.[37] El libro es un conjunto de afinidades provocativo, conciso e intrigante que se concentra en algunos aspectos que su autor consideró esenciales en su momento. Lo que también es especial y diferente respecto del catálogo de Hitchcock es que América Latina no es presentada por países o cronológicamente, sino a través de temas independientes entre sí. En retrospectiva, el libro parece bastante incompleto y le faltan algunas figuras clave como Lina Bo Bardi o Barragán (que serían reconocidos mucho más tarde), a la vez que promociona otros arquitectos que en retrospectiva han terminado siendo menos esenciales. En 1975, con el apoyo de la Unesco, Roberto Segre edita el libro *América Latina en su arquitectura.*[38] Siguiendo la escuela marxista,[39] el libro sitúa la historia de la arquitectura en el contexto de los desarrollos sociales, políticos, económicos y tecnológicos de la región y se centra en temas urgentes como la rápida urbanización, la pobreza, el subdesarrollo rural y la conciencia social. El tono es serio y no pretende mostrar a la región como un ejemplo a seguir; al contrario, alerta sobre los múltiples desafíos que enfrenta y llama a arquitectos y urbanistas a asumir un papel muy comprometido con su futuro. Especialmente el capítulo "Crisis actual de la arquitectura latinoamericana", de Ramón Vargas Salguero y Rafael López Rangel, ofrece una perspectiva que exige una posición mucho más radical de los arquitectos frente a los desafíos ambientales y sociales que plantean los efectos del capitalismo. El libro vuelve a pasar por alto la producción de varios arquitectos y países de la región. Hubo que esperar hasta 1983 para ver aparecer *Arquitectura y urbanismo en Iberoamérica*,[40] el estudio sobre arquitectura latinoamericana más completo escrito por el arquitecto e historiador argentino Ramón Gutiérrez. El libro recorre la arquitectura y el urbanismo desde la llegada de los europeos a América Latina hasta la década del 80, reservando más de 200 páginas al desarrollo de la arquitectura y el urbanismo en el siglo 20. Además de su impresionante alcance, hay una aguda mirada para detectar arquitectos emergentes de distintos países y vincularlos a una narrativa general de una arquitectura que responde a temas sociales, tecnológicos y culturales. En ocasiones, el libro es muy crítico y desdeñoso con varios proyectos de arquitectura que no siguen esta corriente, aunque ofrece una mirada positiva a los ejemplos más prometedores de América Latina en ese momento, muchos de los cuales apenas eran conocidos más allá de las fronteras de su país. La lista es extensa: Jaime Larraín, Osvaldo Larraín y Diego Balmaceda, de Chile (quienes ganaron el diseño del barrio Villa Frei, terminado en 1966), el boliviano Gustavo Medeiros Anaya, el uruguayo (residente en Ecuador) Gilberto Gatto Sobral y el guatemalteco Roberto Aycinena Echeverría (quien diseñó el Centro Cívico de la capital). El historiador también vuelve la mirada sobre ingenieros anónimos pero cruciales, como el brasileño Joaquim Maria Moreira Cardozo, que trabajó estrechamente con Niemeyer tanto en el diseño de las estructuras laminares como en la elegancia de las columnas de los palacios en Brasilia. Si bien esto se valora muchísimo, también es tentador pasar por alto algunos de sus juicios más severos, especialmente cuando su tono se asemeja al de un "predicador"; es decir, todos los buenos ejemplos de arquitectura van siempre acompañados de una escala de valores de orientación profundamente cristiana, donde la humildad y la modestia aparecen como las máximas cualidades, mientras que los proyectos erróneos son los que vienen acompañados de intenciones vanidosas o tecnologías importadas. Su posición es deliberada, toda vez que intenta distanciarse de la posición dominante para la cual América Latina se convierte en "el terreno fértil para experimentar novedades extranjeras mientras despreciamos la creatividad interna".[41] Quizás a modo de provocación, también menosprecia a los arquitectos más conocidos. Barragán no es tan relevante como su arquitectura, limitada a apenas tres actores:

cliente, artista-arquitecto y el cliente[42]. Otros arquitectos que más tarde cobrarían mucha relevancia son mencionados de manera superficial o negativamente: según el historiador, el Museo de Arte de San Pablo – MASP, de Lina Bo Bardi, no es más que una copia del Museo de Arte Moderno de Río de Janeiro de Affonso Reidy,[43] mientras que el hospital de João Filgueiras Lima (Lelé) en Brasilia es una burla a la fuerza expresiva de Niemeyer.[44] El nombre de Mendes da Rocha ni siquiera se menciona cuando se refiere al Pabellón de Brasil en Osaka en 1970, como si su enfoque fuera simplemente un movimiento oportunista sólo para estar a la moda.[45] Sin embargo, el libro es esencial por ser el primero que pretende comprender las relaciones y el surgimiento de figuras como Rogelio Salmona en Colombia, quien se basa en los pasos previos de sus colegas que se ocupan del ladrillo, el clima y el paisaje en Bogotá.

En una línea similar, pero más inclusiva, está el intento por volver la mirada a arquitectos y lugares menos conocidos, como en el libro *Beyond modernist masters: contemporary architecture in Latin America*, del historiador colombiano Felipe Hernández.[46] Pero este no solo busca nuevos nombres, sino también nuevas agendas, por lo que el libro está organizado en torno a intervenciones en los límites de la ciudad, los espacios públicos, la pobreza y la forma en que la arquitectura se relaciona con el paisaje. El libro presta atención a los desafíos espaciales y culturales específicos de la región. En concreto, son los habitantes o usuarios de la arquitectura los que aportarán nuevas lecturas sobre el desempeño de la arquitectura. Felipe Hernández comienza con esta búsqueda en su tesis de doctorado *Architecture and transculturation*, siguiendo los hallazgos del antropólogo cubano Fernando Ortiz. El término *transculturación* se opone al entonces dominante de *aculturación*, para definir las zonas de la periferia que habían perdido su cultura a causa de la colonización. La transculturación sostiene que hay varias capas latentes y que no sólo existe el colonizador europeo y una cultura eliminada, sino múltiples y vibrantes culturas locales, incluida la influencia de los descendientes de los esclavos africanos.[47] En los últimos años se han publicado múltiples libros sobre la arquitectura moderna de la región. La exposición *Latin America in construction*, realizada en el MoMA en 2015, y su respectivo catálogo,[48] causaron revuelo en distintos puntos de América Latina. Miquel Adrià, director de la revista mexicana *Arquine*, señaló que la historia mostrada en el catálogo ha sido astutamente manipulada por Jorge Francisco Liernur en beneficio de

Argentina,[49] mientras que Claudia Schmidt remarca que la historia de Brasil escrita por Carlos Eduardo Comas no menciona conexión alguna con América Latina.[50] Mientras se preparaba la muestra, un proyecto paralelo estaba a punto de tener lugar: el libro de Fernando Lara y Luis Carranza.[51] Si bien el catálogo del MoMA y el libro de Ramón Gutiérrez están organizados por países, los autores de *Modern architecture in Latin America* incorporan en varios capítulos historias que conectan diagonalmente la región. El esfuerzo tiene sentido, según los autores, a medida que esta se transforma lentamente desde un archipiélago de países sin conexión entre sí en el siglo 19, a una región cada vez más vinculada en el siglo 20[52]. Estos puentes se produjeron a través de los esfuerzos históricos de curadores, críticos y escuelas de arquitectura, pero también por medio de migraciones internas, como en el caso de los arquitectos uruguayos y argentinos que emigraron a Ecuador o Venezuela.[53] Haciendo eco de Bullrich, Lara y Carranza ignoran el concepto de arquitectura latinoamericana, especialmente en reacción a los historiadores de la generación anterior como Marina Waisman y Ramón Gutiérrez, quienes deliberadamente excluyen o critican con dureza a aquellos que no contribuyen a la llamada identidad latinoamericana. No están de acuerdo con la opinión de Francisco Liernur de que la arquitectura moderna no puede ser regional ni nacional. En cambio, afirman que "la arquitectura moderna tiene ambiciones universales, pero desafíos locales; por lo tanto, sus respuestas arquitectónicas son tanto regionales como universales". [54]

Sobre el canon

Hay varios tipos de libros que creemos deberían estar presentes. Están, por sobre todo, los libros seminales, aquellos que se adelantaron a informar sobre los temas de su época. Esto incluye, por ejemplo, "The New Architecture in Mexico", de Esther Baum Born (1937)[55] o el primer estudio sobre arquitectura moderna en la Cuba revolucionaria, de Roberto Segre.[56] Había libros de los que todos querían ser parte, como los dos catálogos del MoMA: primero el *Latin American architecture since 1945*[57] y más tarde el *Latin America in construction 1955-1980*.[58] El MoMA también publica el primer estudio de la arquitectura brasileña, *Brazil builds: architecture new and old, 1652-1942*[59], y su primera monografía dedicada a un arquitecto, sobre Luis Barragán.[60]

A medida que el canon se solidifica, las posibilidades de revisar quiénes han sido las figuras clave se vuelven más desafiantes. Sin embargo, los historiadores desempeñan un papel fundamental a este respecto. Para contrarrestar la glorificación habitual de los arquitectos famosos, Fernanda Canales y Alejandro Hernández intentaron un enfoque menos jerárquico en *100x100+ Arquitectos del siglo 20 en México,*[61] donde los nombres de los profesionales se encuentran ordenados alfabéticamente. De esta manera, arquitectos de diferentes niveles de reconocimiento y ubicación están uno al lado del otro, creando interesantes yuxtaposiciones. Fernando Lara y Luis Carranza también han puesto deliberadamente al mismo nivel a arquitectos de renombre como Luis Barragán u Oscar Niemeyer con figuras menos conocidas, pero igualmente importantes (según ellos), como Sérgio Bernardes, João Filgueiras Lima (Lelé) o Pedro Ramírez Vázquez.[62] Aquí resalta no sólo la diferencia drástica de representación entre los llamados "maestros" y los arquitectos menos conocidos, sino también la cobertura generalmente abundante sobre las capitales en desmedro de ciudades provinciales como Córdoba, Recife, Curitiba, Guadalajara etc.[63] Esta última, por ejemplo, es defendida apasionadamente como capital del regionalismo en México por Fernando González Gortázar,[64] en un libro que ha sido considerado esencial para entender la historia de la arquitectura mexicana.[65] Otro factor que está bastante ausente del canon es el papel de ciertos arquitectos que apoyaron políticamente al presidente de izquierda Salvador Allende en Chile. Por ejemplo, según Mario Marchant y Francisco Díaz, dos arquitectos casi invisibles hasta ahora son Miguel Lawner y Fernando Castillo Velasco, principalmente por sus filiaciones políticas, pero también por la ausencia de investigaciones sobre el trabajo de instituciones públicas frente a la figura del arquitecto heroico y solitario.[66] Finalmente, países como Bolivia, Honduras, Guatemala, El Salvador, Paraguay siguen siendo casi desconocidos para los historiadores de la arquitectura moderna. Esta sigue siendo una tarea urgente que deben abordar los futuros historiadores.

Sobre cómo lograr profundidad

Tras tantas monografías sobre arquitectura repletas de grandes fotografías a todo color, existe actualmente la necesidad de un tipo diferente de enfoque, que vaya más allá de este acercamiento y que explore en profundidad temas que se consideraban agotados. Se intentó un enfoque interesante con el catálogo de la exposición *Cruelty and utopia*, editado por Jean-François Lejeune,[67] donde historiadores y escritores clave abordaron una cuestión potencialmente fatal de la historia de la arquitectura latinoamericana: la de lograr la utopía moderna a pesar de sus frágiles cimientos societales, de libertad política, de igualdad y de recursos tecnológicos.[68] En este sentido, los libros que merecen atención son aquellos en los que los historiadores han revisado cuidadosamente proyectos específicos y descubierto una mirada completamente refrescante. Un ejemplo de ello es el acercamiento de John Loomis a las en su mayoría desconocidas y abandonadas escuelas de arte en Cuba, donde –a través de una serie de entrevistas con sus actores principales– construye una visión muy matizada de un tema políticamente cargado.[69] En la misma línea, *Gardens of el Pedregal*, de Keith Eggener, revela una perspectiva mucho más compleja sobre la conexión entre arquitectura y política, finanzas, cultura y marketing en el barrio volcánico diseñado por Luis Barragán en las afueras de la Ciudad de México. Eggener también nos recuerda cómo la arquitectura mexicana no puede entenderse sin la influencia de los arquitectos estadounidenses y viceversa –y no necesariamente sólo de los europeos.[70] [71] El recientemente publicado *Downward spiral: el Helicoide's descent from mall to prison*, editado por Celeste Olalquiaga y Lisa Blackmore, pone en perspectiva cómo la arquitectura no es sólo testigo de los cambios políticos y sociales de Caracas, sino también cómo podría estar en el centro de los debates sobre el futuro de la modernidad, como la entienden los políticos, inversionistas y arquitectos. Hay libros críticos sobre Brasilia como *Lucio Costa: Brasilia's superquadra*[72] o *Architecture as revolution*,[73] de Luis Carranza, en los que sigue de cerca la decepción del mexicano Juan O'Gorman por la forma en que la arquitectura moderna fue rápidamente adoptada por inversionistas privados para especular y ponerle su marca a un movimiento que, según él, debía servir a las clases desfavorecidas. Otro descubrimiento es la forma en que se promueve la arquitectura moderna a través de la revista *Tolteca*, lo que lleva a concluir acerca de intereses creados respecto de qué promover y qué excluir. La arquitectura moderna *per se* no está necesariamente fuera de encuadre, pero se ve con una lente diferente. Al igual que en *Los Angeles: the architecture of four ecologies*[74] de Reyner Banham, podemos ver en *Beyond modernist masters*[75] de Felipe Hernández una lente específica para el tipo de arquitectura que responde precisamente a las "ecologías" latinoamericanas: cómo construir en el borde de la ciudad, cómo diseñar para la pobreza, cuál es el papel del paisaje en la arquitectura. En líneas de investigación emergentes y bastante adelantadas al interés de Rem Koolhaas por el campo, está la investigación de Felipe Correa en *Beyond the city*.[76] Urbanismo extractivista en América del Sur, donde el modernismo es parte del proyecto de explotación del continente por parte de intereses mayoritariamente estadounidenses, pero también un lugar donde la arquitectura moderna experimenta, e incluso se pueden imaginar utopías sociales.

Sobre las arquitectas

Desde que iniciamos el proyecto tuvimos la ingenua ilusión de que la historia de la escasa presencia femenina en los libros de arquitectura podía ser desenterrada. Tomará un poco más de tiempo corregir esa historia, ya que varias figuras femeninas quedan ocultas de las publicaciones "debido al sistema patriarcal existente", que afortunadamente ha cambiado para bien en los últimos diez años, según Luis Carranza.[77] El proceso acaba de empezar y empiezan a surgir figuras femeninas del pasado relativamente desconocidas. La famosa casa puente, en Mar del Plata, ahora se atribuye por partes iguales a Delfina Gálvez Bunge y Amancio Williams.[78] La arquitecta paisajista brasileña Mina Klabin Warchavchik es ahora reconocida como una precursora del diseño paisajístico de Burle Marx,[79] pero también como la primera en introducir plantas de cactus en edificios modernos, mucho antes que Burle Marx y Juan O'Gorman.[80] La diseñadora cubana Clara Porset no sólo está siendo reconocida por su huella duradera en el diseño de muebles de Luis Barragán, sino también por sus escritos críticos.[81] Esta recuperación de la contribución de las arquitectas a la arquitectura latinoamericana es mayoritariamente visible con la obra de la ítalo-brasileña Lina Bo Bardi, que en apenas unos años ha sido testigo de la publicación de varios libros y monografías en revistas. Sus escritos también han sido recuperados en el libro *Stones against diamonds*,[82] y Zeuler Rocha Mello de Almeida Lima publicó una biografía cuidadosamente investigada y acompañada de proyectos.[83] El libro rompe con tabúes, pero también construye cuidadosamente la vida de una persona sin idealizar su compleja biografía. Está claro que su talento es único, pero también es revelador que no haya sucedido gracias a una demostración milagrosa de habilidades; antes bien, lo que se muestra es cómo las pequeñas decisiones en la vida y la red social que uno cultiva pueden generar oportunidades asombrosas. En los últimos años, la presencia de arquitectas en América Latina se ha convertido casi en una normalidad. En México, un país famoso por su machismo, existen múltiples ejemplos de arquitectas destacadas en ejercicio, como Frida Escobedo, Gabriela Carrillo, Tatiana Bilbao, Rozana Montiel y Fernanda Canales. Estas dos últimas son también destacadas contribuyentes a la investigación en arquitectura y urbanismo.[84][85] Las historiadoras han desempeñado asimismo un importante punto de inflexión en la definición de lo que es la arquitectura latinoamericana, especialmente los incisivos comentarios historiográficos de la argentina Marina Waisman[86] y el crucial recuento de la historia de la arquitectura latinoamericana de la colombiana Silvia Arango.[87] Esto, además de los talentos emergentes de escritoras e investigadoras como la venezolana Fabiola López-Durán,[88] recomendada por Ana María Durán Calisto.

Sobre la propia voz del arquitecto

Ya sea por su excesiva carga de trabajo o por la falta de formación en lo referente a la redacción de reflexiones, muy pocos arquitectos se han aventurado en la tarea de publicar sus pensamientos, más allá de los relucientes (y muchas veces autofinanciados) portafolios y libros. Según Fernanda Canales,[89] una excepción en este sentido son los textos de Teodoro González de León.[90] Pero escribir y comunicarse no es una tarea fácil. Los libros teóricos que el arquitecto chileno Juan Borchers escribió a finales de los 1960[91] y principios de los 1970[92] son crípticos y, por lo tanto, es difícil que lleguen a ser influyentes, según el arquitecto chileno Mario Marchant.[93] Se sabe poco sobre los escritos de Barragán, pero algunos están cuidadosamente seleccionados en *Luis Barragán, escritos y conversaciones*, de Antonio Riggen.[94] Es importante revisitar esos textos porque, a pesar de la maquinaria propagandística de la llamada arquitectura mexicana, Barragán afirma en conversación con la escritora Elena Poniatowska que la arquitectura mexicana no existe, que lo vernáculo es una conexión con el Mediterráneo y lo colonial, con España, y que los mexicanos han eliminado sus conexiones con las culturas prehispánicas.[95] De hecho, se sabe poco respecto de lo que realmente piensan los arquitectos. En ese sentido, el pionero *Panorámica de la arquitectura latino-americana*, de Damián Bayón (1977), es una joya, ya que es capaz de acercarnos de primera mano y sin mucho editar al pensamiento de destacados arquitectos del momento como el cubano Fernando Salinas, el uruguayo

Eladio Dieste, el argentino Clorindo Testa, el mexicano Pedro Ramírez Vázquez etc.[96]

Sobre la imposibilidad del equilibrio

Los objetivos iniciales de mantener el equilibrio entre género y países, como se mencionó anteriormente, se fueron desmoronando poco a poco a medida que nos topamos con la asombrosa disparidad en la producción de libros de países como México, Brasil, Argentina o Colombia en comparación con la bastante escasa presencia de libros sobre Perú o Venezuela. Países como Bolivia, Paraguay, Ecuador, Costa Rica y Panamá están empezando recientemente a producir libros de arquitectura, mientras que otros como Honduras, Guatemala, Nicaragua y El Salvador están hasta hoy claramente rezagados en cuanto a documentos escritos disponibles, más allá de revistas o artículos en Internet. La lista de libros de un país como Cuba sigue siendo muy limitada, aunque se podría decir mucho más sobre la producción arquitectónica de la isla. Hay varias partes más del rompecabezas que se deben explorar cuidadosamente. Pero esperamos que esta lista de libros ayude al lector a iniciar o continuar su exploración de la cultura de la arquitectura moderna en América Latina.

Notas

1   Los países fueron Argentina, Brasil, Chile, Cuba, Colombia, México, Peru, Uruguay, Venezuela.

2   Según la Enciclopedia Británica: "los pueblos de América Latina compartieron la experiencia de conquista y colonización de españoles y portugueses desde fines del siglo 15 hasta el siglo 18. También compartieron la lucha por la independencia del dominio colonial a principios del siglo 19". <https://www.britannica.com/place/Latin-America>

3   Este ensayo está directamente influenciado por entrevistas con historiadores de la arquitectura. Para la reflexión sobre el uso y el contexto de la arquitectura fue muy importante la conversación que tuvimos con Felipe Hernández. Sobre el uso e interpretación popular de la arquitectura moderna, véase: LARA, Fernando. *The rise of popular modernist architecture in Brazil*. Florida, University Press of Florida, 2008.

4   *Plataforma Arquitectura*, empresa hermana de *Archdaily* y que llega a miles de personas, compartió la encuesta. También apareció en el diario nacional Clarín (Argentina) y en la plataforma de Instagram *Arqpedia*.

5   GORTÁZAR, Fernando González. *La arquitectura mexicana del siglo 20*. Ciudad de México, Consejo Nacional para la Cultura y las Artes, 1996.

6   El historiador Luis Carranza menciona el papel clave de la revista *Tolteca* como forma de promover la arquitectura moderna en México. Véase: CARRANZA, Luis. *Architecture as revolution: episodes in the history of modern Mexico. Roger Fullington series in architecture*. Austin, University of Texas Press, 2010.

7   CARRANZA, Luis y LARA, Fernando Luiz. *Modern Architecture in Latin America*. Austin, University of Texas Press, 2014.

8   Supersudaca. *Proyecto Papel Latino*. Entrevista con Fernando Lara y Luis Carranza, 2020.

9   Esta lista podría ser extensa, pero incluye el trabajo de Oscar Niemeyer, Ricardo Legorreta, Jorge Silvetti, Mario Gandelsonas, Diana Agrest y, más recientemente, Juan Lucas Young, por mencionar algunos.

10   POSANI, Juan Pedro. "Por una historia latinoamericana de la arquitectura moderna latinoamericana." *Boletín 9 del Centro de Investigaciones Históricas y Estéticas*, Facultad de Arquitectura y Urbanismo de la Universidad Central de Venezuela, abr. 1968, p. 187.

11   SCHMIDT, Claudia. *Las "Américas Latinas": invenciones desde la historiografía de la arquitectura*. In RIGOTTI, Ana María; PAMPINELLA, Silvia (Org.). Entre puntos cardinales: debates sobre la nueva arquitectura (1920-1950). Rosario, Prohistoria Ediciones, 2012.

12   Supersudaca. *Proyecto Papel Latino*. Entrevista con Claudia Schmidt, 2020.

13   Ibidem.

14   Supersudaca. *Proyecto Papel Latino*. Entrevista con Pablo Vallejo Urresta, 2020.

15   HITCHCOCK, Henry-Russell. *Latin American architecture since 1945*. Nueva York, Museum of Modern Art, 1955, p. 27.

16   Supersudaca. *Proyecto Papel Latino*. Entrevista con Claudia Schmidt, 2020.

17 GIEDION, Siegfried Giedion. *Space, time and architecture. The growth of a new tradition*. 3ª edición. Cambridge, Harvard University Press, 1959.

18 BENEVOLO, Leonardo. *History of modern architecture*. 2 volumes. Cambridge, The MIT Press, 1977.

19 Ibidem.

20 Al parecer, Le Corbusier hizo el boceto del edificio sobre una fotografía que le había enviado Lucio Costa y la incluyó en sus *Complete Works* para reclamar su autoría. Véase: CARRANZA, Luis; LARA, Fernando. *Modern architecture in Latin America*. Austin, University of Texas Press, 2014. Le Corbusier de nuevo enfrentó a Oscar Niemeyer por el design de la sede central de las Naciones Unidas y repitió el truco de reclamar la autoría claramente alterando sus bocetos retroactivamente. Véase también: FILLER, Martín. *Makers of modern architecture*. Vol. II. Nueva York, New York Review Books, 2013.

21 En la última edición de Benevolo, de 1999, hay un capítulo completo sobre América Latina que abarca muchos países, aunque no está escrito por él sino por el crítico de arquitectura catalán, Joseph Maria Montaner.

22 KULTERMANN, Udo Kultermann. *Architekten der Dritten Welt. Bauen zwischen tradition und neubeginn*. Berlin, DuMont, 1988.

23 HOBSBAWM, Eric. *The age of extremes*. Londres, Vintage Books, 1996.

24 FRAMPTON, Kenneth. *Modern architecture, a critical history*. 3ª edición. Londres, Thames and Hudson, 1992.

25 Para una recepción más crítica del ensayo, véase: EGGENER, Keith. "Placing resistance: a critique of critical regionalism." *Journal of Architectural Education*, 2002.

26 FRAMPTON, Kenneth. Op. Cit.

27 CURTIS, William [1982]. *Modern architecture since 1900*. Nueva York, Phaidon Press, 1987.

28 KULTERMANN, Udo. Op. Cit.

29 JENCKS, Charles. *Modern Movements in architecture*. Milwaukee, Anchor Press, 1973.

30 COLQUHOUN, Alan. *Modern architecture*. Oxford, Oxford University Press, 2002.

31 Jean-Louis Cohen. *The future of architecture since 1889*. Nueva York, Phaidon Press, 2012.

32 FILLER, Martin. *Makers of modern architecture*. 2 volumes. Nueva York, New York Review of Books, 2013.

33 NIEMEYER, Oscar. *My architecture*. Río de Janeiro, Editora Revan, 2000, p. 29.

34 Véase sus propias motivaciones en <https://helio-pinon.org/memoria_personal>.

35 ITO, Toyo; GUZMAN, Xavier; JIMENEZ, Victor. *Casa O'Gorman 1929*. Londres, RM Publishers, 2015.

36 BULLRICH, Francisco. *New directions in Latin American architecture*. Nueva York, George Braziller Incorporated, 1969.

37 Supersudaca. *Proyecto Papel Latino*. Entrevista con Claudia Shmidt, 2020.

38 SEGRE, Roberto (Ed.). *América Latina en su arquitectura*. Madrid, Siglo Veintiuno, 1975.

39 Roberto Segre, nacido en Italia y de nacionalidad argentina, se mudó a Cuba después de la revolución y vivó ahí durante casi 30 años antes de irse a vivir en Brasil. Segre es uno de los historiadores clave de la arquitectura revolucionaria en Cuba.

40 GUTIÉRREZ, Ramón. *Arquitectura y urbanismo en Iberoamérica*. Madrid, Ediciones Cátedra, 1983.

41 Ibidem, 603.

42 Ibidem, 611.

43 Ibidem, 646.

44 Ibidem, 644.

45 Ibidem, 643.

46 HERNÁNDEZ, Felipe. *Beyond modernists masters: contemporary architecture in Latin America*. Basel, Birkhäuser Verlag, 2010.

47 Supersudaca. *Proyecto Papel Latino*. Entrevista con Felipe Hernández, 2021.

48 BERGDOLL, Barry; COMAS, Carlos Eduardo; LIERNUR, Jorge Francisco; DEL REAL, Patricio. *Latin America in construction. Architecture 1955-1980*. New York, The Museum of Modern Art, 2015.

49 Supersudaca. *Proyecto Papel Latino*. Entrevista con Miquel Adrià, 2020.

50 Supersudaca. *Proyecto Papel Latino*. Entrevista con Claudia Shmidt, 2020.

51 CARRANZA, LUIS; LARA, Fernando. *Op. Cit*.

52 Supersudaca. *Proyecto Papel Latino*. Entrevista con Fernando Lara y Luis Carranza, 2020.

53 Supersudaca. *Proyecto Papel Latino*. Entrevista con Ana María Duran, 2020. Véase: RIVERO, Clara Irina. *Triple alliance in reverse*. Tesis de doctorado. University of Texas, 2016. Disponible en: <http://hdl.handle.net/2152/61483>. El argumento es que arquitectos de Argentina, Uruguay y Brasil apoyaron la construcción de la modernidad en Paraguay.

54 Ibidem.

55 BORN, Esther Baum. "The new architecture in Mexico." *The architectural record*. Nueva York, William Morrow & Co., 1937.

56 SEGRE, Roberto. *Diez años de arquitectura en Cuba revolucionária*. La Habana, Ediciones Unión, 1970.

57 HITCHCOCK, Henry-Russell. *Op. Cit*.

58 BERGDOLL, Barry; COMAS, Carlos Eduardo; LIERNUR, Jorge Francisco; DEL REAL, Patricio. *Op. Cit*.

59 GOODWIN, Philip. *Brazil builds: architecture new and old, 1652–1942*. Nueva York, The Museum of Modern Art. 1943.

60 AMBASZ, Emilio. *The architecture of Luis Barragán*. Nueva York, The Museum of Modern Art, 1976.

61 CANALES, Fernanda; HERNÁNDEZ, Alejandro. *100×100+ Arquitectos del siglo 20 en México*. Ciudad de México, Arquine, 2011.

62 Ibidem.

63 Ibidem.

64 GORTÁZAR, Fernando González. *Op. Cit*.

65 Supersudaca. *Proyecto Papel Latino*. Entrevista con Fernanda Canales, 2020.

66 Supersudaca. *Proyecto Papel Latino*. Entrevista con Francisco Díaz y Mario Marchant, 2020.

67 LEJEUNE, Jean-François. *Cruelty and utopia. Cities and landscapes of Latin America*. Nueva Jersey, Princeton Architectural Press, 2003.

68 Hitchcock señala que con la sola excepción de México, América Latina no produce acero estructural, pero tampoco lo importa; la tecnología de la madera es inexistente, mientras que el yeso, el hormigón y –recientemente– los mosaicos abundan. Véase: Hitchcock, Henry-Russell. *Op. Cit*., p. 21.

69 LOOMIS, John. *Revolution of forms: Cuba's forgotten art schools*. Nueva Jersey, Princeton Architectural Press, 2011.

70 EGGENER, Keith. *Luis Barrágan's gardens of el Pedregal*. Nueva Jersey, Princeton Architectural Press, 2001.

71 PÉREZ-MÉNDEZ, Alfonso. *Las casas del Pedregal: 1947-1968*. Barcelona, Gustavo Gili, 2007.

72 EL-DADAH, Farès. *Lucio Costa: Brasilia's superquadra*. Nueva York, Prestel Verlag, 2005.

73 CARRANZA, Luis. Op. Cit..

74 BANHAM, Reyner. *Los Angeles: The architecture of four ecologies*. Los Angeles, University of California Press, 2009.

75 HERNÁNDEZ, Felipe. *Beyond modernist masters. Contemporary architecture in Latin America*. Basel, Birkhäuser Verlag GmbH, 2010.

76 CORREA, Felipe. *Beyond the city: resource extraction urbanism in South America*. Austin, University of Texas Press, 2016.

77 Supersudaca. *Proyecto Papel Latino*. Entrevista con Fernando Luiz Lara y Luis Carranza, 2020.

78 Ibidem.

79 Ibidem.

80 CARRANZA, Luis; LARA, Fernando. Op. Cit.

81 PORSET, Clara. *La vida en el arte*. Ciudad de México, Alias Editorial, 2020.

82 BO BARDI, Lina. *Stones against diamonds*. Londres, Architectural Association Publications, 2013.

83 LIMA, Zeuler Rocha Mello de Almeida. *Lina Bo Bardi*. Londres, Yale University Press, 2019.

84 CANALES, Fernanda. *Arquitectura en México. 1920-2010*. Fondo Cultural Banamex. 2013.

85 BILBAO, Tatiana. *Two sides of the border. Reimagining the region*. Zurich, Lars Müller, 2020.

86 WAISMAN, Marina. *El interior de la historia. Historiografía arquitectónica para uso de latinoamericanos*. Bogotá, Editorial Escala, 1990.

87 CARDINAL, Silvia Arango. *Ciudad y arquitectura. Seis generaciones que construyeron la América Latina moderna*. Bogotá, Fondo de Cultura Económica, 2012.

88 LÓPEZ-DURÁN, Fabiola López-Durán. *Eugenics in the garden: transatlantic architecture and the crafting of modernity*. Austin, University of Texas Press, 2018.

89 Supersudaca. *Proyecto Papel Latino*. Entrevista con Fernanda Canales, 2020.

90 DE LEÓN, Teodoro González. *Lecciones. Escritos reunidos 1966-2016*. Ciudad de México, El Colegio Nacional, 2016.

91 BORCHERS, Juan. *Institución arquitectónica*. Santiago, Editorial Andrés Bello, 1968.

92 Ibid. *Meta arquitectura*. Santiago, Editora Mathesis, 1975.

93 Supersudaca. *Proyecto Papel Latino*. Entrevista con Mario Marchant y Francisco Díaz, 2020.

94 RIGGEN, Antonio. *Luis Barragán: escritos y conversaciones*. Madrid, El Croquis Editorial, 2000.

95 Ibid. Ver entrevista a Elena Poniatowska.

96 BAYÓN, Damián; GASPARINI, Paolo. *Panorámica de la arquitectura latino-americana*. Barcelona, Blume/Unesco, 1977.

Conversatorio Susucumbre

Primer día
15 de septiembre de 2011

Durante el ciclo de conferencias "Susucumbre – 10 años de Supersudaca" en Lima, se realizaron dos conversatorios de cierre frente al público.

Supersudaca Queremos conversar abiertamente sobre el rol del arquitecto, sobre ¿cuál es el ámbito en debemos desenvolvernos? ¿cuáles son los límites donde lo que hacemos ya no es arquitectura? ¿Debemos seguir concentrados en construir edificios? ¿O es que hay más formas de hacer arquitectura y que la sociedad nos necesita como expertos en *espacializar* ideas y dar escala a las cosas? Hemos invitado a tres amigos para ello: Enrique Bonilla, arquitecto y director de la Universidad de Lima, a Jorge Villacorta, crítico de arte, curador, biólogo genetista y una de las mentes mas interesantes que tenemos por aquí, y Mariana Leguía, joven arquitecta y con un espectro muy amplio de lo que es la arquitectura, recientemente ha editado para la revista inglesa *AD*, una de las más interesantes publicaciones sobre la producción arquitectónica de la región: *Latin America at crossroads*.[1] De hecho, Mariana nos invitó a colaborar en esa publicación y nuestra reacción inicial fue ver quién mas estaba invitado, y era la gente que uno está acostumbrado a escuchar sobre América latina: si uno quiere hablar de vivienda lo llamo a Alejandro Aravena y si uno quiere hablar de urbanismo lo llama a Alejandro Echeverri y así una serie de personajes e instituciones que son muy lúcidos y nos representan. Entonces nosotros en Supersudaca –quizás en un acto de Houdini que a veces nos caracteriza– decidimos por qué no mejor escribir sobre Asia.[2] ¿Por que siempre cuando los ingleses nos llaman para que hablemos, es sobre América Latina? De repente era interesante esta mirada que pueden tener los latinoamericanos de otras partes del mundo que no solemos tratar, porque vamos sin ciertos prejuicios o en todo caso con otras subjetividades.

Jorge Villacorta Una de las cosas que más me impresiona de Supersudaca es que la manera de presentación de los distintos proyectos se convierte en una situación de creatividad constante, lo que es fascinante es que la presentación refleja una actitud muy abierta hacia lo real, es decir como si el mundo fuera un laboratorio en donde uno puede observar distintas clases de fenómenos, provocar algunos, editar de tal manera que ciertas cosas hagan sentido dentro de una peculiar mirada sobre el entorno, que no excluye para nada una investigación realmente profunda en lo que se refiere a aquellas cosas que normalmente no se supone pertenecen al ámbito del arquitecto. Uno siempre se ha hecho la idea de que el gran artista era arquitecto por añadidura, entonces el ejemplo que uno se encuentra en la historia del arte es constantemente a Miguel Ángel a los 90 años haciendo la cúpula de

San Pedro y es como la obra maestra de alguien que ya había demostrado a través de una serie de pasos, obra maestra tras obra maestra, entonces la arquitectura de pronto era la cereza sobre su pastel. Pero la situación actual en el mundo contemporáneo creo que se ha invertido por completo y es muchas veces el arquitecto, y creo que aquí es muy importante la experiencia de taller de una manera, y yo como critico de arte no logro entenderla del todo, pero lo que me parece interesante es que el arquitecto en la actualidad tiene la libertad que no tienen –estrictamente hablando– aquellos que se han formado como artistas visuales, incluso en esta época en que el artista visual pasa de un medio a otro, el pasar de un medio a otro no implica necesariamente abrir la mente, es como si de pronto la experiencia de Supersudaca estuviese dispuesto a hacer estallar sus cerebros individualmente y luego de alguna manera recomponer las piezas, o intercambiarla tal vez y sacar adelante algo que tiene una perspectiva en la que uno puede enganchar con el mundo de una forma insospechada. Es como si en cada punto lograran levantar un hito que puede seguir siendo referente –o no– a medida que ustedes siguen avanzando.

    Eso es lo que me parece más interesante de la dinámica, hay un sentido del humor y una autoironía constante que también hace posible que no se tomen del todo en serio, aun cuando comiencen cada proyecto con una seriedad bastante definida. También es verdad que por momentos pareciera ser un salto en el vacío, pero creo que lo interesante es que precisamente el riesgo, que es algo que esta bastante frecuentemente ausente de proyectos culturales, de pronto aquí se convierte en algo que es un punto de partida y no es percibido como tal por ustedes. Simplemente es algo que asumen como parte de una libertad que tiene que ser conquistada hacia un conocimiento que es aprehendido, pero también de alguna forma es provocado. Esta es la parte que me parece interesante, la manera como en los proyectos, estimular la adquisición del conocimiento se convierte en algo elemental y fundamental. Por momentos uno estaría tentado de decir que han absorbido el arte conceptual de una manera muy fresca y viva, por otro lado, creo que definitivamente están en otra cosa, pero me sorprende y sobre todo me entusiasma que se presente justamente una posibilidad de apertura tal hacia aquello que uno enfrenta en situaciones contemporáneas, como si de alguna manera el mundo se hiciese familiar sin perder del todo la capacidad de sorprender. Es algo bastante extraño y yo diría que en su situación tal vez no construyan, pero definitivamente hacen arte.

Supersudaca Sobre la división entre el arte y la arquitectura, cuando estudiamos las ciudades o cuando hacemos cualquier investigación, aprendemos de lo que pasa, lo interpretamos de alguna manera y en el mejor de los casos lo usamos como herramienta para hacer un trabajo nuestro. Más allá del medio en que usemos esa información es totalmente distinta a lo aplicable en el arte, ¿o cual crees que sería la diferencia?

Jorge Villacorta Yo creo que en la actualidad existen artistas en distintas partes del mundo que intentan aproximarse a esos temas de esa manera, pero creo que definitivamente no es algo que especialmente se enseñe en las escuelas, porque incluso cuando uno mira las escuelas en Estados Unidos o en Europa, las escuelas están cada vez más enfocadas en que sus graduados de alguna manera se inserten en el mercado del arte. Hay una serie de guías subliminales en algunos casos, en otros casos no son tan subliminales y es donde se orienta el pensamiento en una sola dirección y esa es la situación para la mayor parte de los artistas visuales. Allí es donde se cierra. Una de las cosas que mas me han impresionado de Supersudaca –ya desde presentaciones anteriores que les he visto–, es el cómo presentar la fotografía y el grafico –digamos de carácter casi científico–, y ver como se convierte en una herramienta polivalente. Ustedes siempre pueden regresar a las fotografías y a los gráficos y ver cosas nuevas en ellos y comunicarlas de una manera distinta cada vez que hacen las presentaciones, entonces ahí es donde yo veo que hay una creación constante, como una suerte de laboratorio real, todo esta siendo puesto a prueba constantemente y como los proyectos no se concluyen nunca, si no que quedan abiertos y uno puede incluso imaginar más direcciones, he visto como ustedes se les arreglan para hablar de un proyecto que han abierto hace siete años y de pronto releerlo y arrojar una nueva luz sobre el presente, de una forma potente. Creo que en la actualidad muchas veces la pregunta de si es arte o no es arte, tiene que ver muy fuertemente con la noción del mercado del arte. Más que la institución del museo. A mí lo que me parece muy estimulante es el poder de la idea, aun cuando no la he visto materializada, es que el trabajo de Supersudaca justamente podría encontrar su punto de comunicación en libros, ya que ese tipo de circulación y difusión me parece la forma de hacerle justicia real a todo este trabajo, que está constituido por archivos fotográficos y cuadro gráficos que son realmente enriquecedores. La experiencia como asistente a esta conferencia es curiosa, porque el grafico por ejemplo no lo atraca a uno, como en otras situaciones. Es decir, los gráficos cuando ustedes los presentan son expuestos como evidencias muy claras. Uno simplemente va absolutamente al ritmo que ustedes plantean. La pregunta que yo les haría es si en la práctica –y sobre todo en esta alianza de mentes– la noción del arquitecto como artista ¿asoma a veces la cabeza? ¿Alguien quiere contestarlo?

Supersudaca Depende a quien le preguntes, porque yo diría que sí en mi caso, sin embargo no sé si es para este tipo de trabajo, por eso me interesaba tu opinión porque en realidad nosotros muchas veces criticamos y decimos que lo que hacemos no es arte, tiene mucho mas que ver con el urbanismo, con esta situación social, que es una cuestión de querer cambiar la realidad al entenderla y exponerla. Entonces también hay capas que tienen en cuenta los sistemas estéticos, pero lo que hacemos para mi no es arte, pero sí me gustaría que sea arte.

Supersudaca Lo que nos pasa es que ahora nos llaman de muchos centros culturales o galerías para hacer proyectos que tienen que ver con algún interés de lo que esta proponiendo el centro cultural, y nosotros vamos y hacemos nuestro trabajo y no lo pensamos como artista. Hagamos o no arte, creo que no nos creemos artistas, nosotros seguimos investigando, viendo y tratando de entender el mundo y tratando de usar ese entendimiento del mundo para seguir haciendo las cosas que hacemos.

Enrique Bonilla El tema en la cual está planteada esta mesa es "¿Esto es arquitectura?" y probablemente no soy alguien para decir eso porque creo que hoy, como ya lo dijo Manuel en la mañana un poco entre líneas, estamos asistiendo a un momento absolutamente distinto y a mi casi me parece que habrá sido la misma angustia que tenían los tipos del Renacimiento cuando finalmente aceptaron el nombre de arquitecto –porque no es que lo tenían de siempre– y que se metían en tantos temas que probablemente eso nos pase a cada rato. Yo valoro esta capacidad que tiene este grupo de investigar de una forma absolutamente tranquila, simpática, amigable y de meterse en temas muy profundos y contárnoslo de una manera sencilla. La investigación de "Al Caribe"[3] me parece realmente fantástica, sobre todo porque van llegando a conclusiones y muestran cosas vistas desde otra perspectiva y miraba hace un ratito el tema de China[4] que veo que es un proceso. Una de las cosas bonitas, es que estos estudios no tienen finales. Todo continua, ven otros puntos de vista y hacen interesante –esto que pudiera ser tan poco interesante– el tema de la investigación para los arquitectos, aparentemente tan fuera de lugar, si lo nuestro es crear, lo nuestro es hacer cosas, lo nuestro es diseñar, los proyectistas siempre han desconfiado del investigador, del teórico etc. y de repente vemos ahora un proceso de integración que me parece sumamente saludable.

Pensaba también por ejemplo en la distancia que hay con en lo que pasaba en los años 80, cuando los grupos de los latinoamericanos se juntaban. Tenían en común al tema de realismo mágico, que había seducido a los literatos y que los arquitectos comienzan a tomar en ese momento y se cuelgan del regionalismo crítico. Aparece toda esta idea de generar una especie de región y en ese momento con la posmodernidad, comienzan a hablar de que no hay paradigmas y, por la tanto, hay que escoger paradigmas. Aparece entonces toda esta idea de regionalismo que se va extinguiendo despacio y casi cuando ya habíamos llegado al fin del siglo, desaparece y ya nadie sabe mucho de este tema. Entonces uno dice ahora ¿cual es el destino de este continente en esta globalización?, ¿tenemos alguna posibilidad dentro de todo este contexto? Allí felicito a este grupo que ha logrado un atrevimiento mayor, es decir, ya no nos vamos a mirar más el ombligo –un poco lo que pasaba con la generación de los regionalistas– ahora vamos nosotros a tomar la iniciativa y nos vamos a mirar a los otros y lo vamos a mirar desde nuestra perspectiva. Este grupo fue internacional desde su fundación, tengo evidencia de eso. Me acuerdo de que lo descubrí en Madrid, una vez que estaba en una reunión de arquitectos y una amiga me dice "¿pero tu no conoces a Supersudaca?", "no la verdad que no he escuchado nunca", le dije, "es que hay un chico peruano que se llama Manuel de Rivero", "claro que lo conozco" le digo, y ella me dice "que está con otros arquitectos haciendo un montón de cosas" y a partir de allí fui conociendo al grupo. A mi me da la sensación de que ustedes trabajan como Tarzán, que van agarrando una liana y en eso se lanzan, de repente en ese momento aparece otra y otra mas, y entonces pueden ir metiéndose en distintas cosas sobre las cuales todavía no se ha teorizado y que creo que esta es la idea de lo que hay que hacer como arquitecto. Como decía Venturi "hay que encontrar el otro lado de la costumbre".

Supersudaca Bueno a mí me gustaría retomar el tema de las lianas por aquello de la selva. Dices que en los años 80 había algo parecido y en que momento se cortó la liana ¿quien se cayó? ¿que pasó?

Enrique Bonilla En los años 80, se perseguía mucho el tema del compromiso: se hablaba de tipología, del locus, de lugar, de muchas cosas que tenían que ver con la tradición, con la identidad. Lo que no se veía venir es lo que podría pasar después. En América Latina no ha habido otra opción que se vaya vislumbrando, hasta que van apareciendo este tipo de experiencias, que evidentemente se terminan gestando afuera, como sucede cuando dice Alfredo Bryce que "todo el tiempo que él ha vivido en Europa, ha descubierto lo mucho que es peruano" y yo creo que esta experiencia del exilio ayuda mucho a entender muchas cosas. Ustedes han tenido evidentemente una suerte enorme de vivir en un exilio colectivo y darse cuenta lo parecidos que son fuera del contexto porque seguramente esta experiencia no se hubiera podido dar en ninguno de nuestros países. Hubo que poner un océano de por medio para que ustedes se vayan encontrando, y retomamos nuevamente el tema de la identidad, pero de una manera distinta. Sin esa idea comprometida, sino desde el punto de vista conceptual. Creo que el tema de identidad va mutándose, es una especie de virus que sigue cambiando, entonces las lianas en buena cuenta terminan teniendo que encontrar otra identidad. Creo que eso es lo que tienen y eso es lo que los ha unido y los mantiene vigente. Sobre esa idea, sin el afán chauvinista, de "soy latinoamericano" –que creo que sí pasaba en los años 80– no tengo que cerrarme en eso sino más bien y de una manera mas tranquila, ir cogiendo una serie de conceptos. Pero ya la lectura de los hechos es otra, no es tan importante lo que pasa sino la lectura de lo que significa, lo que yo percibo. Eso es lo que esta manejado por este grupo y eso es estimulante.

El tema de las lianas, es una metáfora que de repente va quedando, pero es verdad, las cosas pasan demasiado rápido y los cambios son muy fuertes en poco tiempo, a uno lo aturden, uno esta terminando de entender una teoría bien, cuando aparece otra teoría más. A pesar que han hecho referencias a Vitruvio yo creo que hay una idea de arquitectura posvitruviana que es una cosa distinta, que da otros horizontes. Yo le digo a mis alumnos que, si quieren ser arquitectos, que nada de lo humano les puede ser ajeno, y ese es un derecho que creo que hay que alcanzar, porque somos de las pocas profesiones que tenemos el derecho de meter las narices en todas partes. El resto de las profesiones se mueren de miedo. La especialización ha hecho que todo el mundo sepa una parte de las cosas, y de repente no existen esos "todistas", que vienen y hacen un barrido absoluto. El mundo actual se plantea de esa manera muy abierta. Yo, por ejemplo, en los últimos tiempos estoy absolutamente seducido con el tema de la comunicación, he quitado cursos de dibujo para meter comunicaciones, porque creo que es importantísimo que nosotros sepamos comunicar bien, es una cosa que Supersudaca hacen exitosamente, además, su nivel de comunicación es estupendo. Esta es una variable que no la teníamos y esta jornada es estimulante porque nos permite reflexionar sobre un verdadero devenir y vuelvo a la pregunta ¿esto es también arquitectura?

Mariana Leguía En relación a lo que mencionó Manuel sobre la publicación "Latin American crossroads", a mi me parecía importante la manera como ustedes operan, que es algo que Enrique y Jorge han mencionado y justo ponerlos al lado de Saskia Sassen que es experta en el tema de globalización me parecía pertinente, porque es el momento donde de alguna manera Latinoamérica se lanza ante los ojos del mundo con esta revista. Me parece que ustedes como metodología de trabajo y como grupo han entendido una manera de aproximarse a este fenómeno económico global, porque ustedes son una imagen internacional que operan en distintos países y así como nosotros conocemos a la oficina local, también Enrique se fue a Madrid y ya todo el mundo sabía quien era Supersudaca y eso es algo que sucede cuando uno funciona de manera internacional.

Por otro lado, después de haber visto las exposiciones,[5] cuando mostraron estos experimentos de gran escala en El Caribe y lo que revela detrás, me hacen acordar a los experimentos latinoamericanos de vivienda de los años 50, cuando también se muestra una imagen al mundo que no es, que trata de ocultar todo lo informal que va creciendo atrás y de alguna manera ese fenómeno no sé cómo lo interpretan ustedes. Me parece súper divertido tener una posición de enfrentar al problema de una manera cínica, pero obviamente se que lo ven como una problemática. Por otro lado, también me da curiosidad como será cuando llegue el día cuando tengan que enfrentarse con estas grandes economías globales, cuando tengan que hacer un masterplan para un millón de personas, cómo es que esta metodología o el know-how que ustedes tienen como latinoamericanos se aplicarán en ese entonces ¿lo han pensado? Porque toda esta investigación es una inversión, que, de alguna manera, se va a tener que poner a prueba cuando llegue un proyecto así. Bueno, ojalá.

Supersudaca En este compromiso con lo real y de estas sucesivas preguntas de liana en liana, que no se sabe hacia dónde van, la doble condición de ponernos y sacarnos la máscara Supersudaca a conveniencia nos da una licencia para matar y lidiar con lo real de manera más eficiente. Por eso nos sentimos bastante liberados y parte de la potencia del grupo es esa, que nos ha permitido avanzar por varios frentes sin previa coordinación y sobre todo sin la presión que tenemos que dar la solución Más bien, a medida que van surgiendo los desafíos, los intentaremos ir contestando.

Supersudaca Me ha estado dando vueltas por la cabeza lo que dijo Mariana: la palabra cínico, y me parece interesante que está conectado con lo que dice Anita "nosotros no terminamos nuestras investigaciones, no cerramos los libros, seguimos añadiéndoles temas y páginas y no terminan". Quizás tiene que ver con que, como arquitectos, estamos formados –y por eso tenemos una cierta desconfianza en el artista– para preparar una posible solución a los temas reales y precisamente por ello nosotros no sentimos que lo que hacemos es cínico. Es como la piedra Sísifo, hemos estado a punto de llegar a la cima y siempre se nos cae, pero tenemos esa idea que lo vamos a lograr. Por eso, por ejemplo, la investigación del Caribe ha tenido como siete u ocho finales diferentes y no lo hemos terminado porque no encontramos el final adecuado. No es cinismo, más bien al contrario, es una obsesión permanente que no haber encontrado una respuesta verdadera y no facilona.

Mariana Leguía En realidad el tema de la mesa redonda era el rol del arquitecto, entonces en ese sentido me parecía importante mencionar cómo en las ultimas exhibiciones internacionales, aparece este nuevo rol del arquitecto como agente social y hay mucha discusión sobre eso, porque hay un grupo de gente que considera que un arquitecto sólo debe ser un diseñador, un artista, por lo que desearía saber qué posición toman ustedes.

Supersudaca Félix dijo que le gustaba hacer edificios lindos...

Supersudaca Si, lo puedo repetir, no me da vergüenza. Me parece que no debe haber frustración interna en eso, diseñar un edifico lindo me sigue interesando, no creo que para todas los proyectos o temas tengamos que llegar a cuestionar la validez del mundo. Hay que ser crítico cuando sea preciso, no por pose. Para hacer un puente peatonal, a veces puede ser suficiente con explorar una forma eficiente y no las dinámicas sociales. Hay que disfrutar la vida también porque eso brinda gozo a todos.

Mariana Leguía Bueno, la pregunta no era para que se den latigazos ni nada.

Supersudaca No es que no queramos disfrutar la vida, pero hay un tema que subyace, como es el tema del valor de lo incompleto. Me preocupa el tema de una sola gran verdad o una sola razón definitoria. Ya hemos jugado antes con esta actitud existencialista, en que la arquitectura no tenía sentido, y tuvimos que empezar a buscarle uno y lo más interesante era esa permanente búsqueda, que se puede traducir en este cambio de lianas permanente, donde no es importante la liana en la que nos encontremos, sino en la capacidad de cambiar de una liana a otra. Muchas veces el grupo cambia y Supersudaca no sería para mi tan atractivo si justamente no fuera por los diferentes puntos de vista. Justamente, Supersudaca no estaría presente hoy si no fuera así.

Estoy incómodo con la palabra solución en general, creo en la experiencia de confrontarnos con lo que nosotros mismo criticamos ya la estamos viviendo. Cuando el tema se vuelve moral, es cuando se vuelve complejo y ahí sí creo que hay un tema de cinismo. Por ello siempre hemos jugado con la carta del vaso medio vacío/ medio lleno o de mantener un grado de inocencia que no queremos perder –a pesar que muchas veces hemos visto latente los problemas que puedan generarse– porque puede ser considerado como cinismo. Es realmente esa dosis de humor la que nos permite solventar y pasar más allá y no quedarnos. Y allí es donde la arquitectura pierde su condición de arte o de rol social, porque definitivamente no podemos resolver el mundo con arquitectura, pero, por otro lado, la arquitectura lo hace bien. Hay algo que todavía creemos –no sé si es un sedante o una especie de pausa en tu difícil vida cotidiana– pero hay algo que lo hace más agradable, que esboza ese lado del arte puro. Ese péndulo nos sigue pareciendo atractivo.

Supersudaca Yo concuerdo con Juan Pablo, creo que lo que nos une como grupo es la versión de la moralidad. Cómo es difícil no poner ningún tema moral. Creo que lo puedes sentir en todos los proyectos y es muy importante. Creo que aún es importante hacer cosas lindas, pero para mí no necesariamente están en la arquitectura como fin, sino en la arquitectura como un medio. Yo lo veo así, no es el objetivo hacer cosas lindas o ser graciosos, o cínicos.

Supersudaca Eso está claro en el proyecto del Caribe. Como estudiante o como joven arquitecto uno está más entrenado para ver que feo que hicieron el capitel y como lo pintaron de dorado. Pero en realidad el problema estaba por otro lado. Poder cambiar de punto de vista es algo que se sale de ese entrenamiento que uno tuvo.

Supersudaca Una vez nos invitó justamente un Instituto de Arte en Curazao para hacer un proyecto con estudiantes de colegio que estudian arte. Empezamos en la mañana a explicar qué es la Arquitectura Directa[6] y cómo intervenir en la ciudad. Pero entonces hubo un conflicto con los adolescentes porque decían que tenían que hacer algo bonito, ¡una estatua! y nosotros decíamos no, eso no es lo que queremos, hay que entender la ciudad y añadir algo que valga la pena. Creo que entiendo la diferencia, siempre puede estar en conflicto la postura del arquitecto y del artista.

Supersudaca Hace poco paso algo muy gracioso con Stephane, en el Centro Canadiense de Arquitectura con niños de 13 a 18 años y teníamos cinco días para producir algo. Este Centro tiene las colecciones más importantes de arquitectura, la de Eisenman, la de Matta-Clark... yo vi con ojos bastante escépticos la aventura: con diez años de experiencia como profesor, hacía mis cálculos y me decía: ¡niños de 13 a

18 años, cinco días, imposible! ¡Así que vamos a ver qué pasa y haremos lo mejor que se pueda y me solté! Había esta obsesión por querer planificar, definir qué tenían que hacer cada hora, para auto garantizarnos que efectivamente se estaba haciendo lo correcto, pero luego nos dimos cuenta de que tampoco tenía sentido planificar, porque a la siguiente hora todo podría cambiar. Entonces ahí están esas anécdotas curiosas donde finalmente e independiente pasa este proceso y damos la posibilidad de equivocarnos y eso se siente directamente. En este caso funcionó, no sé si siempre haya esa posibilidad.

Mariana Leguía me parece interesante que menciones a Matta-Clark, también es la manera de como ustedes agarran algo y lo cortan y lo pelan y lo sintetizan y luego lo vuelven a mostrar. Es una metodología de síntesis. La palabra cínico, en realidad la mencioné, porque me parece que hay una problemática tan seria detrás de todo lo que muestran, pero que de alguna manera suena tan divertido o esto lo hace que no sea tedioso escucharlo, como las películas latinoamericanas que terminas acabando por reírte de los problemas.

Supersudaca Es curioso el tema del humor, porque siempre nos hacen notar que usamos mucho el humor. Pero hay que pensarlo al revés, ¡porque la arquitectura en general –no sé si en arte estamos igual– tiene que ser sin humor!

Enrique Bonilla Creo que hay una lectura que probablemente viene del otro lado, lo contrario del humor es el mal humor. La seriedad no es lo contrario del humor, o sea, uno puede ser bien serio y tener mucho humor, como creo que ustedes lo tienen. A mi la verdad es que a pesar de que no esté acabado, el trabajo del Caribe me parece impecable en lo que se quiere expresar, en las lecturas de esas ideas. Han sido muchas las cosas que probablemente dichas de otra manera podrían haber sido tremendamente vacías o difíciles de asimilar. Pero, por ejemplo, las lecturas territoriales que hacen equivalen a las mejores clases de planeamiento, me parecen sumamente serias, muy bien trabajadas y dichas además con humor suficiente para que el mensaje pueda ser adecuadamente asimilado. Esto tiene que estar claro, ser serios y tener humor no son contradictorios. Hay gente que le encanta lo solemne y por lo tanto termina haciéndose realmente tedioso. En la mañana conversábamos con Félix y me hablaba un poco de la consistencia del grupo, me decía "somos un poquito anárquicos" y yo le decía los anarquistas del siglo 20 tenia dos reglas la primera no hay reglas y la segunda regla es que la primera regla es además relativa. Evidentemente, este grupo tiene una especie de anarquía muy bien entendida y eso ayuda mucho. ¡Que empiecen un proyecto por su contradicción me parece fantástico! O cuando uno de repente se da cuenta que hay que ponerse de acuerdo, pero porque tenemos que estar de acuerdo a priori.

Asistente del público Estuve escuchando las presentaciones de los proyectos de arquitectura, y luego las inquietudes y las investigaciones que tienen y no encontraba la ilación. Son tantas personas, tantas inquietudes y muchas veces parecieran que estas investigaciones no tuvieran final, porque van a seguir cambiando, pero las investigaciones y las inquietudes, van aportando en pequeñas dosis los proyectos. Esas pequeñas cosas reflejan este tipo de conocimiento que van adquiriendo en la investigación.

Supersudaca En cualquier lugar que investigamos algo no estamos en contra de la realidad, más bien tratamos de entenderla y tratamos de hacer proyectos tomando en cuenta los problemas que estamos entendiendo. Por ejemplo, no estamos en contra del turismo, estudiamos más bien como sucede y tiene sus problemáticas, no decimos ese país vive del turismo que criticamos, entonces hay que eliminar el turismo para poder solucionar el tema. Entendemos que los que lo hacen tienen motivos serios para que se haga de esa manera, pero también entendemos que siempre hay una manera donde las cosas pueden mejorarse, y puedan además funcionar de esta otra manera. Cuando uno opera del otro lado, todo lo que aprendiste siempre va a terminarse usándolo después.

Asistente del público 2 Yo quería comentar acerca de que ustedes usan el humor como estrategia de conversación, deberían de estar en la tele (risas), esta manera de comunicación es muy accesible para gente que no es arquitecto. Me parece importante que la sociedad entienda y asimile –así como nosotros lo hemos hecho– con esta capacidad ligera y fresca, de asumir retos y ver lianas. ¿Cómo ven comunicándose con un público no arquitecto?

Supersudaca Yo siempre he querido tener un programa en la tele (risas), pero por cierto Max sí tiene un programa de radio en Buenos Aires (risas).

Asistente del público 3 Este espíritu irreverente, este modo de entender el mundo, donde comparten ciertas situaciones geográficas que van a persistir, pero ustedes ¿en algún momento se jubilarán?

Supersudaca La pregunta la tomo en serio, pues por eso le preguntaba a Enrique, ¿en qué momento sus lianas se empezaron a romper y algunos se quedaron solitos? Porque nosotros somos una red, y cada generación tiene una red, pero cuando esa red se empieza a romper entonces te quedas solo. Y sí, yo creo que es problema de la edad, por eso es el tema es estar conectado.

Supersudaca Creo que lo bueno de estos diez años, es qué ya pasamos por un montón de cosas y un montón de situaciones, más allá de bebes y de separaciones, ¡(Max y yo éramos marido y mujer) y mudanzas! (risas) Ya crecimos, creo que el interés de estar juntos hace que uno pueda estar en un momento y no estar en otro momento y después seguir, porque tenemos muchos temas en común, amistades en común y es flexible y todavía faltan muchas cosas.

Jorge Villacorta Yo solamente quisiera hacer hincapié en una cosa y creo que no se debe perder de vista y es que la investigación, no es donde sólo se acumulan datos. No es solamente una cuestión de volumen, de información, sino de hacer la información inteligible, es decir, el poder comunicar y cruzar ideas. Cuando yo veía las imágenes se Supersudaca, sobre todo las fotografías y la forma que ellos justamente organizan el material fotográfico me recuerda a Walter Benjamín, y "La pequeña historia de la fotografía",[7] una imagen de la fachada de la fábrica da para el argumento, No da idea de las condiciones de trabajo de fábrica, pero yo creo que muchas veces pensamos y damos por sobreentendido que todo lo que vemos, es absolutamente lo que es y no hay nada más que hacer. Es decir que no hay un sentido, un espíritu de indagación, y nos contentamos con la foto de la primera plana del periódico, la visión del edifico y sobre todo con las fotos que se publican en las revistas de arquitectura. Es como si de alguna forma en la manera en la que se nos empaquete y nos venden la arquitectura, es una fotografía que no dice nada acerca del mundo. No es algo que sea una forma de conocimiento. Es algo que más bien es hermético y cerrado en si mismo. Yo creo que precisamente, una de las cosas más fuertes de Supersudaca, es que nos obligan a deponer ese tipo de actitud y justamente la forma en que organizan la información, visual, grafica, de cifras es una forma que definitivamente tiene todas las características de una obra de arte para mí. Si el arte es una forma de conocimiento y una forma de comunicación, entonces el trabajo de Supersudaca es una constatación que tenemos de que lo que el arquitecto hace, es una forma de arte también. No debemos perder de vista que no es solamente acumulación de datos o volumen de información, hay una organización y un sentido, y que el sentido vaya transformándose a través del tiempo –y sobre todo pueda ser revisado y renovado– me parece que es lo más valioso. Una experiencia abierta, porque uno es libre de volver sobre sus propios pasos, decidir que se ha equivocado y volver a mirar y volver a intentar justamente de darse cuenta de lo real, de la forma más honesta y sincera posible.

Enrique Bonilla Creo que este grupo se ha fortalecido y es bueno que exista la sensación de una inconformidad permanente, eso de no terminar nunca me parece importante porque el día que terminen se acabaran las lianas, entonces ese es un poco el tema. Creo que eso no les debe pasar, yo creo que ese entusiasmo de ir encontrando otras cosas, otros caminos, otras alternativas no debe perderse. Por otro lado, es verdad que es un grupo que tiene cosas concretas, cosas hechas etc. también se dedica a producir resultados etc., pero creo que no deben perder ese otro espíritu. Más bien creo que la provocación es su fortaleza más evidente. No hay que perder las lianas y en la medida en que en el espíritu quede inconcluso, las lianas seguirán apareciendo.

Segundo día
16 de septiembre de 2011

Supersudaca Para que discutamos –a partir de lo que hemos mostrado– sobre qué se esperaría para el futuro, el día de hoy quisiera invitar a Elio Martuccelli... arquitecto, historiador de la arquitectura, fue nuestro profesor y alguien que nos interesa siempre lo que dice, con lo cual no podía dejar de estar acá... Vamos a ver si nos ayuda ahora.

Y el otro invitado es Jorge Sánchez, que es un arquitecto también, y que representa a la generación de menores de 35 años y que ha estado escribiendo de arquitectura con inteligencia en el diario *El Comercio*. Entonces nos interesa mucho también cómo ve Jorge esto de que estamos hablando.

Elio Martuccelli Han sido dos días intensos y bonitos de los Supersudaca, hablando de lo que piensan y de lo que hacen juntos y separados, y han visto ustedes que han incursionado en muchos ámbitos. Ellos pueden ser oficina, pueden ser escuela, pueden ser taller de investigación... y sobre todo agencia de viajes.

En sus trabajos pienso que hay una mezcla explosiva de arte, sociología, economía y otras cosas más.

Entonces voy a comenzar desde el principio...

Para empezar, voy a decir que el nombre de Supersudaca me gusta. Es muy bueno, es provocador, es travieso, es combativo.

Lo de Sudaca ayuda a ubicarte en el mundo a partir de una condición cultural y geográfica: la condición de haber nacido a este lado del planeta. Implica la doble condición de reconocer y de reconocerte. ... y el exilio de hecho ayuda a muchas cosas y la identidad está presente en este colectivo, pero no solo para mirar las cosas de este continente, si no del mundo. Y eso ya es otra enorme diferencia con el regionalismo que hubo hace unos años.

En segundo lugar, si están juntos y si están aquí, es porque en algún momento de su vida estuvieron en Holanda. Y Holanda tiene una larga tradición de constructores que han inventado un país en el mar y una larga tradición de arquitectos. Y en las dos últimas décadas del siglo 20, una nueva generación de arquitectos holandeses se hizo famosa, que proyectó, que publicó, que se promocionó. Y la nueva ola viene en parte y desde entonces de Holanda, y al nombre de Rem Koolhaas se suman otros; algunos son sus profesores del Berlage. Y ellos han realizado experimentos formales, objetos en envases insólitos y diversos, no todos con la voluntad de construirse, pero si con la voluntad de especular. Ahí Rotterdam si se presenta como un laboratorio de cambios, y los Supersudacas han bebido de esas fuentes... unos más y otros menos, y tratan de aplicar esas ideas... y seguramente otras –y muchas más– en sus propias realidades. Ahora ya, en la segunda década del siglo 21 merecen realizare esos planteamientos, que de hecho han servido para entender ese mundo de metrópolis desbordadas, de zonas fragmentadas, de zonas ásperas, de enfrentamiento.

Así que específicamente esa influencia holandesa se nota en la forma de comunicación que ustedes utilizan, con estadísticas, con frases cortas, con collage, con fotomontaje, con videoclip.

Digo todo esto porque no escuche en estos dos días, demasiados comentarios sobre qué influencias siente ustedes hay en su formación, y creo que merece un comentario.

Por otro lado, me gusta que el tema de estas charlas haya sido la ciudad, en otros casos, mas que eso, el territorio.

Es una mirada que tiene que ver con la geopolítica, alimentada por sus viajes y ahí se abre un campo interesante para la arquitectura especulativa. Esto los ha llevado constantemente al problema y al tema del espacio público y a la ciudadanía. Y cuando han mostrado proyectos específicos de arquitectura, han sido desde visiones de la ciudad; a partir de estrategia más amplias.

Se han enfrentado a problemas en todas sus escalas: a estas escalas de nuestros países podríamos agregar siempre la del *extra small*, intervenciones muy baratas y pequeñas, pero precisas y poderosas... y que también han hecho. Nos han mostrado los "Mueblenstein" y la "Arquitectura Directa"... el mínimo esfuerzo con el máximo impacto.

En esta época de construcción frenética, hay que revindicar siempre esta escala del *extra small* y en todo lo que han mostrado hay esa voluntad interesante de juntar teoría y práctica, en tiempos que una oficina de arquitectura esta condicionada por la prisa y la ganancia. Así que, dentro de las inquietudes del grupo, están las investigaciones. Algunas muy serias, muy profundas, como la del turismo en el Caribe o la de PREVI,[8] llena de datos.

En este grupo hay felizmente reflexión. Lo que debería ser lo normal, pero no lo es. No lo es, en estos tiempos de mayor cantidad metros cuadrados construidos.

Así que esas investigaciones son investigación en proceso o abiertas. Anoche la gente del publico exigía resultados concretos... En fin, hay que ver como aterrizan esas investigaciones, como se vuelven reales o no... ese es otro tema.

En realidad, son lecturas de la realidad que se sigue perfeccionando y las investigaciones pueden alimentar finalmente de la manera mas insólita, sus proyectos y edificios. Claro, "sin querer queriendo", citando al *Chavo del 8* que también lo has unido (si de influencias hablamos). Así que rescato de este grupo multinacional todas las reflexiones sobre la ciudad que hacen desde cada uno de sus proyectos.

He tratado de revisar el trabajo de ustedes en internet, e impresiona que todos han realizado: en cantidad, unos mas que otros; en calidad bastante parejo. Uno puede ver proyectos diversos, pero hay denominadores comunes al momento de plantear algunas estrategias. Cada uno de ustedes en sus oficinas, más allá de los temas especulativos como Supersudacas, hay cosas más concretas también. Ya lo han dicho... tampoco se niegan la posibilidad de hacer casas y edificios. Los han hecho, y está bien hacerlos, y hay que hacerlos bien. De eso se trata.

Me gusta el ingrediente de humor e ironía que hay en alguna de sus propuestas. Son provocaciones bien pensadas y otras son como visiones del futuro... y el humor es un ingrediente que no quita profundidad a las propuestas y el humor es para ustedes una poderosa herramienta de comunicación; no hay que perderla.

Me quedé pensando en el valor que tiene los proyectos no construidos. Ustedes son arquitectos, y en cualquier lugar del mundo se considerarían arquitectos jóvenes. Hay arquitectos que han nacido a los 50 años, así que paciencia. No importa que haya más entusiasmo que clientes; es bueno que así sea.

Este es un momento de experimentación... algunos proyectos se hacen y otros están ahí esperando su oportunidad y hay que darse un margen de libertad que es fundamental, ensayando cosas que luego se podrán aplicar y llevar a la realidad; y ojalá este momento de experimentación que tiene ustedes colectivamente... ese momento de experimentación, en realidad nunca termine. Y otra vez, todo esto lo digo en momentos de éxito inmobiliario como los que atraviesa Lima; y tenemos más construcción y menos ciudad, y plantearon ustedes muy bien, otra vez, hoy, el tema como hacer ciudad y no solo viviendas.

Voy terminando. Los profesores estamos casi condenados al optimismo y obviamente los problemas son enormes, en Lima, en el Perú, en Latinoamérica y el mundo... Pero tienen ustedes, sobre todo, dos cosas buen ánimo y una capacidad enorme para meterse en problemas. Y yo felicito eso.

Esta ronda era para redondear unas ideas y para que nos terminen de contar como vamos a salvar el mundo entonces... anoche me quede con un par de frases de ustedes. Si no se han dado cuenta, Supersudaca es también una fábrica de hacer buenas frases y han dicho de distinta manera ayer y hoy que la arquitectura no puede salvar el mundo... está claro... pero puede hacerle bien. Y la arquitectura –lo dijeron también– es más un medio que un fin. Si, y estoy demasiado de acuerdo. Los arquitectos todavía podemos hacer algo bueno por el mundo y quiero creer que la arquitectura es un medio, sí, para el bienestar y felicidad.

Eso es todo por ahora.

Jorge Sánchez Yo me quedé con dos conceptos. Empiezo con el concepto del diseñador, que de repente pueda dar pie a responder esta pregunta. Me interesa el arquitecto como no especialista, como esta idea de des-especializarse. Que es todo lo contrario en realidad a lo que pasa ahora en el mundo, que te llama a especializarte, a ser mas eficiente como medio para tener éxito.

Hace unos meses entreviste a un diseñador industrial español; un diseñador grafico, en realidad, que se llama Manolo Jiménez, que me hablaba del diseñador 3.0. Para él, el diseñador 1.0 era el diseñador que estaba detrás de su tablero y espera el trabajo y era el gran genio. El diseñador 2.0 era el que comienza a incorporar gente de otras disciplinas. El diseñador 3.0, (que era para él, el momento actual) era el diseñador que comienza a trabajar en redes, que es lo que hace este grupo. Que es el que pueda hacer un proyecto en Santiago, desde Lima, pero coordinando con una oficina de Shanghái. Él dice una frase: "el nuevo diseñador debe ser consciente de que todo lo que rodea es de su interés o debe ser de su interés". Me pareció muy interesante, como esta idea no ser un especialista, sino interesarse por todo un poco.

Y también me parece curioso, con respecto al tema de "Al Caribe"... (y esa creo que ha sido la exposición más interesante) que cuando estaban presentándolo, uno no sabía si estaba escuchando a un economista, a un sociólogo, a un urbanista, a un periodista, a un hotelero o hasta a un comediante. Podía ser cualquiera de las posibilidades y eso me parece super interesante. Lo curioso es hablar de diseño... cuando aparentemente, es lo último, o a lo que menos importancia le dan... salvo lo que dijo Félix ayer de esta obsesión por todavía querer hacer el edificio lindo, lo que más se ha escuchado son frases como: "bueno, ahí esta el proyecto pero no voy a entrar en detalles", o "bueno, el proyecto, ahí están los cortes, las fotos, pero eso no es lo importante", o bueno, "también hay dobles alturas, y hay luz, y todo eso lo que se espera", eso siempre se los he escuchado a los 51-1 o es irrelevante con respecto al proyecto en si. Incluso Manuel hoy día dijo (se le salió) la palabra diseño, y dijo "No. Es un sistema"... hay esa idea por relegar el tema del diseño.

Y el otro punto era el tema (que lo menciono Jorge Villacorta ayer) de cómo el arquitecto toma el rol como editor, como seleccionador de información, como comunicador. Nosotros (como grupo Nómena) presentamos exactamente acá hace un año, un libro que editamos,[9] que consistía en no producir información si no seleccionarla, transformarla e inventar y reinventar una manera de comunicarla. Ayer también en el panel se mencionó el último número de la *Revista AD* sobre Latinoamérica[10] y se hablaba también de la importancia del editor. Uno lee esa revista y dice: bueno están todos los artículos: Aravena, Supersudaca, Echeverri... y uno se pregunta cuál es la labor del editor, si no ha escrito nada. Pero realmente hay una gran labor en seleccionar, en tener claro ese esquema, seleccionar la información e idear una forma de comunicarla. Y en eso me parece, (lo decía Villacorta ayer) que radica el valor de ustedes ahora. En un momento en que la información está a un click, ya no es la virtud sólo encontrar la información, si no como retransmitirla.

Bueno, para ambos casos me quedo con una frase que me gusto y me parece que resume o es algo que une a los dos días; que lo dijo Ana, "mucho bagaje y mucha cultura". Que creo que eso es algo que hay en cada una de sus intervenciones.

Y ya como anécdota final, de repente tiene algo que ver con la comunicación –pero en otro sentido– me impresiona como han logrado mantener esta estructura mental tan sólida, a pesar de no compartir espacio físico, que los lleva incluso a poder explicar un proyecto que no es suyo... es del grupo, pero en el que no han tenido una participación mayoritaria, como Félix explicando el Parque Francia, o hablando de PREVI, y hablándonos de Fernando Belaúnde a los peruanos. Pero parece que él fuera el experto... o de repente lo es... sorprende esa unión que hay. Cada uno podría hablar de los 100 proyectos que tendrán en conjunto.

Supersudaca Yo quería responder a la pregunta de Elio sobre las referencias, creo Jorge que también dijiste algo al respecto. ¿Cómo es que nosotros tenemos un cerebro Supersudaca que piensa de una manera, que tiene una mirada en particular que todos compartimos? Se formó, porque estuvimos juntos, muy juntos, mucho tiempo, en Holanda. Muy juntos porque éramos básicamente una familia, y compartíamos un montón de momentos, de situaciones y ya veníamos con un montón de cosas, miradas, y que esto fue creciendo con el tiempo. Por más que estábamos en diferentes lugares siempre seguimos hablando de los mismos temas y elaboramos los mismos temas. Pero por otro lado a mi me gusta pensar que nuestros referentes son más bien grupos de música: The Clash, Sex Pistols... porque es un poco esa actitud rockera que a mí me queda de Supersudaca, pero también puede ser David Byrne, de Talking Heads, porque tiene una mirada parecida a

Supersudaca, sobre cosas un poco mas alternativas de lo que pasa en el mundo y además que no solo toca, si no que además produce discos de otra gente. Pero también me gusta decir que tenemos influencia de Tim Burton, porque crea un mundo... y Supersudaca de alguna manera crea un mundo. Y todos nosotros, cuando estamos separados, nos mandamos fotos o hacemos comentarios, "esto pertenece al mundo Supersudaca", algo que vemos, algo que leemos y que todo esto nos va siempre alimentando.

Supersudaca Cuando Supersudaca empieza, nos damos cuenta de que todo el mundo conocía a Nouvel, todo el mundo conocía a Koolhaas, todo el mundo conocía a MVRDV, todo el mundo tenía su *Croquis*, sabía quién era Steven Holl, todo el mundo sabía todo eso. Pero nadie tenía idea de quien era Belaunde, nadie tenía idea de que era PREVI, nadie tenía idea que ocurría con staff en Buenos Aires... Y esas fueron las influencias más interesantes para nosotros. Lo que nos hace diferentes en el comienzo, es explicarnos nuestras ciudades a nosotros mismos y decir "Guau... he venido estudiando a los europeos y no tengo idea de lo que ocurre al lado de mi casa".

La otra es: las influencias que uno ve en las revistas es una cosa, pero la influencia que uno tiene cuando se va a Camboya a través de este *travel agency* que es Supersudaca, y se la pasa hablando de sus proyectos, entre nosotros, como amigos, absorbe las influencias de una manera mucho más fuerte que en una revista que tu puedas comprar o verlo en *Archdaily*.

Un amigo decía que: bien se conoce lo que bien se quiere. Y como nos queremos tanto... (bueno más o menos)... nos conocemos tan bien, que nos influenciamos muchísimo entre nosotros. Creo que la mayor influencia es esa. Sin llegar a ser como unos menonitas o un club de tipos autárquicos. Estamos completamente abiertos al mundo, pero nos influenciamos muchísimo nosotros.

Y, por último, decir que las oficinas de las que estamos hablando, de los holandeses como MVRDV o Rem Koolhaas, las conocemos desde adentro muy bien, trabajamos ahí, y sabemos muy bien como funcionan, y muchas veces no las queremos tanto. Muchas veces sabemos que los discursos que están ahí adentro surgen de una manera muy forzada, que el clima que se respira es completamente putrefacto, hay montón de codazos y montón de *dirty details* que ni siquiera queremos saber.

Yo hubiera preferido no haber trabajado con Rem Koolhaas, porque yo adoraba lo que hacían, pero una vez trabajando ahí, me di cuenta de toda está suciedad. Ya no quiero saber nada. Me gusta mucho más escuchar a los Supersudacas Y por último te das cuenta de que Rem Koolhaas al final está lleno de nosotros. ¿Quién te hace todos esos proyectos? Unos latinos, unos asiáticos y unos de la India.

No es el holandés solito... somos todos.

Supersudaca Jorge se preguntaba ¿Si Félix era experto o no lo era? Y por otro lado mencionaba el tema de la des-especialización. Me interesaría establecer esa diferencia, ese tema de la especialización, versus el volverse experto. No nos interesa la especialización en el sentido de enfocarse solamente en una cosa, pero cada una de las cosas que hacemos es muy importante para nosotros y hay un rigor (mas allá del humor que le podamos poner a la hora de explicarlo) en ser expertos y saberlo todo sobre ese tema particular. Eso conlleva mañanas trabajando, como no tienen ni idea, ir a estos viajes donde normalmente los arquitectos no van, y que cuando hay plata para un pasaje, vamos cinco, y eso significa tomar las conexiones de vuelo mas absolutamente absurdas que uno puede imaginar. Felizmente tenemos amigos por todo el mundo y nos reciben (una vez en Tokio en tres tatamis dormimos cinco). El objetivo de volvernos expertos es central. Por ejemplo, cuando ven nuestra presentación del Caribe, te das cuenta de que se nos sale por lo poros la cantidad de información y de experiencias que hemos ido teniendo. Entonces, no es que cualquier cosa va. Es que en lo que haces y en lo que te metes, debes saberlo todo. Y saberlo todo es extremadamente sacrificado. Nosotros hemos ganado por ahí algunos premios, pero se que solamente hemos ganado cuando nos hemos sacado el alma. "Sacado el alma" significa haber batido records sin dormir, uno tras otro, y eso es importante que se sepa.

Y sobre lo del no darle mucha importancia al diseño, todos y cada uno de esos proyectos que se han mostrado, cumplen con las reglas normales que tiene que esperarse de cualquier arquitecto. Por eso decimos es normal, es casi como un deber ético; si tu estas haciendo un edificio, ese edificio tiene que estar ajustado a unos niveles de calidad que damos por sentado. Quizás deberíamos empezar a hacer conferencias en las cuales volvamos a hacer la de "acá está la entrada, y volteas, ahí esta la ventana, y ese es el detalle". Por eso si quisimos plantear en esta tarde maratónica, todas estas escalas. Dónde era tan importante esa imagen de la casa Kiltro, con las esquinitas y cada perno pensados; como podría serlo alguna exploración de ir a plantear al parlamento australiano una propuesta absolutamente utópica pero que plantea enfrentar un tema.

Supersudaca A mí me fascinan los planos de plantas arquitectónicas y veo todas las plantas y veo el resto de los Supersudacas y empiezo a tener una serie de dudas. Por ejemplo, las plantas limeñas, tiene una condición totalmente distinta a las plantas que estoy acostumbrado. Porque de haber estudiado en Suiza, en Holanda y de desenvolverse en Chile, el tema de orientación es fundamental. El tema de cada espacio, de metros cuadrados etc., (sobre todo Suiza) era todo un asunto. Y rápidamente uno distingue que en las plantas limeñas ese tema no está. Porque en la orientación no hay una especie de sol predominante etc. No hay como el típico ángulo del sol que se protege de aquí con el alero acá.

Para mi es un tema que queda pendiente. No se si serán trapitos al sol. Pero una vez Manuel menciono este articulo, de Héctor Velarde,[11] que decía que, si había un desastre y después alguien en el futuro venia a explorar arqueológicamente Lima, iba a encontrar que dentro de estas ruinas había casas con techo a dos aguas etc., un clima muy raro, y empezaba a describir a la civilización que encontró, pero en realidad no tenia que ver con lo que pasaba en Lima.

Creo que hay un tema pendiente, a nivel casi de diseño puro, que obviamente (una vez más), tampoco podemos colmar entre todos, pero sí un debate súper serio a ese nivel, nos distraemos y hay muchos fuegos artificiales.

Supersudaca Creo que, viendo todas las exposiciones, por ejemplo, si vemos el trabajo de todos, creo que lo que estamos haciendo es "dejar que el mundo cambie la arquitectura".

Mirando la obra de Ana, en un contexto en Uruguay, con todas las casas "pitucas" y ella ahí intentando llegar a la escala del pueblito, poniendo contexto y llevando el contexto a su arquitectura. Más ejemplo de eso: el Mamm; que es como llevar el mundo "paisa" o la favela al museo... muy literal. Y creo que es más bien eso lo que estamos haciendo.

Supersudaca Yo quiero hablar sobre lo que decía Jorge, sobre la des-especialización. Me encantó el concepto. Creo que se debería llamar así. Lo hemos tratado de promover, pero ha tenido una resistencia fuerte. Por ejemplo, nos contactó una revista muy importante, de una universidad muy importante que no quiero mencionar ahora (la más importante y la más cara del mundo) y después de meses de negociación y que les enviamos el material. No nos publicaron nada, ni nos respondieron a los emails nunca más. El material era básicamente un manifiesto en contra de la especialización, que es exactamente lo que ellos enseñan.

Entonces no va a ser tan fácil eso, y no va a ser tan fácil convencer al decano y decirle "trata de que no se especialicen todos en tener una mente de este tamañito". Es complicado... no sé si estamos haciendo lo correcto. Incluso, a lo mejor somos criminales en ese sentido. A lo mejor estamos recomendando algo peligroso. A lo mejor ustedes deberían especializarse para asegurar su trabajo. A lo mejor... no sé. A lo mejor no nos deberían escuchar tanto.

Supersudaca ¿No está ligado esto directamente al contexto latino, donde hay que hacerlo todo?

Yo en Holanda era el urbanista, a gran escala y solamente eso. ¿Y ahora que vivo en una puta isla (Curazao)? ¡Tengo que hacer todo!

Participante 1 No me quedo tan claro lo de la especialización... Finalmente ustedes son el producto de haberse ido a estudiar una especialización.

Supersudaca En España había muchos postgrados en especialización: en teoría, en historia, en restauración, en interiorismo y en cambio en ese momento en Holanda –no se cómo será ahora– el objetivo del posgrado era comprender el mundo en que estábamos, que se estaba transformando y que pudiésemos ser capaces de tener una postura. Nosotros somos la última generación de estudiantes de arquitectura que aprende a dibujar a mano con estilógrafos y la primera que empieza a usar AutoCAD. Nosotros crecimos en el mundo polarizado por el comunismo y el capitalismo, se tiró abajo el muro y justo nosotros empezamos a estudiar arquitectura, no estaba nada claro y entonces en Holanda lo que querían de nosotros era que encontráramos una agenda. Siempre cuento que en el primer año del Berlage me sorprendió que cada martes venia un arquitecto a dar una conferencia y si una semana venía uno y planteaba claramente que 2+2 es 3, la siguiente venía otro y consistentemente decía 2+2 es 8 y después de un año de haber escuchado todas las posibilidades del 2+2, en el segundo año, te decían ahora te toca a ti, plantea tu propia agenda. La palabra agenda –que quizás nosotros la usamos bastante– es fundamental.

No era una especialización. En el Berlage, lo que no usamos fue el AutoCAD. Lo único que no hicimos fue diseñar. En ese momento en Holanda, la arquitectura estaba interesada más en política, en sociología... básicamente en relación de las cosas que estuvo explicando Elio.

Participante 2 Soy alumno de la Universidad Villareal. ¿Cuál el panorama que tienen sobre la enseñanza de la arquitectura en sus países?

Supersudaca Muchos de nosotros damos clases en nuestros respectivos países y la verdad que la enseñanza es súper heterogénea en los lugares en donde trabajamos. Existen desde modelos de enseñanza privada, súper fraccionada (como existe en Chile o acá en Perú donde hay muchas universidades) a modelos donde básicamente hay una gran universidad, como hay en Uruguay o en la Universidad Técnica de Delft donde Félix trabaja, que es súper importante a nivel europeo.

Supersudaca Ahora se trata de que cada vez las carreras sean cortas. Sobretodo en los países que tenemos universidades públicas, se trata de reducir el programa base de arquitecto, así después te pagás todos los cursos extras que quieras hacer. Bueno, hay cuestiones de mercado, de negocios y de lucro con la educación que están pasando por todos lados, y después hay estilos de educación de cada país. En Argentina la manera sigue siendo muy *École de Beaux Arts*, donde el jefe de taller es un arquitecto reconocido y enseña lo que él sabe y los alumnos aprenden hacer exactamente lo que hace el profesor. En Buenos Aires hay un montón de escuelas, está la escuela publica, y después están todas las escuelas privadas. Algunas funcionan como universidad y algunas funcionan como escuelita.

Supersudaca Tal vez no importa tanto en donde estudian, pero que vuelvan. En Curazao tenemos el problema del *brain drain*. Todos se van a estudiar a Holanda y se quedan ahí. Y nos quedamos con los tontos en la isla (risas).

Supersudaca Tienes que dejar esa isla pronto, Sofía.

Supersudaca Volviendo al tema de educación, es súper complejo. Creo que llevo más tiempo como docente que como arquitecto practicante.

Pero lo raro de la situación que vivimos en el Berlage fue que adelantaron el doctorado. En principio, una maestría profundiza conocimientos y tú en un doctorado puedes cuestionarlos. En el Berlage, fue como un comprimido. En esa época, nos transmitían simultáneamente ciertos conocimientos, ciertas inquietudes, revisamos todos los textos.

Y me acuerdo, que casi el primer día te decían: "¿Cuál es tu postura? *What do you stand for?*" Y tu repetías (casi como lorito): "Bueno, yo quiero hacer justamente un diseño que sea eficiente en esto, y minimo y da, da, da" y te respondían: "Sí, pero esos son los años 30... y la industrialización.. y obviamente Le Corbusier decia... d a, d a, da"... ¿Pero qué dices tú ahora? Y respondes: "Si, pero la complejidad y la yuxtaposición y da, da, da...", "Pero eso es Rem Kolhaas, eso es lo que está acá al lado... queremos escuchar otra cosa". Uff... era dificilísimo tener que responder y responder entre nosotros. Y eso generó la obligación de preguntarle a los demás que pensaban ante eso. Y a diferencia de lo que dice Manuel, si creo que hubo mucho AutoCAD. Yo nunca había dibujado tanto en AutoCAD como en el Berlage porque había que hacer estos renders para Winy en tres días (una locura).

Lo que era interesante de esa situación, con todo lo que dijo Manuel, es que también había posibilidad de reaccionar. Y hubio varios personajes que reaccionaron a eso. De hecho, en la generación que nos toca, hubo un grupo que dijo: "nos aburrimos de empezar a leer de sociología y todo eso. Queremos pura arquitectura". Casi como una situación medio catártica. "Por qué estamos de periodístas si en realidad somos arquitectos?" Porque tenían un exceso de distanciamiento con eso (la arquitectura). Y (con eso) han hecho un punto también. Lo raro que me parece a mi, es que personas que vienen de ese contexto, de repente se ven reflejadas en Latinoamérica idénticos. Tienen los mismos diagramas, los mismos discursos.

Volviendo al tema de la formación, hoy en día, no hay ninguna formula para garantizar la educación en casi nada, o por lo menos en arquitectura. La arquitectura tiene todavía un componente que a los educadores les fascina y les desagrada mucho y es una de las pocas carreras en la cual el diálogo que se establece pedagógicamente, tiene que ver con lo que estudiante trae. Pero por otro lado, la evaluación en arquitectura es dificilísima. Ningún educador entiende cuales son los patrones de evaluación en el área. Pero, una vez más, el cambiar de un punto a otro, potencia ese proyecto personal que ha veces se vuelve colectivo. Creo que esas inquietudes prevalecen sobre la formación.

Supersudaca Cuando Manuel contaba que en Holanda estaban estudiando el mundo, y es que han pasado unas cuantas cosas en los últimos años. Hace unos días se cumplieron diez años de la caída de las torres gemelas y al año siguiente (que llegamos a Holanda), surgió el euro; o sea, económicamente se consolidó la Comunidad Europea.

Pasaron cosas muy grandes, se quebró el mundo que conocimos; y esto era una materia de estudio que estaba ahí servida. En ese momento surge el interés Supersudaca por estudiar todo lo que pasa en el mundo, lo que sucede en las ciudades y en los territorios. Y todo esto lo hace disfrutándolo, con una visión no fatalista, aunque a veces denunciando cosas. Con una actitud de "bueno no estamos necesariamente tan mal".

Creo que es muy importante el ¿cómo?, más que el ¿qué? Supersudaca tiene un cómo, que es muy claro y que nos consolida. A la interna o para fuera pueden haber diferentes opiniones, pero en el cómo se hacen las cosas me parece que hay una fortaleza importante.

Supersudaca En estos diez años muchas veces no hemos sentido como *Forrest Gump*. No por la corrida, si no por que no sé cómo, siempre terminamos metidos en sitios interesantes en circunstancias interesantes: Supersudaca estuvo en Cuba por coincidencia el día de los 50 años de la revolución de Cuba en plenos festejos en la calle, vamos a Bangladesh y estuvimos en el día de los treinta años de la mayor matanza de la historia que ni siquiera nos habíamos enterado nosotros por acá.

Supersudaca Creo que las cosas más fuertes que nos han pasado es estar en los lugares de más extremas pobrezas del mundo, como en Cambodía o Dharavi en India o conversando con la gente en los barrios más pobres de Caracas recuerdo los momentos más intensos y más lindos, porque era realmente conocer el mundo por todos lados, por todos los rincones que pueda haber.

Participante 3 Yo percibo que hay preguntas importantes y que no se han querido contestar de frente, (no sé por qué) y veo que ahí hay algunas coincidencias con un libro escrito por un chileno (Roberto Bolaño) que se llama *Los detectives salvajes*.[12] En donde se hace referencia a un grupo, los "real viceralistas", donde este grupo le da la vuelta al realismo mágico Era una generación nueva de latinoamericanos que se han reunido en México, luego en Barcelona y eran digamos muy olímpicos: hacían citas sin citar, mandaban poemas conocidos y mal traducidos de Andre Breton a concursos.

Pero haciendo referencia el realismo mágico, ellos siempre le dieron crédito a William Faulkner, conscientes de lo que ellos estaban haciendo, no era descubrir (digamos) la receta del hielo.

En el caso de ustedes, si me parece que queda faltanto esa parte de darle crédito a algunos... digamos, ¿No les suena conocido el libro *Mutaciones* de Rem Kolhaas[13] y el proyecto Harvard cuando muestran eso que Villacorta no dudó en llamar arte? No dudo en llamar arte, por la fascinación que le causo esos viajes, con esa diagramación, esa manera de poner mas imágenes.

¿Ese libro no les suenas muy familiar? A mi me suena muy familiar. O sea, el lenguaje mismo. En ese sentido, yo no le daría esa maravillosa descreste que producen unas imágenes puestas de manera novedosa, cuando no son tan novedosas. Que ya se vienen haciendo mucho tiempo.

Lo otro, es que me da la impresión, es que también (sin desconocer los proyectos, que me parecen maravillosos) les estoy hablando mas de la parte teórica, la puesta en escena, del show y tal, me parece que s*í* quedan faltando unos créditos y abordar la pregunta de las influencias más sincera... ¿Eso de Tim Burton? Sí, pero no, sí pero no... Me parece que podía ser contestada de otra manera, pero (pues de la irreverencia que ustedes proponen) creo que eso se ha estado contestado perfectamente bien.

Supersudaca Cuando te refieres a comunicar arquitectura o a pensar el mundo. A la forma en que básicamente pensamos... esa estética, esa metodología no está acuñada. No tiene derecho de autor. Forma parte de una cultura general, de una forma de pensar la cultura arquitectónica, que se identifica y se localiza (pero no exclusivamente) en Holanda. Rem era docente invitado todos los semestre en el Berlage. Winy Maas trabajó en OMA y de hecho da clase son el señor que esta caminado por ahí (Félix).

Es de la materia que estamos hecho. Es como que si The Clash tuviera que decir: "Miren que nuestras influencias son el punk etc.".

Uno cita cuando usa literalmente el material de otro. Cuando comparte una misma cultura, no hay necesidad de citar.

Supersudaca Y además eso es con lo que veníamos todos nosotros cuando entramos en el Berlage. Por eso fuimos a Holanda. Rem Kolhaas, Winy Maas, Neutelings... Todos ellos eran parte de por lo que fuimos a Holanda. *Mutations* se hizo ahí, *Superdutch*[14] se hizo en ese momento... ya ni me acuerdo, eran un montón de libros y cosas que estaban pasando. La revista *Colors*, que yo siempre lo uso como referente arquitectónico es parte de todo esto. Seguro que todas esas son nuestra referencia, pero al mismo tiempo, a mí me gusta correrme de lo que es estrictamente arquitectura. Porque si no, siempre seguimos hablando de arquitectura cuando el mundo es mucho mas amplio y lo que hacemos mucho mas amplio también. Al final, somos arquitectos y ustedes son arquitectos, y nos venimos a ver entre nosotros. Pero a mi me encanta que se corra la frontera y hablemos de arte. Pero para que todo eso pase, también tenés que mirar otras cosas. Por eso hablamos de que los referentes son la música, y es el cine y son cualquier otras cosas que están pasando.

Supersudaca Te agradezco (Participante 3) porque a mí me gustan los problemas (risas).
Entonces... estás equivocado en una parte, no estoy seguro sobre *Mutations*. *Mutations* es de arc en rêve desde Bordeaux y Rem puso su parte con lo que había recién empezado recién en Harvard. Pero no es de Harvard para nada. "Shopping" y "The great leap forward" son del "Proyect on the city" de Harvard. Ojo con las referencias.
Pero da exactamente lo mismo con ese tema, en este sentido.
El cuento es que lo que tu estas diciendo de fondo quizás es: "Porque no anuncian las cosas claras, porque no dicen que efectivamente adoran a los holandeses y que en realidad hay una especie de pantalla. Que estamos poniendo el nombre de latinoamericano pero en realidad están repitiendo exactamente lo que hacían los holandeses?"
Sí y no.
Creo que – quizás Félix para nosotros fue explícito, pero quedó muy sutil o no quedó muy claro... y Manuél también lo anunció - la instancia que hubo en Holanda, de confluyentes; en el sentido de que llegó mucha gente, atraidos por la

oportunidad, a debatir sobre arquitectura, fue especial. Fue muy especial.

Y eso generó, obviamente, un montón de subproductos, y de cosas. Y el debate sobre eso generó maneras de expresarse distintas. Y quizás la crítica es: ¿Si hemos avanzado en eso o no? y ¿Por qué también tenemos que renegarlo todo?

La misma generación que vino después renegó todo. O sea, la generación que vino después en Europa ya no hace diagramas, ya no le interesa esto o el otro. Pero para nosotros esto es una manera de comunicar.

Muchas veces en Chile me tildan de lo mismo. Bueno, es parte de ser emigrante ¿No? O sea, cuando llegaba a Suiza era el chileno, cuando estaba en Chile era el suizo y cuando estaba en Holanda también era suizo y etc. Es parte de tu condición mestiza. Parte de tu condición para valorar ciertas cosas, reusarlas, buscar qué vigor híbrido se genera, evitar la endogamia.

Si no nos parece bién, o ya consideramos que se repite, somos ultracríticos; y si todavía hay cosas que todavía nos sirven para comunicar, entonces: ¿por qué no seguir usándolas?

Yo en Chile tengo muchos problema con eso. Me dicen: "Ah, eres un publicista!" Ojalá ganara plata como publicista. Pero no. Son las herramientas con las que puedo comunicarme mejor. Esa lección de los años 90, de hacer el esfuerzo de comunicar mejor –no solo entre arquitectos, que es como medio autista– en un contexto latinoamericano que se refleja en mucho de los contextos, me parece todavía valioso.

No veo porque deberíamos esconderlo. Y no es derecho exclusivo de tal o cual. Yo lo veo un poco por ahí.

Supersudaca Y repitiendo lo que dijo Félix hace un rato, es que todas esas oficinas y toda esa producción de repente está hecha por extranjeros. Quizás muchos extranjeros, de los países periféricos, que aportaban visiones más salvajes que las que podían tener ahí sobre la que estaban sucediendo. Y quizás no solo visiones más salvajes, sino puntos de vista de cierta ingenuidad, que hacían que las cosas se vean desde otra expectativa.

Participante 4 Primero quiero felicitarlos porque todos los proyectos son muy interesantes y a mí personalmente me dejan con la sensación de que un arquitecto tiene mucho por hacer, así que no tenga algún proyecto que llevar a cabo. Tal vez investigar o algo así.

La pregunta que les quería hacer es: aquí en Lima hay bastantes facultades de arquitectura. Pero en Lima no se utiliza tanto un arquitecto. Por ejemplo, mi casa la construyó un maestro de obra (y ya se está rajando...) hace dos años (risas).

Pero lo que les quería preguntar es: ¿Qué opinan de eso? De que hayan tantas facultades de arquitectura, si no se utiliza tanto un arquitecto. Por ejemplo, creo que mencionaron que en París habían dos escuelas de arquitectura y aquí en Lima (en donde se utiliza menos a un arquitecto) hay más de veinte o dieciocho algo así. Muchas gracias.

Supersudaca Bueno, la gente hace casas y refugios muchísimo antes de que existan los arquitectos. Entonces, que la casa la haga un maestro de obra no es nada raro, y sobre todo, hay un montón de necesidades que cualquier persona las entiende porque son las que necesita uno mismo. Y puede participar de ello. Quizás, lo que pasa es que un arquitecto se dedica a eso. La persona que se hace su casa o el maestro hace, cumple con las necesidades básicas y quizas llega a lugares donde los arquitectos no se animaron a llegar. De repente no están presentes aunque deberían estarlo. En el proyecto de PREVI se ve que la gente sabe construir, sabe seguir sus necesidades –quizas con algunos errores o tapando el patio donde le debería entrar luz –y se las arregla para construir sus lugares de refugio y de vivienda.

Supersudaca ¿Y cómo aprendemos de eso? Yo creo que el intento del proceso del Museo de Medellin es eso. Cómo podemos aprender desprejuiciadamente de que la mayoría de la construcción de latinoamérica (sobre 70% si no me equivoco) es sin arquitectos. Pero eso no se significa que sea mala.

Supersudaca Es muy conocido el libro de Rudofsky, *Arquitectura sin arquitectos*,[15] donde a través de técnicas y mejoramientos en la historia, la gente se va construyendo sus ciudades y a veces funcionan mejor que la que diseñaría un arquitecto desde afuera.

Supersudaca Yo creo que está muy bien la autoconstrucción. No tenemos problema, lo importante tal vez es que sean conscientes, acá en Lima, Perú, que también es un derecho. Que todavía pasa, por ejemplo en Holanda –donde todo era controlado, que ya no se podía hacer su propia casa. Hubo todo un debate (mi esposo estuvo bien involucrado en eso) que había que abrir de nuevo el *wild living*, el *wild housing*, y que tenía (el

Estado) que devolver el derecho a la gente de hacer su propia casa.

Supersudaca Pero al mismo tiempo, está lo que decía Manuel. En un momento, cuando ya era todo *no pla*n, todo vale y ya el arquitecto para que... no sé tampoco.

Era una discusión que apareció con Aravena. Apareció con el estudio de la vivienda colectiva. O 23 de Febrero, había una plataforma y el resto de la gente empezó a terminarla. A la época, eran dos visiones distintas. Los que querían autoconstruir (o los que les queda solamente eso) y los que querían resolver todo con megabloques.

Pero hay una tercera experiencia, que es la fisión de esas dos cosas. La típica lucha de la libertad versus la igualdad; y finalmente la fraternidad es la que permite resolver esos temas. Y ese intermedio es más interesante que los dos extremos.

Notas

1   "Latin America at the Crossroads," *Architectural Design* 81, n. 3 (mai./jun. 2011), <https://bit.ly/3lKqk1o>.

2   Supersudaca, "Supersudaca's Asia Stories (aka At home in the first, second, third, fourth and fifth worlds)", *Architectural Design* 81, n. 3 (mai./jun. 2011), p. 118-123, <https://bit.ly/3GCm3qF>.

3   Capítulo "Al Caribe" en este volumen.

4   Capítulo "China tu madre" en este volumen.

5   La exposición "Al Caribe" fue presentada en la 2a Bienal Internacional de Arquitectura de Róterdam 2005.

6   Capítulo "Genealogía de la Arquitectura Directa" en este volumen.

7   Walter Benjamin, "A short history of photography", *Screen* 13, n. 1, primavera 1972, p. 5-26.

8   Capítulo "¿Y PREVI?" en este volumen.

9   "Positions". Peru, 2010.

10   "Latin America at the crossroads."

11   Hector Velarde. El diablo y la técnica. Espasa-Calpe, 1935.

12   Roberto Bolaño, Los detectives salvajes. Barcelona, Anagrama, 1998.

13   Rem Koolhaas et al, *Mutations*. Barcelona, Actar, 2001.

14   Bart Lootsma, *Superdutch: new architecture in the Netherlands*. Nueva York, Princeton Architectural Press, 2000.

15   Bernard Rudofsky, *Arquitectura sin arquitectos: Un breve introducción a la arquitectura sin pedigrí*. Nueva York, Museum of Modern Art, 1964. <https://mo.ma/3OcW8Zb>

La arquitectura del mundo

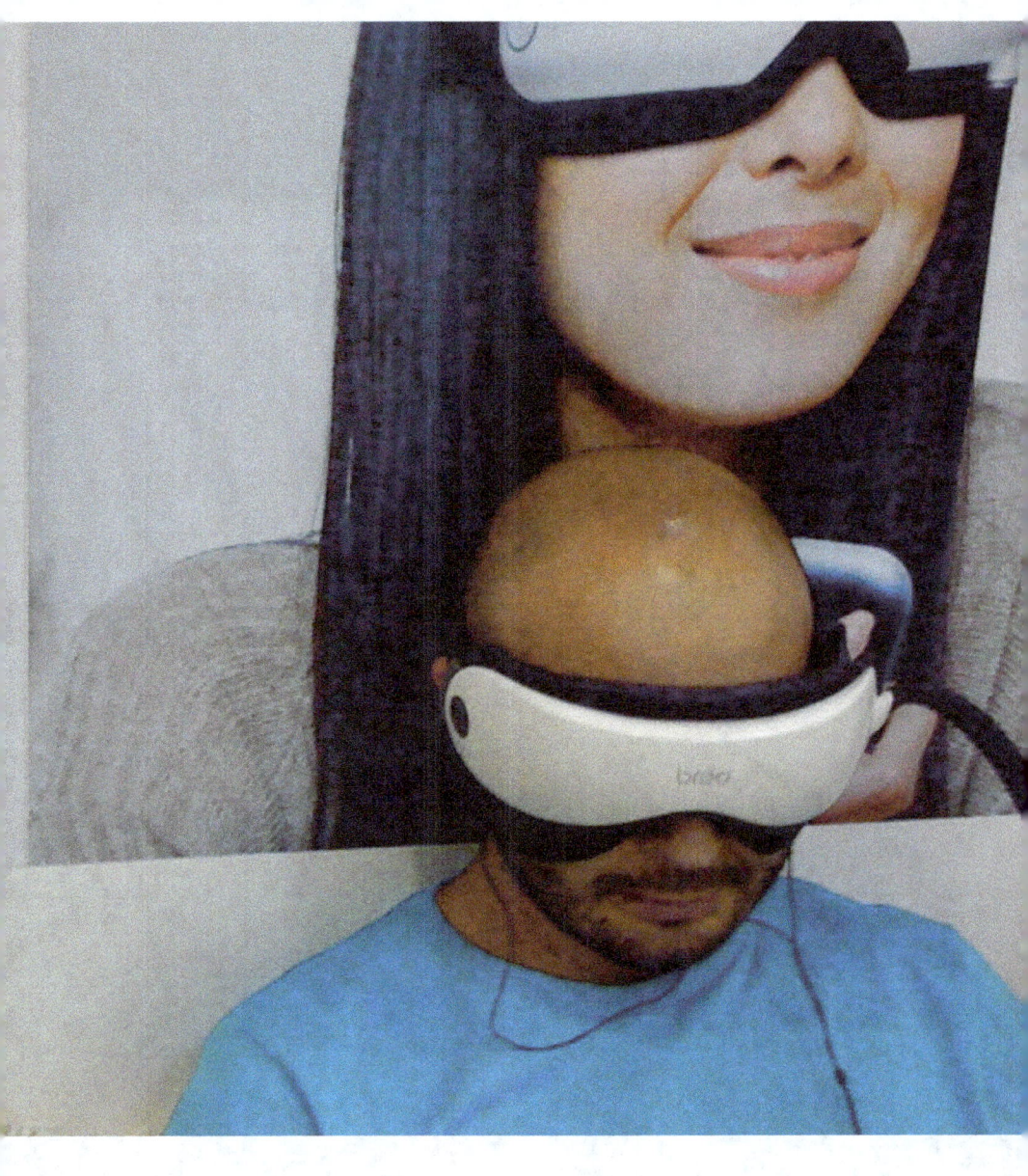

Europa, tenemos que hablar

Somos parte de una generación que vio surgir los *plotters*, los *diskettes* y sin embargo, nos enseñaron a usar estilógrafos, el *scriber Leroy* o borrar errores de tinta con hojas de afeitar. Pertenecemos al grupo que cambió la mesa de dibujo por el computador y que vio en la maestría en el extranjero la única manera de conocer las fuentes que admirábamos. La mayoría de los Supersudaca viajamos a Europa o a Estados Unidos para estudiar o trabajar. Nunca pensamos que algo de valor podría ocurrir aquí a la vuelta.

No pudo haber sido una coincidencia; en América Latina fuimos adoctrinados para tomar como punto de partida el hecho de que pertenecemos a lo que se llama Occidente. Por eso, en nuestros cursos, la historia de la arquitectura va desde Egipto hasta el modernismo pasando por Grecia, Roma, el románico, el barroco, el gótico, el renacimiento, la Revolución Industrial, el Art Nouveau, el Art Déco, la Bauhaus y el modernismo (nadie nos enseñó qué era el posmodernismo).

Cuando llegamos a Europa (también conocida como el verdadero Occidente) en el año 2000, descubrimos que nuestra parte de Occidente, América Latina, no estaba representada en ninguna discusión sobre arquitectura contemporánea, planificación urbana o política espacial. Era una época –y lo sigue siendo– en que Oriente (tanto el cercano como el lejano) ocupaba mucho espacio en las preocupaciones de Occidente. Pero no fue sólo Occidente el que nos ignoró:

experimentamos sentimientos encontrados de alivio y vergüenza al darnos cuenta de lo ignorantes que éramos todos sobre los países que teníamos al lado, en América Latina – especialmente bochornosos eran los asuntos relacionados con la producción cultural. Afortunadamente, coincidimos en tener una lectura similar (aunque a veces desde puntos de vista opuestos) de las situaciones sociales y políticas, y las analogías surgieron en diagonal por todas partes.

Quizás sea por este sentimiento de orgullo herido que encontramos refugio en la parte ignorada por Occidente y (antes también) por nosotros mismos: América Latina. Desde la distancia comenzamos a reconstruirla con discusiones y *powerpoints*. Si no teníamos nada que decir, si no había nada nuevo que aportar, si no había conocimiento propio, entonces no había otra opción que rendirnos al dominio de Occidente. Afortunadamente, nos dimos cuenta de que el banco de conocimientos era enorme y en su mayoría inexplorado, y que las similitudes entre los diferentes urbanismos latinoamericanos no eran accidentales. Finalmente, nos dimos cuenta de que nuestra generación, que rompió con las mesas de dibujo, también debía romper la inercia de seguir ciegamente lo que era reconocido en Occidente.

Con un fuerte pasado colonial, la región desarrolló formas recursivas de estrategias de supervivencia dentro de situaciones complejas y a menudo injustas que mostraron una gran capacidad de cohesión social durante situaciones de cambios drásticos. Sin haberlo pensado antes, notamos que esto dotó a la región de una forma especial de afrontar la vida en la era del capitalismo global y de alguna manera, en lugar de quedarnos atrás (nosotros, los países en desarrollo), pasamos a la vanguardia del conocimiento sobre cómo operar en el presente. El actual mundo neoliberal que promueve la privatización de espacios y servicios, que descuida el equilibrio entre riqueza y precariedad, llega ahora a las mesas de discusión de Occidente; ese mismo mundo que ya vivió América Latina hace décadas. Incluso nos atrevimos a aconsejar a los holandeses que si querían prepararse para el futuro debían estudiar lo que sucede ahora en América Latina. De ahí que les propusiéramos valorar la solidaridad humana que existe en tiempos de inseguridad. Eso fue hace casi quince años.[1] Este año, cuando el gobierno holandés lanzó una propuesta para responsabilizar por ley a los familiares directos de las personas mayores, nos sonó como un déjà vu. El Estado de Bienestar europeo muestra señales de advertencia por todas partes; tal vez los latinos puedan ayudarlos a repensarlo.

Por otro lado, fue divertido darse cuenta de que en la mente de Occidente la gente de América Latina vive en su mayoría en un paisaje virgen y exótico, ignorando el hecho de que la tasa de urbanización en América Latina ha estado por encima del 80% durante mucho tiempo. La región ha sido testigo del crecimiento de enormes metrópolis que concentran un gran porcentaje de la población urbana: megaciudades no tanto en desorden, sino dispuestas a adaptarse perpetuamente a las crisis venideras. Proliferan los desarrollos urbanos informales mezclados con suburbios de estilo estadounidense, pero sobre todo, la conciencia de la mezcla (a veces brillante, a veces letal) entre velocidad de urbanización, falta de planificación, improvisación y libertad. Sin embargo, creemos que América Latina representa hoy un interesante punto medio entre las políticas de planificación vertical de China y la borrosa indefinición de algunas ciudades africanas. Creemos sinceramente que estas regiones tienen más que aprender de América Latina (de sus errores y logros) que de Occidente.

Finalmente, en una época donde las relaciones ya no necesitan ser Norte-Sur o centro-periferia, América Latina puede comprender ahora que su separación de Occidente, entendida retroactivamente (nunca pertenecimos), debe llevarnos a lograr una fuerte independencia cultural para convertirse en un actor urbano mundial.

Es por ello que queremos trabajar con una agenda global de temas de política territorial y espacial donde la experiencia latinoamericana aporte conocimiento y experiencia más allá de la arquitectura vernácula, de actualizaciones respecto de la modernidad global o casitas de veraneo –que de cualquier manera, van a ser publicadas hasta el fin de los tiempos y no necesitan a nadie de nuestra generación para lograrlo.

Nota

1   Se refiere a 2015, año de la publicación original de este texto.

¡Al Caribe!

El mundo está experimentando un cambio a una velocidad sin precedentes, una asombrosa acumulación de materia a lo largo de las costas, liderada por la *avant-garde* turística. Edificios, dinero, alimentos, vegetación, bacterias, residuos y muchísima gente se concentran cada vez más en estrechas franjas paralelas a las costas. El turismo, la industria más grande del mundo, que se beneficia directamente del aumento del tiempo libre, se está convirtiendo en la clave de la urbanización global.

Investigar este fenómeno es muy necesario para los arquitectos: no como coartada para evitar el diseño, sino como forma de informarlo, cuestionarlo y ponerlo en contexto. Tal fue el principal objetivo de la Segunda Bienal Internacional de Arquitectura de Róterdam que tuvo lugar en 2005 en Las Palmas. Fue un espacio de discusión y debate que tomó en serio la idea –largamente menoscabada– de entender el proceso urbano. Junto con diecisiete equipos de diferentes puntos del mundo, la Bienal tuvo como objetivo iniciar un

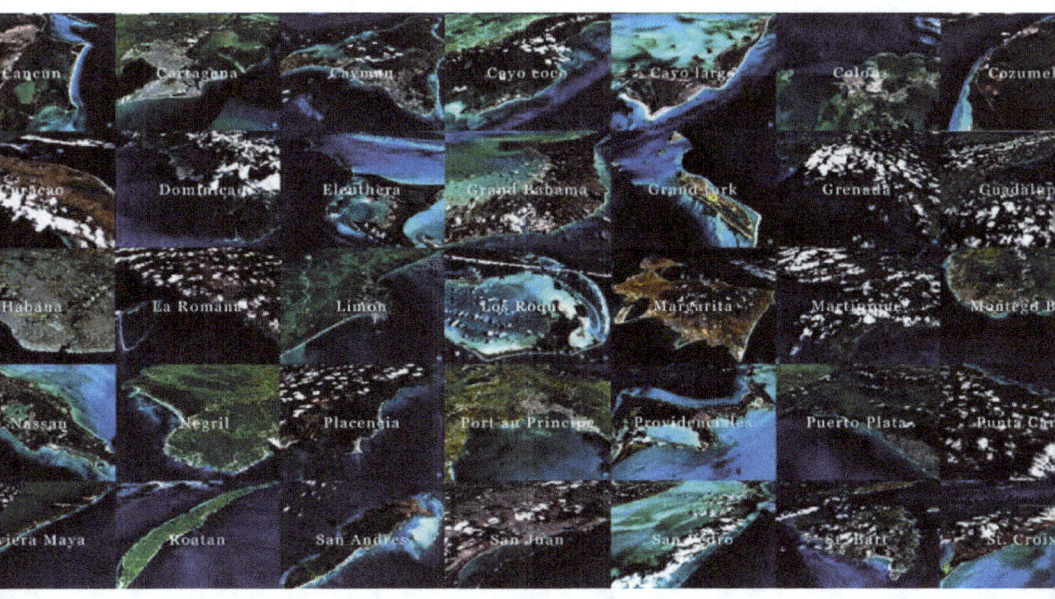

debate sobre los impactos del turismo en el medio ambiente. Supersudaca fue invitado a contribuir con la región del Caribe. Éstos son algunos de nuestros hallazgos.

En términos de turismo, el Caribe representa un modesto 2,3% de la cuota del mercado mundial, con veinte millones de visitantes al año. Hay menos habitaciones de hotel en toda la región (266.000) que en países pequeños como Grecia (317.000) o Austria (310.000). Sin embargo, como las exportaciones agrícolas corren el gran peligro de competir con economías de escala más grandes y la industria manufacturera se está dirigiendo hacia el este, el turismo sigue siendo el último gran recurso que podría sacar a la región de la pobreza. Llama la atención la creciente dependencia del turismo en el Caribe, que representa más del 50% de sus economías. Pero esta cifra puede llegar hasta el 95%, como en los casos de las Islas Vírgenes Británicas o Antigua y Barbuda.

La dependencia del turismo es también una dependencia de las inversiones extranjeras, un camino que refleja el patrón

de la historia colonial reciente (o actual): una "coincidencia" que afecta la percepción de la población local que comienza a ver con recelo al turismo como la última forma de dominación colonial por potencias más fuertes. El control español de los complejos turísticos con todo-incluido se corresponde con la cantidad de operadores turísticos, proveedores de líneas aéreas y agencias de reservas en línea de propiedad estadounidense.

Al considerar los diferentes tipos de turismo, dos se destacan claramente como claves en la región y en ambos el Caribe es líder mundial: los cruceros y los resorts todo-incluido. El Caribe tiene una cuota de mercado del 50% de la industria mundial de cruceros, que depende en buena medida de dos grandes compañías, Royal Caribbean y Carnival, ambas con sede en Florida Estados Unidos.

El mayor impacto territorial del turismo lo constituyen las "franjas turísticas". La historia reciente cambió a partir de 1995, con lugares como República Dominicana o el Caribe Mexicano que han crecido a un ritmo promedio de 3.000 habitaciones por año.

La dependencia que tiene el Caribe del turismo ha hecho que los principales actores de la industria adquieran un enorme poder en la región. Pero lo que nos sorprendió es que en los últimos cinco años se ha producido un proceso de verticalización de la industria que ha pasado más bien desapercibido. Esto significa que las corporaciones han estado comprando todos los componentes de la cadena de suministro del turismo. Grupos gigantes como Touristik Union International – TUI, First Choice, Accor, My Travel, Carlson, Thomas Cook o Cendant poseen operadores turísticos, agencias de viajes, aerolíneas, rent-a-cars, alojamientos, líneas de cruceros, operadores de excursiones, escuelas de hotelería e incluso sistemas de vouchers y software para rastrear clientes potenciales a través del comportamiento de sus tarjetas de crédito. Esto significa que el poder en la región se ha concentrado en unas pocas manos poderosas que se encuentran en Europa o Estados Unidos.

Esta fuerte combinación de todo-incluido y verticalización versus economías locales periféricas y emprendimientos locales individuales deja sólo una parte muy pequeña de lo que gastan los turistas en los destinos. Por cada dólar gastado por un turista en un paquete todo-incluido, sólo tres centavos quedan en el destino. 89 centavos se quedan en el país de origen para pagar a la aerolínea, al operador turístico, a la agencia de viajes, al propietario del hotel etc. De los once centavos que llegan al destino, ocho salen nuevamente del país para pagar salarios de gerentes extranjeros, publicidad, intereses crediticios y (sobre todo) importaciones de productos demandados por los turistas. Los tres centavos que quedan, finalmente, se gastan en pagar los salarios de los trabajadores etc.

Espacialmente hablando, las franjas turísticas desarrolladas en la última década han aumentado dramáticamente en longitud y distancia de las ciudades pre-existentes. La franja de cuatro kilómetros de longitud en Barbados de los años 80, que terminó fusionándose con la ciudad, parece inocente en comparación con franjas recientes como la de Punta Cana, que ahora alcanza 35 kilómetros sin conexión alguna con la ciudad: un mundo paralelo.

Con esa excusa de desconexión, precisamente, se ha generado un paisaje –una isla de la fantasía– desligado por completo de la realidad local. Cada eslabón de la cadena de suministro es racionalizado para maximizar el lucro. La desconexión actual con la población local no podría ser mayor. Los criados, cocineros y taxistas llegan "solo Dios sabe de dónde"

al resort. Cantan, limpian, sonríen y luego desaparecen tras el muro perimetral. ¿A dónde van?

¿Dónde viven? ¿Existe el concepto de "ciudad de trabajadores turísticos", tal como había una "ciudad de indios"? O peor aún, ni siquiera hay un lugar para ellos, porque se dispersaron en nichos en el interior cerca de los nodos de infraestructura. La franja todo-incluido ha superado al ahora aburrido (e incluso "social") suburbio estadounidense, a la metrópoli y la ciudad periférica. La franja turística es la no-ciudad definitiva del mañana; es aquí, en el Caribe –un lugar casi sin ley– donde se está poniendo a prueba el futuro de la urbanización en el presente, su laboratorio son muy probablemente los países más pobres de la región, que desesperadamente necesitan empleo a cualquier precio.

Contexto histórico del Caribe

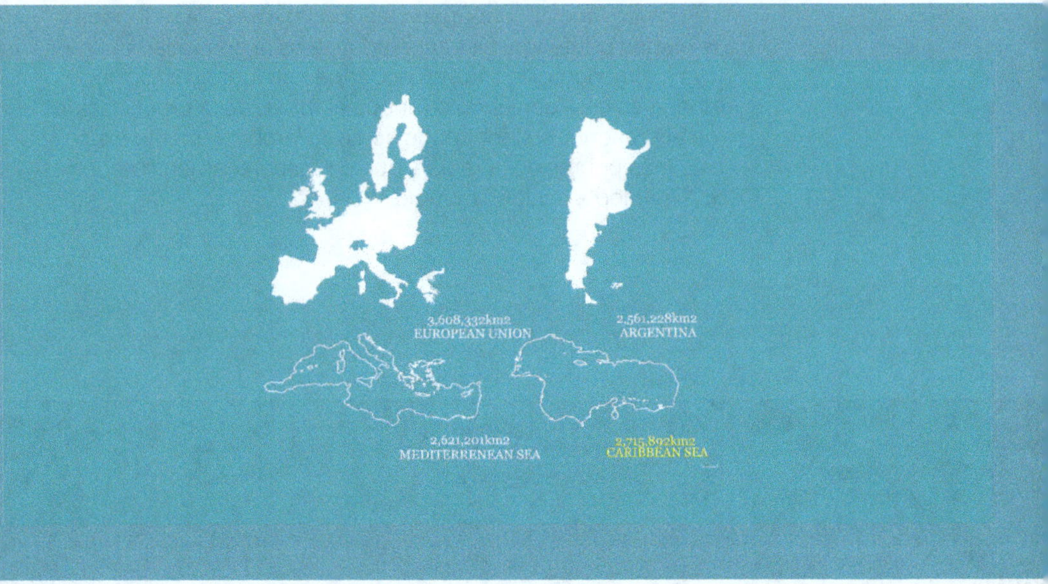
3,608,332km2
EUROPEAN UNION
2,561,228km2
ARGENTINA
2,621,201km2
MEDITERRENEAN SEA
2,715,892km2
CARIBBEAN SEA

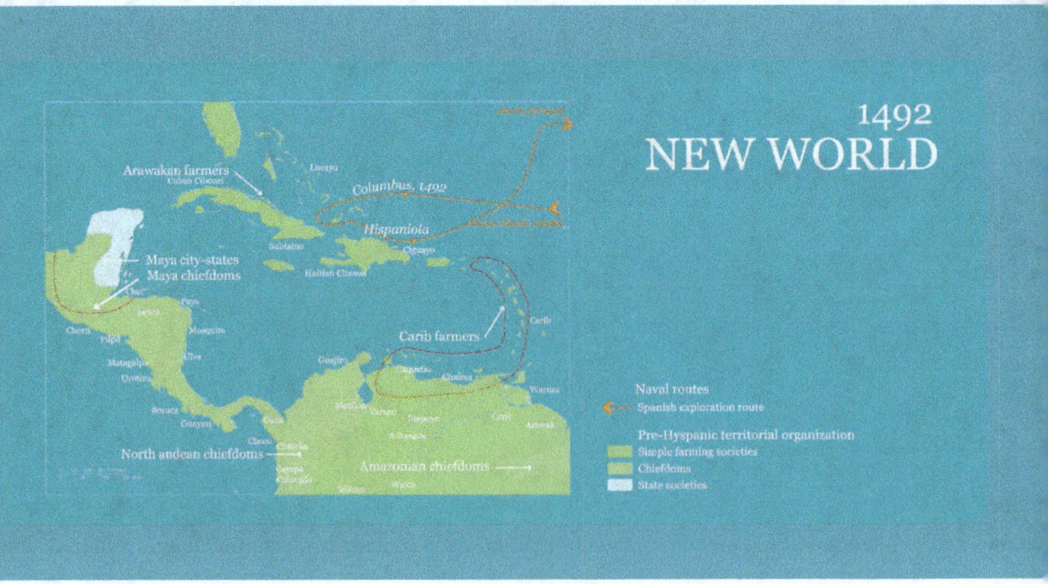
1492
NEW WORLD
Arawakan farmers
Lucayo
Columbus, 1492
Hispaniola
Maya city-states
Maya chiefdoms
Carib farmers
Carib
North andean chiefdoms
Amazonian chiefdoms
Naval routes
Spanish exploration route
Pre-Hyspanic territorial organization
Simple farming societies
Chiefdoms
State societies

1492
OLD WORLD

Arawakan farmers
Lucayo
Cuban Ciboney
Subtaino
Maya city-states
Maya chiefdoms
Haitian Ciboney
Ciguayo
Paya
Carib
Chortí
Lenca
Misquito
Pech
Matagalpa
Ulva
Guajiro
Caquetio
Chaima
Warao
Rama
Melchora
Pamani
Maipure
Guatuso
Corobicí
Arhuacos
Achagua
Boruca
Cuna
Choco
Páez
Mahigua
Yucas
North andean chiefdoms
Coconuco
Amazonian chiefdoms
Witoto
Tucano

Pre-Hyspanic territorial organization
- Simple farming societies
- Chiefdoms
- State societies

1492-1798
EXPLORATION

Ponce de León 1512-13
Cortés, 1519
Columbus, 1492
Ponce de León 1513
Columbus 1493
Columbus 1502

Naval routes
Spanish exploration route

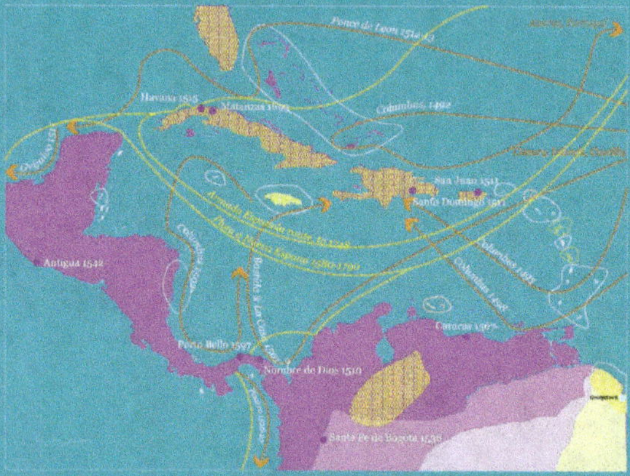

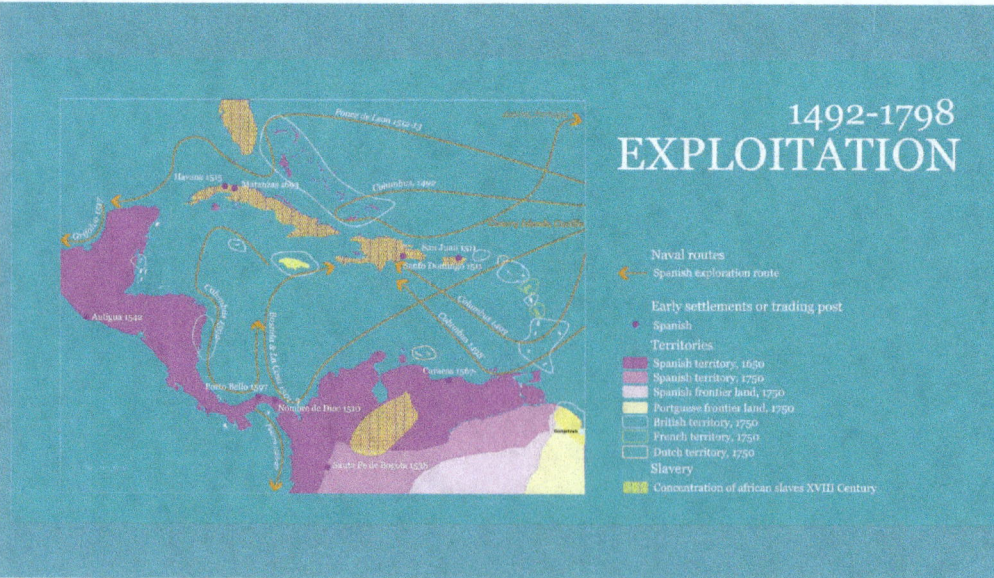

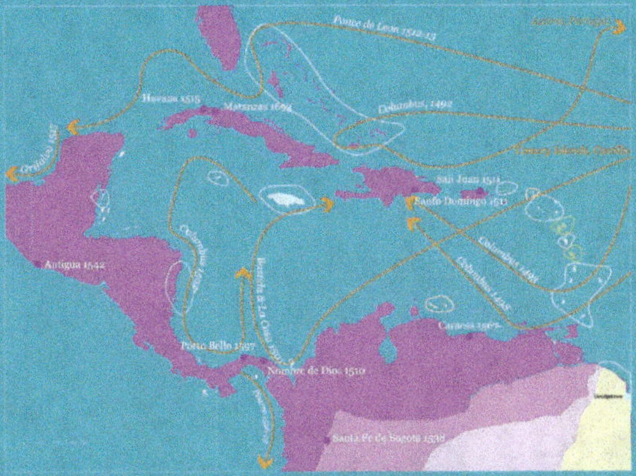

1492-1798
COLONIZATION

Naval routes

Spanish exploration route

Early settlements or trading post

Spanish

Territories

Spanish territory, 1650
Spanish territory, 1750
Spanish frontier land, 1750
Portguese frontier land, 1750
British territory, 1750
French territory, 1750
Dutch territory, 1750

1783-1914
UNITED & INDEPENDENT

Territories held by European Powers, 1783

Spanish territory
French territory
British territory
Netherlands territory

Independent republics & federations

Gran Colombia
United Provinces of Central America
Republic of Haiti, 1804-08,1822-44
Leeward Islands Federation, 1871
Winward Islands Federation, 1876 (abortive)

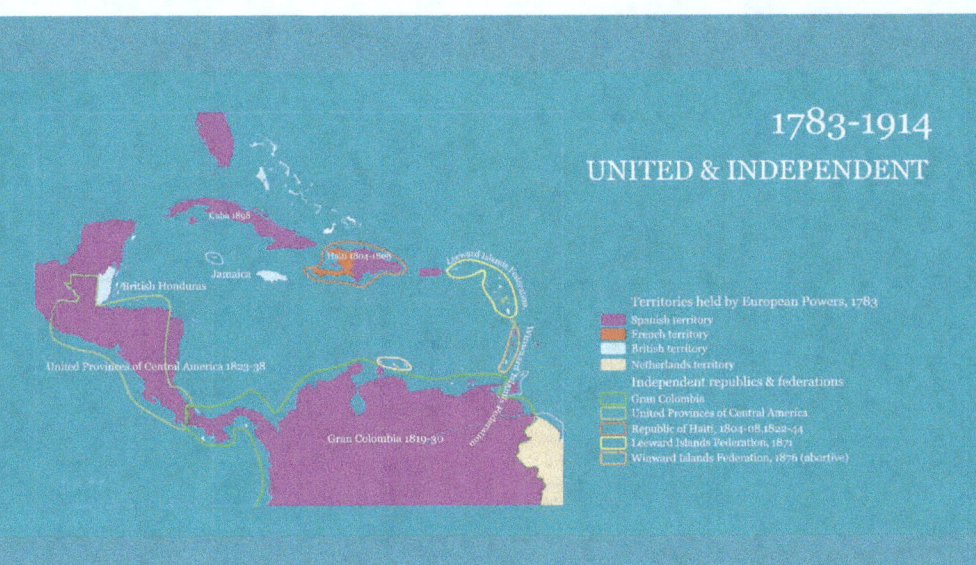

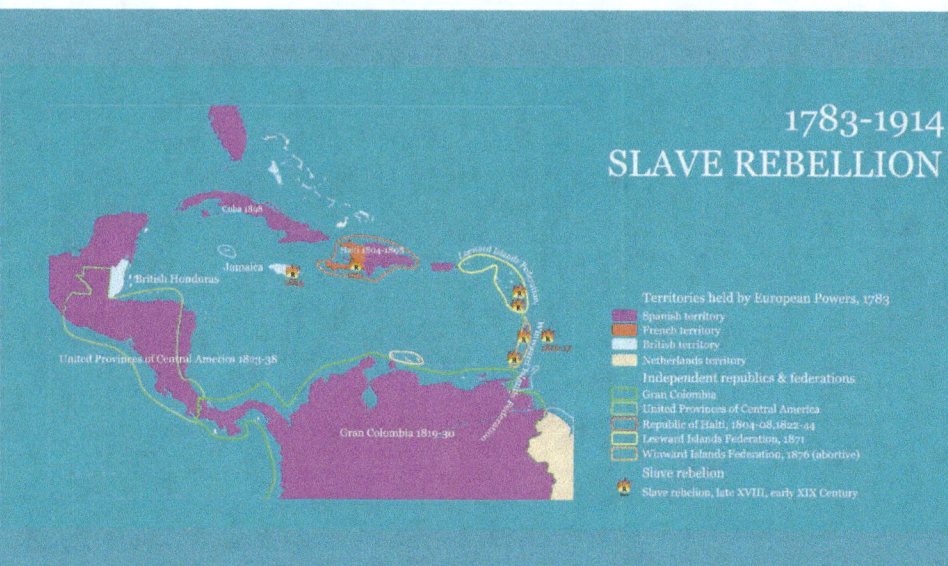

1783-1914
SLAVE REBELLION

1914-2005
INTERNAL REVOLUTIONS

Impacto del turismo
Flujos, dependencia y verticalización

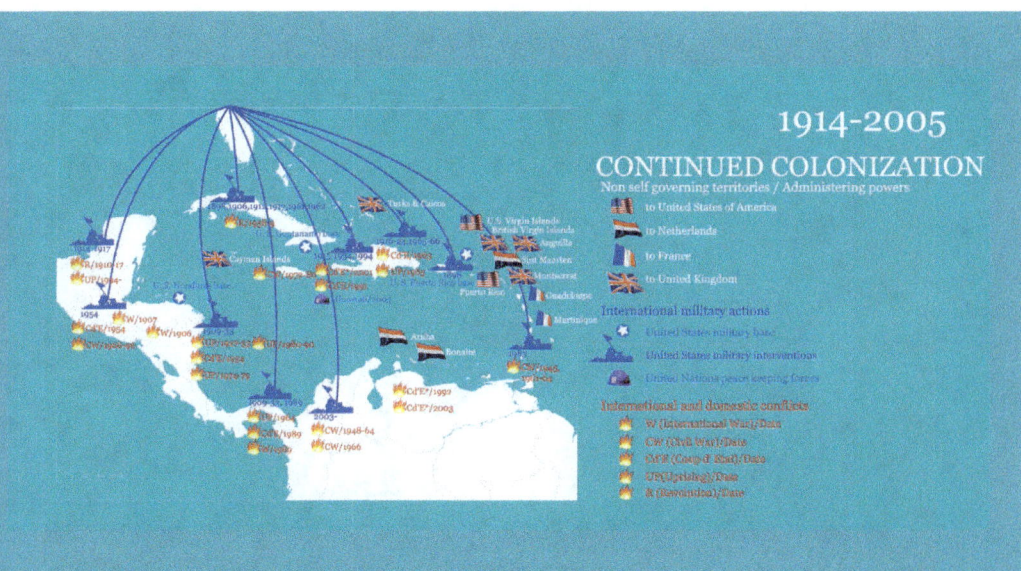

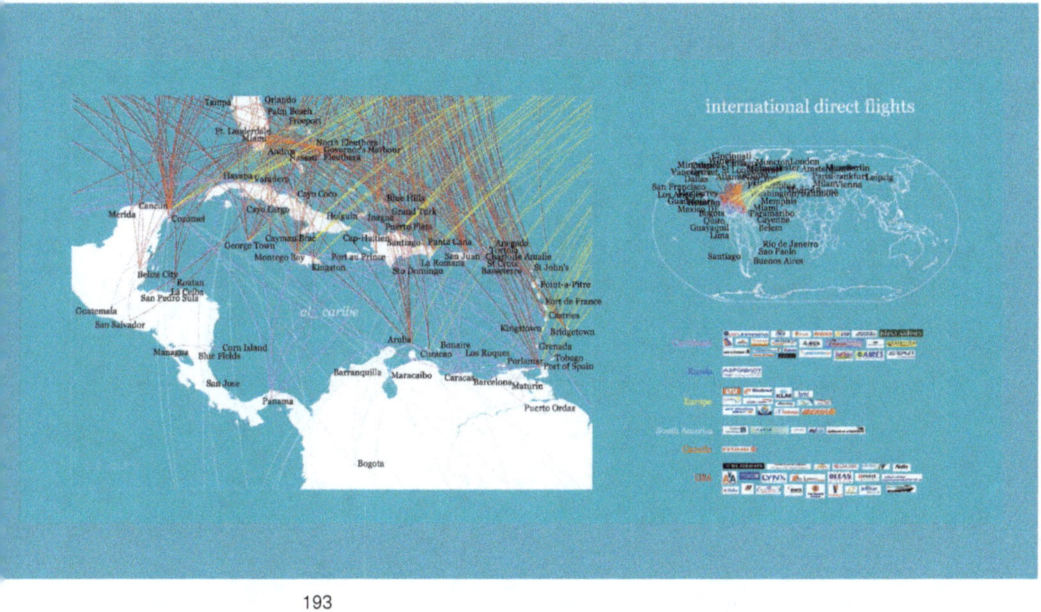

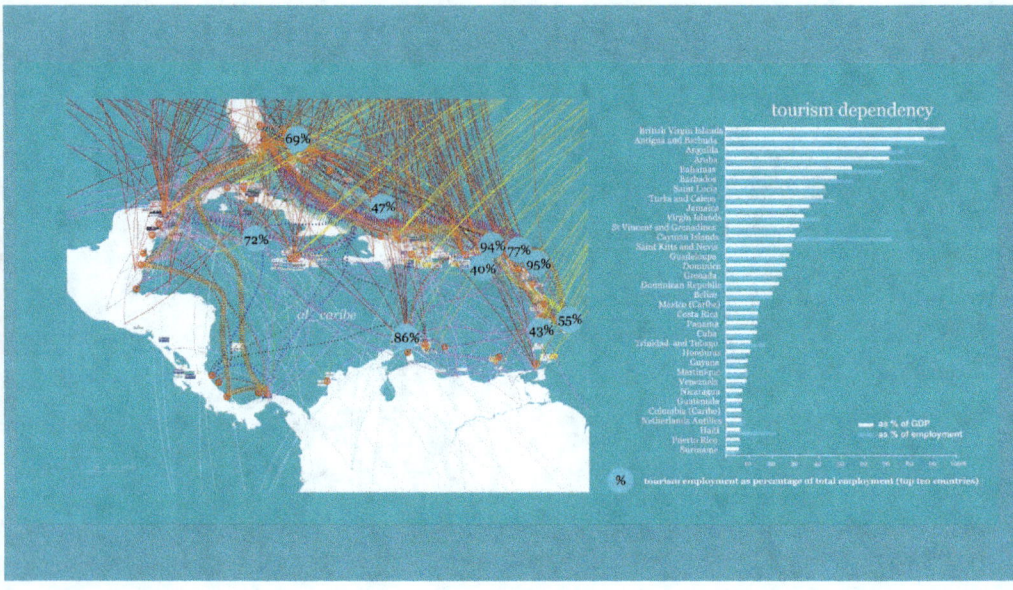

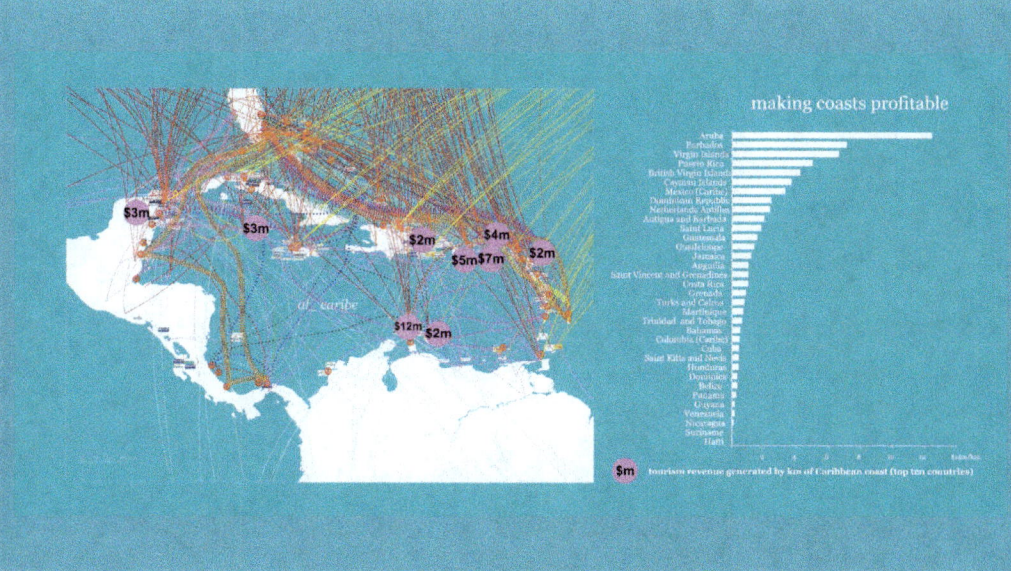

Principales actores
Todo-incluidos y cruceros

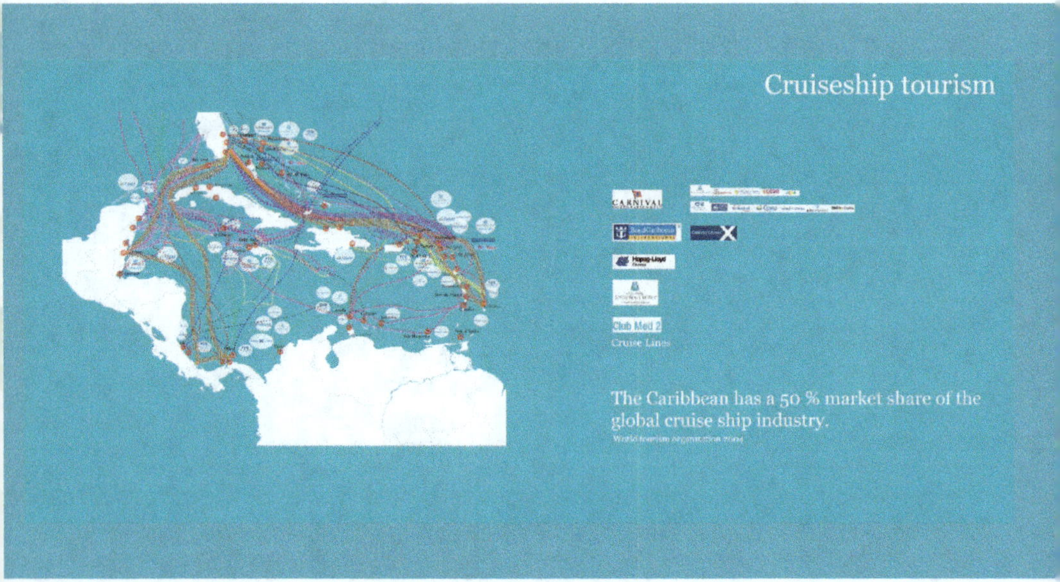

Cruiseship tourism

Cruise Lines

The Caribbean has a 50 % market share of the global cruise ship industry.
World tourism organization 2009

PORTS OF CALL

1. Nassau
1892 calls/year

2. St. John
1014 calls/year

3. Cozumel
885 calls/year

4. San Juan
605 calls/year

5. Grand Cayman
605 calls/year

6. St. Maarten
492 calls/year

GROWTH

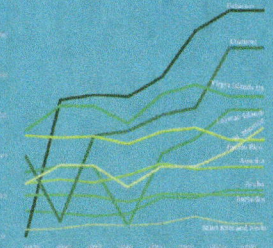

CRUISE PASSENGER ARRIVALS
OCCUPANCY RATE 90 %
Caribbean cruise passenger capacity grew
by 21,8 % in the year 2000

LEAKAGE

CRUISE TOURISM

For every dollar spent by a
tourist on a cruise
package, only 14 cents
only stays in the caribbean

ALL INCLUSIVE

The Caribbean is the World's leader
by a very wide margin in quantity and
quality of all inclusive resorts.
source: WTO, Caribbean report

GROWTH

LEAKAGE

THE ALL INCLUSIVE EFFECT

OCCUPANCY RATE 90 %

"Accomodation capacity of Caribbean increased from 88,000 rooms in 1980 to 266,000 last year. In that period 140,000 of the new rooms were built mainly through all-inclusive resorts in the Mexican Caribbean, Dominican Republic, and Cuba.

HOTEL TOURISM

For every dollar spent by a tourist in an all inclusive package, only 3 cents stays in the caribbean

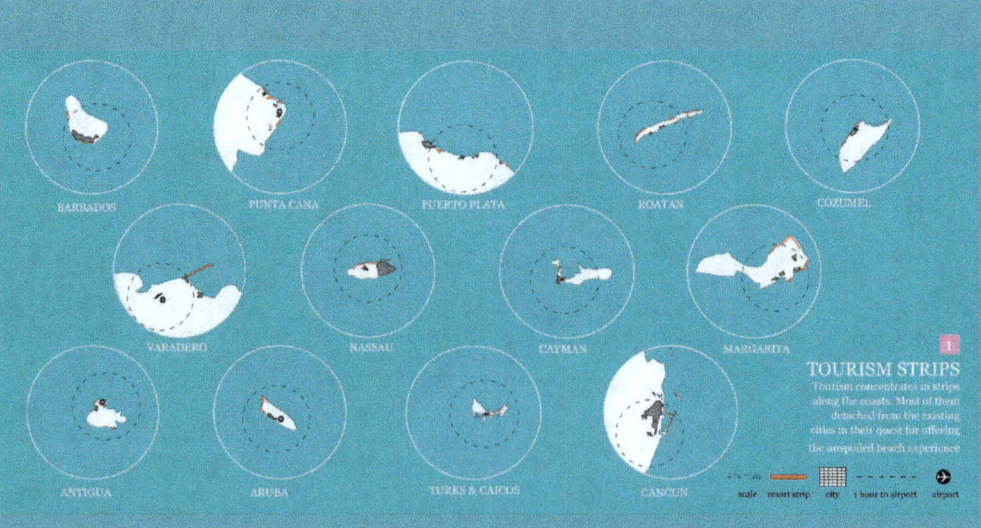

TOURISM STRIPS

Tourism concentrates in strips along the coasts. Most of them detached from the existing cities in their quest for offering the unspoiled beach experience

ALL INCLUSIVE RESORTS

1. Cancún
27,522 hab.

2. Riviera Maya
23,512 hab.

3. Punta Cana
18,000 hab.

4. Varadero
15,723 hab.

5. Puerto Plata
15,000 hab.

6. Negril
5,647 hab.

BARBADOS *peak in the 80's* → PUNTA CANA *peak in the 00's*

2. LONGER AND MORE ISOLATED STRIPS
Strips developed in the last decade have increased dramatically in length and detachment from the city.

3. HOLIDAY SUBURBS
Latest strips are monofunctional programmatically (100% resorts) and stylistically echoing an unrelated American suburbia

4. PARALLEL WORLDS
Strips isolation nursed the All-Inclusive concept into an unavoidable option, generating a parallel world, where this fantasy islands detached from the local reality and rationalized every link of the supply chain for profit.

5. ROOMS FULL
All-Inclusive strips are extremely successful among consumers. Promise of high security at 'strange land' and controlled expenditure becomes unbeatable.

84% occupancy

⚠ UNSUSTAINABLE GROWTH
6. All-Inclusive formula -paradoxically- excludes local economies by marginalizing local enterprises and beyond damages when removal of essential mangroves, coral reefs and sand dunes in their construction, the unprecedented scale reached by some resort strips has proven socially, economically and ecologically unsustainable.

7. NO FACILITIES
Resort growth hasn't been accompanied by facilities further than roads and airports.

-How to turn sustainable those extensive resort strips and avoid their decay?
-How to unlock the all-Inclusive regime so other operations could coexist?
-How to introduce the missing programs in such elongated territories?

8. RETROACTIVE URBANIZATION

1. **Concentration**
2. **Integration**
3. **Coast Access**
4. **Beach Front**

	2nd Row	Satellite
Comb	Beach head
Confetti	Piano

-with a retroactive urbanization, actual tourism strips would be the caribbean cities of tomorrow >>>>

Des-tino Cual-quiera

Recorriendo la industria de cruceros del Caribe

Día de diversión en el océano en el Carnival Valor, 2007

Con expresión sonriente y mirada fija, un grupo de familias ejemplares y étnicamente diversas aparece junto al nuevo lema de Royal Caribbean Cruise Lines (RCCL®): "Nuestros barcos están diseñados para GUAU". Cabe destacar aquí el énfasis en el diseño de los barcos, más que en algún destino en particular. A medida que los barcos crecen en tamaño, escala y comodidades, la *experiencia de viaje* se diseña para que la *experiencia de flotar* sea muy familiar y cómoda. El proceso de hacer caber cientos de atmósferas en un megacontenedor flotante tiene mucho que ver con el diseño, la ingeniería y la gestión, pero sobre todo con la economía. Y los efectos de la actual generación de cruceros de turismo en el Caribe apenas están comenzando a manifestarse.

Adrenaline Beach, Barefoot Beach Club, Dragon's Plaza. Al ingresar a Columbus' Cove, el Freedom of the Seas navega hacia Buccaneer's Bay, de Royal Caribbean. La bahía está flanqueada por atracciones que incluyen el *canopy* más largo del mundo, Dragon's Breath, y Dragon's Tail Coaster en la cima de la montaña Santa María. El único punto de referencia –y recordatorio de dónde se está– es la ciudadela del siglo 19 que se ve sobre el horizonte: a tres mil metros sobre el nivel del mar, la fortaleza lleva el nombre de Henri Christophe Laferrière, un líder clave de la primera rebelión de esclavos negros que llevó a Haití a independizarse de los franceses en 1804.

La nave, buque insignia de Royal Caribbean, atraca en la costa noroeste de la isla Hispaniola, un territorio llamado Labadee® (una marca registrada); Royal Caribbean Cruise Lines arrendó la península al gobierno haitiano en un contrato de 99 años. Según la *Port Explorer & Shopping Guide*, de Royal Caribbean, el terreno arrendado está "fortaleciendo el esfuerzo cooperativo entre el gobierno de Haití y RCCL® [...] y se ha solidificado mediante un extenso desarrollo en el lugar mediante la inversión de decenas de millones de dólares de la compañía".[1] Como testimonio del humanitarismo económico del acuerdo, la guía menciona que "es un claro voto de confianza en la gente, la nación y el futuro del país, mientras nuestros huéspedes continúan teniendo la oportunidad exclusiva de disfrutar de un día relajante y lleno de diversión en las cristalinas aguas azules de la costa norte de Haití. Los marineros que se unieron a Cristóbal Colón y desembarcaron aquí por primera vez, hace siglos, obviamente reconocieron algo bueno cuando lo vieron".[2]

Desde la década del 80, Royal Caribbean Cruise Lines ha tenido derechos exclusivos para atracar en el otrora pequeño pueblo pesquero y ciudad costera de Labadie, llamada así en honor al primer colono francés, de finales del siglo 17. Anglicanizado Labadee®, "fue diseñado y construido específicamente para brindar a los huéspedes una variedad de oportunidades para divertirse bajo el sol".[3] Como afirma la guía, Royal Caribbean "se siente honrada y orgullosa de ser un socio pionero de un pueblo y un país que tiene una herencia tan rica y un enorme potencial para convertirse en uno de los principales destinos turísticos del Caribe".[4]

Estos destinos privados, verdaderos complejos, se han convertido en los nuevos puertos de escala para los grandes cruceros. Hoy en día, casi diez islas privadas pertenecen a ocho importantes operadores de cruceros en el Caribe. Al comprar o arrendar islas, o fondear en playas desiertas y no reguladas, los operadores de cruceros pueden reducir el número de días en los puertos oficiales y desviar los gastos de los viajeros a lugares bajo control de la industria. Los muelles, que alguna vez se percibieron como extensiones de tierra que conectaban el barco con el destino, hoy se han convertido en extensiones de los barcos. Por lo general cercadas o acordonadas, estas extensiones son un territorio ficticio: guían a los viajeros lejos de los barrios y la gente del lugar hacia áreas de propiedad de las compañías de cruceros, donde son estas las que pueden escribir el guión. Estas extensiones del barco están programadas para ofrecer experiencias aisladas y libres de preocupaciones que complementen las que ofrece el propio barco: aguas cristalinas, arena blanca, playas caribeñas. Las salidas fuera del área se limitan a excursiones de un día a destinos turísticos como alguna ciudad colonial o una ruina arqueológica prehispánica.

Barcos más grandes, muelles más grandes

A medida que los barcos crecen se convierten en destinos en sí mismos, devaluando en última instancia el papel o la necesidad de los destinos. Desde el impresionante Queen Elizabeth, de casi 300 metros y 2.200 pasajeros a fines de la década del 60, el tamaño y la escala de los cruceros prácticamente se han triplicado a unos impresionantes 6.300 pasajeros (como el Allure of the Seas, de Royal Caribbean).[5] El aumento del tamaño de los cruceros, tanto en ancho como en altura, permite una considerable complejidad espacial y programática (calles, espacios de entretenimiento, comedores, bares, piscinas, tiendas, parques acuáticos), con eventos incesantes que mantienen a los pasajeros entretenidos de día y de noche. Los barcos están diseñados como pequeñas ciudades flotantes.

Como un parque temático urbano, éstos incluyen una multiplicidad de niveles paisajísticos, terrazas, piscinas para practicar surf y pistas para correr que utilizan todo el espacio disponible en la cubierta superior del barco. Aunque el diseño de los barcos se organiza alrededor de un corredor de doble carga en el medio (la calle principal, que proporciona a cada habitación vistas al exterior y acceso directo a las instalaciones), es la cocina central la que forma el núcleo de los barcos y garantiza su funcionalidad. Construidas con precisión e impecablemente diseñadas, las cocinas de los barcos ofrecen alimentos para una amplia gama de experiencias gastronómicas, desde cenas románticas y lujosas hasta sencillas colaciones a mediodía. Se pueden servir más de quince mil comidas en un día, distribuidas en treinta menús diferentes. La infraestructura a bordo es vital: plantas desalinizadoras de agua potable, sistemas de trituración y compactación de materiales reciclables, deshidratadores e incineradores de residuos alimentarios (las cenizas sobrantes se desechan en alta mar).[6]

Cuanto más grande es el barco, más lujosos son los interiores; cuanto más exótico el entretenimiento, menos relevante el destino. Estos mundos flotantes, con sus nuevas experiencias al interior, dan frutos. Las ventas de bienes a bordo ahora superan a las ventas de boletos como principal productor de ganancias, especialmente en Disney Cruise Lines, donde el pasajero promedio gasta más de mil dólares en un viaje de ocho días, lo que hace que los complejos turísticos de cinco estrellas sean comparativamente menos costosos.[7]

Si bien los destinos caribeños compiten por el negocio de estos hoteles flotantes, la inversión que se espera de los puertos para construir y mantener grandes muelles está aumentando y muchas veces queda fuera de su alcance. Si los puertos de escala del Caribe no pueden ampliar y modernizar la infraestructura de los muelles para dar cabida al tamaño cada vez mayor de los barcos, los operadores turísticos buscan en otra parte destinos que satisfagan la creciente demanda. En algunos casos, las compañías de cruceros comparten la responsabilidad y la inversión con socios locales para mejorar la infraestructura. En otros casos, más rentables, ellos mismos desarrollan, gestionan y explotan los puertos. Mientras tanto, en instalaciones "obsoletas", las compañías de cruceros negocian tarifas de fondeo por poco dinero. Ante la creciente congestión en el Caribe y la dura competencia de las economías emergentes de todo el mundo, la incapacidad de un puerto para mejorar conduce al peligro de la obsolescencia y el abandono. La amenaza de abandono deja a los puertos paralizados: invertir grandes sumas de dinero para mejorar las instalaciones sólo lleva a la posterior obsolescencia, pero no mejorar significa que no hay negocio alguno.

A medida que las líneas de cruceros operan de manera cada vez más independiente, la diferencia entre viajeros e isleños crece a un ritmo alarmante, con niveles dramáticos de desposesión e inequidad. Por ejemplo, Royal Caribbean estuvo notablemente ausente después del terremoto de 2010 en Haití, aunque brindó un servicio continuo a Labadee®. Indiferente a la crisis, el presidente y director ejecutivo de RCCL®, Adam Goldstein, admitió en la National Public Radio que la decisión de mantener el negocio funcionando como de costumbre, al borde de una zona de desastre, fue una "decisión bastante fácil [...] algo natural".[8] Aunque el gobierno haitiano solicitó que mantuvieran sus viajes tanto para por los beneficios económicos como por algo de ayuda humanitaria (proporcionaron transporte de mercancías), el abogado marítimo Jim Walker cuestionó los motivos al preguntar: "¿Es apropiado navegar hacia el idílico puerto de Labadee, Haití, en un crucero de placer, cuando los muertos permanecen insepultos y el país empobrecido se retuerce en el caos?"[9]

Ahora, los operadores de líneas de cruceros funcionan a veces como bancos, ofreciendo préstamos a los gobiernos en destinos locales para financiar proyectos de infraestructura para beneficio de los cruceros. En 2007, Carnival Corporation PLC y St. Maarten firmaron un acuerdo de 34,5 millones de dólares para la ampliación de su muelle, anticipando barcos más grandes para reactivar la economía turística en las Islas Vírgenes Británicas. Los destinos no tienen otra opción: mejorar sus muelles o morir.

Incorporación del Caribe

La mayoría de los cruceros navegan hacia el Caribe y atienden a un mercado principalmente norteamericano, pero ni un solo barco que navega por el Caribe es de propiedad caribeña (o estadounidense, por lo demás). Las oficinas centrales de las empresas suelen estar en suelo estadounidense, pero la mayor parte de éstas prefiere no constituirse en Estados Unidos y se trasladan a otra parte para evitar altos impuestos. Carnival (número uno en términos de participación de mercado), propietaria de Holland America Line (número cuatro), está incorporada en Panamá; Royal Caribbean (número dos) tiene su sede en Liberia y Norwegian Cruise Line (número tres) está registrada con el Genting Group en Malasia. Es una cuestión de economía. Como lo señaló la periodista Elizabeth Becker, "durante sus dos décadas de guerra civil, Liberia ganó al menos 20 millones de dólares cada año actuando como registro *off-shore* para barcos extranjeros".[10]

Durante la última década, los turistas de cruceros han representado alrededor del 40% de todos los turistas en el Caribe, pero menos del 10% del gasto turístico total. A pesar de los esfuerzos periódicos para aumentar las tarifas portuarias a los pasajeros, éstas siguen siendo extremadamente bajas en el Caribe. Bermudas cobra 60 dólares por visitante, mucho más que la mayoría de las islas, que a menudo cobran menos de diez dólares por visitante. Los esfuerzos de las islas del Caribe por formar un frente unido como forma de negociar colectivamente con las líneas de cruceros no han tenido mucho éxito. En todo caso, los gobiernos se sienten obligados a otorgar generosas exenciones fiscales para atraer barcos a sus puertos y contribuir a las economías locales, sin importar cuán insignificantes sean los montos involucrados.[11]

Nubes negras, aguas turbias

Hasta hace 25 años, los cruceros estaban reservados a los ricos de Europa y América, pero el crecimiento de la capacidad de los barcos ha hecho que el ocio de lujo esté disponible también a precios mucho más bajos –cerca de la mitad del costo, dada la inflación. Este aumento cuantitativo significa una disminución en los gastos operativos, lo que hace que los cruceros sean unas vacaciones asequibles para una población más grande. Sin embargo, mayores economías de escala conllevan mayores riesgos, con peligros crecientes: problemas técnicos, errores de navegación, fallas sanitarias y epidemias. Por ejemplo, semanalmente un barco carga 24.000 botellas de agua, que finalmente se convierten en desechos. Los destinos a menudo no pueden tratar la enorme cantidad de desechos, lo que lleva a los cruceros a arrojar toneladas de residuos en aguas internacionales.[12] No fue hasta 2011 que el Caribe fue designado como "Área Especial" (sólo con respecto a la basura) por Marpol, el Convenio Internacional para Prevenir la Contaminación por los Buques, apoyado por las Naciones Unidas, que regula el vertido de desechos por la borda –incluidas las aguas negras, sedimentos, basura, aceite y gases de escape. Aunque Marpol fue adoptado en 1973, el vertido de desechos en el océano todavía se practica ampliamente, aunque regulado a partir de cierta distancia de "la tierra más cercana".[13]

Los problemas en el mar no terminan con los residuos, sino que empiezan ahí. Cuanto más grande es el barco, mayor es el motor y mayor el riesgo de reparaciones, averías o incendios. Períodos más cortos en el puerto significan ciclos más breves para reparaciones e inspecciones, al igual que con los aviones.

El 14 de febrero de 2013, el Triumph de Carnival, un crucero post-Panamax de 102.000 toneladas, fue remolcado a Mobile, Alabama, después de permanecer varado en el mar durante casi cinco días. Los problemas comenzaron con un incendio en el motor, que a pesar de ser extinguido de forma rápida y segura provocó una pérdida de potencia y propulsión. El barco flotó en el Golfo de México sin agua corriente ni aire acondicionado, y con alimentos y agua dulce limitados. La incapacidad de Carnival para brindar soluciones para la eliminación adecuada de desechos para los pasajeros y la tripulación llevó a los medios de comunicación a denominarlo el "crucero de la caca". Carnival ofreció a los pasajeros un reembolso completo en efectivo, 500.000 dólares y crédito para otro crucero de la empresa. Un pasajero entrevistado en *Today Show* dijo sobre la crisis: "Fue como un desastre post-natural, pero atrapado en un barco".[14] Un operador de cruceros como éste, con 25 *Fun Ships* en siete clases diferentes (Fantasy, Triumph, Spirit, Conquest, Splendor, Dream, Sunshine y Vista) navegando hacia más de 60 destinos, no está ajeno a los desastres a bordo. De hecho, su viaje inaugural de 1972 encalló en un banco de arena. Y apenas un año antes del desastre del Triumph, el Costa Concordia (operado por Costa Crociere, subsidiaria de Carnival Corporation) zozobró y se hundió frente a la costa de Italia, matando a 32 pasajeros.

Jay Herring, ex alto funcionario de Carnival y autor del libro *The truth about cruise ships*[15], dice que la seguridad durante estas catástrofes es una preocupación creciente a medida que los barcos se hacen más grandes y aumenta el número de personas a bordo. Dice que la evacuación se convierte en un problema importante cuando hay más de tres mil pasajeros: "Imagínate que tienes este pequeño bote, subiendo y bajando, y estás tratando de transferir pasajeros caminando a través de una pasarela desde un barco esencialmente estacionario. Es muy peligroso".[16] El naufragio del Costa Concordia provocó que el costo de los seguros de protección e indemnización se disparara, a pesar de que el capitán fue el único culpable de la negligencia.

Cuanto más grande es el barco, mayores son los riesgos. En enero de 2014, Royal Caribbean, el segundo mayor

operador de cruceros después de Carnival, tuvo que devolver su Explorer of the Seas a su puerto de origen en Cape Liberty, Nueva Jersey, tras un brote de síntomas de norovirus (que afectó a casi el 20% de sus tres mil pasajeros). Los pasajeros y el 5% de sus 1.100 tripulantes sufrieron diarrea y vómitos extremos, estableciendo el récord de mayor número de pasajeros y tripulantes enfermos a bordo de un barco en la historia reciente. El mareo ya no proviene sólo del mar: viene del barco.

El terrorismo del turismo

A medida que enormes cruceros se alejan de sus antiguos puertos de escala y ponen proa hacia territorios pequeños y casi deshabitados, la proporción entre visitantes y poblaciones estables en tierra cambia. En algunas islas aisladas del Caribe, la temporada alta produce picos extremos de población: Cockburn Town, en las Islas Turcas y Caicos, por ejemplo, se quintuplica durante la temporada alta de cruceros. Cuando los barcos zarpan, los puertos de destino y la infraestructura de ocio quedan esencialmente abandonados. Los cruceros por el Caribe resultan a veces en extensos terrenos sin usar, creando áreas inactivas y territorios desocupados que permanecen sin ser utilizados por los lugareños, quienes esperan melancólicamente la llegada de la próxima ciudad flotante para que traiga consigo algo que hacer –y dinero.

El turismo es una fuerza económica global, y la tasa de crecimiento global anual de la industria de cruceros (alrededor del 7%) muestra una estabilidad notable.[17] Esta estadística es un testimonio de la resiliencia de la industria, a pesar de las recientes recesiones globales. Según la Cruise Line Association, en 1970 los cruceros de todo el mundo transportaban unos quinientos mil pasajeros al año; 40 años después, esa cifra había llegado a más de veinte millones, un crecimiento de casi 4.000 por ciento. A pesar de sus modestos comienzos, las tres empresas que hicieron crecer la industria se han convertido en los operadores más grandes del mundo. Norwegian comenzó a navegar en 1966; Royal Caribbean en 1968 y Carnival en 1972. Estas compañías no sólo sobrevivieron al avance de la industria aérea como ejemplos notables de transnacionalismo; la experiencia marítima de ocio programado, felicidad garantizada y diversión a la carta que brindan parece ser el antídoto perfecto para la logística punto a punto de la era aérea.

Pero en una industria casi monopolizada por estas tres empresas, la competencia por destinos exóticos se vuelve

cada vez más feroz. El Caribe y el Mediterráneo representan más del 60% de todos los destinos de cruceros, y el resto se divide entre Asia, América del Sur, Alaska y Australia. Durante los meses de invierno, dos tercios de los cruceros viajan al Caribe. Aunque la industria de los cruceros (y del turismo) en general ha sido relativamente exitosa, este éxito –calculado en pasajeros/kilómetro y sonrisas– viene con costos ocultos e injusticias desconocidas, donde las ganancias a menudo se obtienen a expensas de destinos que continúan en riesgo de atrofia económica.

Si el turismo representa uno de los sectores más importantes de la economía mundial, y el turismo de cruceros es su industria emblemática, ¿a qué costos debe sostenerse en el futuro? ¿Y qué papel tienen los norteamericanos, como sus principales usuarios? Las crecientes desigualdades entre los turistas de los cruceros y las poblaciones locales en buena parte empobrecidas deben ser afrontadas, y las compañías de cruceros deben rendir cuentas.

Quizás, entonces, el aumento de los itinerarios hacia Private Destinations™ y los paquetes Fun® diseñados para veinte millones de felices pasajeros se conviertan en territorios políticos abiertamente disputados, donde el diseño y la presencia de fantasías flotantes cada vez más grandes, precisas y eficientes navegando por las cálidas aguas del Caribe sean potencialmente albatroces económicos, de camino a algún otro lugar que no sea el paraíso.

Notas

1   Labadee, Haití. Port explorer and shopping guide. RCCL® 2010.

2   Ibid.

3   Ibid.

4   Ibid.

5   Desde 2018 el Symphony of the Seas puede albergar 6.680 pasajeros. Disponible en Cruceros.es.

6   Véase Wendy Littlefield, "How a cruise ship feeds 4,000", *The Atlantic*, 15 jul. 2009. <https://bit.ly/3mS8ES8>

7   "Financial breakdown of typical cruiser", *Cruise market watch*. <https://bit.ly/3tFsi7D>

8   INSKEEP, Steve. "Royal Caribbean provides tourists, relief to Haiti", *National Public Radio*, 19 ene. 2010. <https://n.pr/3mOqeGA>

9   WALKER, Jim. "Haiti to charge Royal Caribbean passengers $2 more to visit Labadee", *Cruise Law News*, 19 ago. 2014. <https://bit.ly/3zVTFyr>

10   BECKER, Elizabeth. "Destination Nowhere: the dark side of the cruise industry", *The Saturday Evening Post*, 17 abr. 2014. <https://bit.ly/3NXXJCa>

11   "Cruise industry overview 2014: state of the cruise industry", *Florida-Caribbean Cruise Association*. <https://bit.ly/3NXQuKr>

12   MELIA, Mike. "Caribbean cruise ships dump garbage at sea", *Associated Press*, 1 mar. 2009. <https://bit.ly/39puol5>

13   Véase: Anexos *IV* y *V* de *International convention for the prevention of pollution from ships*. <https://bit.ly/3xun9jY>

14   HESSE, Monica. "Carnival triumph disaster: a drama of discomfort," *The Washington Post*, 15 feb. 2013. <https://wapo.st/3xv0PH1>

15   HERRING, Jay. *The truth about cruise ships. a cruise ship officer survives the work, adventure, alcohol, and sex*. Colony: SaltLog, 2011.

16   NEUMAN, Scott. "As cruise industry grows so have its problems", *National Public Radio*, 15 feb. 2013. <https://n.pr/3HsZ81h>

17   Véase: RODRIGUE, Jean-Paul; NOTTEBOOM, Theo. "Transportation, economy and society." In: RODRIGUE, Jean-Paul; COMTOIS, Claude; SLACK, Brian (Eds.). *The geography of transport systems*. 3ª ed. Nueva York, Routledge, 2013; RODRIGUE, Jean-Paul; NOTTEBOOM, Theo. "The geography of cruises: itineraries, not destinations", *Applied geography*, v. 38, mar. 2013, p. 31-42.

From heritage to feritage

Cómo trayectorias de dependencia económica en las destinaciones de cruceros en el Caribe distorsionan los usos de la arquitectura patrimonial y la forma urbana

Cómo las trayectorias de dependencia económica en los destinos de cruceros en el Caribe distorsionan los usos de la arquitectura patrimonial y la forma urbana Supersudaca, lanzado bajo una licencia Creative Commons 3.0 (atribución-compartir) no adaptada.

Desde principios del siglo 16, cuestiones económicas han influenciado el patrimonio construido en las ciudades portuarias del Caribe. La similitud entre el modelo de explotación colonial y los actuales modos de funcionamiento del turismo de cruceros revela cómo los patrones históricos se repiten en nuevas formas, y que las relaciones de poder –donde las principales decisiones económicas continúan en manos de inversionistas extranjeros– permanecen idénticas. El título de este capítulo alude a cómo las destinaciones contemporáneas de cruceros en el Caribe están distorsionando los usos de la arquitectura patrimonial, al tiempo que se asemejan a las prácticas espaciales y económicas de la época colonial. El título de este capítulo es una referencia a la continua deformación del uso del patrimonio para los fines de la industria de los cruceros. Por ejemplo, las constantes mejoras de réplicas desafían lo que las oficinas de turismo locales consideraban esencial e insustituible para el propósito turístico de las visitas: la posibilidad de poder experimentar lugares auténticos.

El turismo de cruceros es una de las industrias más estables y de más rápido crecimiento,[1] y el turismo en tierra firme que genera ha transformado la forma y función urbanas, así como la arquitectura patrimonial en todo el mundo.[2] Sin embargo, la investigación académica se ha centrado en aspectos aislados de la industria de los cruceros (en particular la economía) o en la necesidad de una adaptación –orientada al turismo– del entorno histórico construido y las instalaciones portuarias; no se ha involucrado en debates sobre el patrimonio.[3] La mayor parte de la literatura que si explora el turismo de cruceros y el patrimonio se centra en preservar estos valores frente a presiones económicas crecientes.[4] La relación entre el turismo (de cruceros) y los valores del patrimonio cultural de las comunidades locales está recién comenzando a ser analizada por académicos, entre ellos Carola Hein[5] y, más brevemente, Megan Epler Wood.[6] Sólo recientemente se han estado explorando los desafíos socioculturales que las empresas de cruceros llevan a las costas de sus destinaciones, así como intentos por formular soluciones de planificación.[7] Pero los residentes locales comentan con fuerza y expresan preocupación por el impacto del transporte marítimo sobre los valores patrimoniales de sus comunidades, especialmente en los medios de comunicación. Venecia y Barcelona han estado en la primera línea de las recientes protestas contra el turismo de cruceros.[8] Las redes sociales han cubierto y comentado estas protestas, pero esas conversaciones aún no se han estudiado.

Dowling ofrece probablemente el panorama más completo del trabajo académico sobre los cruceros,[9] pero llama la atención el énfasis que este tipo de estudios ponen en la industria más que en sus destinaciones. Una serie de importantes estudios sobre su evolución bajo la influencia del turismo[10] identifica las zonas de los puertos visitadas por los turistas como "burbujas turísticas",[11] formadas por un núcleo y una periferia. No obstante, sigue siendo necesario realizar una investigación más exhaustiva acerca de los efectos de los cruceros sobre las áreas urbanas históricas[12] y el efecto transformador de esta industria en las relaciones espaciales entre ciudades, puertos y *hinterland*[13]. A través de diversos formatos de investigación, Supersudaca ha estudiado el impacto del modelo de negocios del turismo de cruceros más reciente, así como la relación espacial entre puerto, ciudad y *hinterland* en el Caribe;[14] Recientemente se nos encargó asesorar al gobierno de Islas Turcas y Caicos.[15] El objetivo de nuestro informe fue revelar los mecanismos tras la cambiante relación espacial del muelle con el territorio urbano, como una relación dinámica de interdependencia entre actores locales y extranjeros; llegamos a la conclusión de que se necesitaban nuevas políticas para mejorar e integrar a la industria de los cruceros con la población local y su economía. Entretanto, el patrimonio sigue abandonado por la ubicación estratégica del muelle, alejado del centro histórico. Sin embargo, aún no se ha investigado el papel del turismo y el patrimonio dentro de las relaciones más amplias entre los actores. En este capítulo exploramos cómo los debates respecto del patrimonio se desarrollan hoy en las discusiones sobre los cruceros en las costas del Caribe.

Durante los últimos veinte años, algunos de estos debates han creado un equilibrio de poder distintivo en el cual responsables políticos y planificadores se centran en el aspecto económico de la industria de los cruceros, considerando la forma urbana y la arquitectura patrimonial solo como elementos de soporte de la oferta turística, en lugar de ver el patrimonio como parte integral de los valores culturales de la población local. El discurso dominante adopta a menudo una perspectiva de corto plazo que respalda este enfoque, analizando principalmente las llegadas y los gastos de los turistas, dejando de lado los actores locales, sus agendas, su interés en la forma y el patrimonio urbanos y sus preocupaciones identitarias específicas. Pero la compleja interacción de la industria de los cruceros con los puertos, las ciudades y el *hinterland* requiere un enfoque multifacético que reconozca el desarrollo a largo plazo.[16]

Junto con estudiosos del institucionalismo histórico, sostenemos que el modelo actual de turismo de cruceros contiene un patrón de desarrollo histórico con trayectorias que son inherentemente difíciles de revertir: las llamadas "dependencias de trayectoria".[17] Los puntos de decisión durante los cuales se establecen nuevas configuraciones institucionales y se lanzan nuevas trayectorias de desarrollo –denominadas, en general, "coyunturas críticas"– son cruciales para la dirección futura de cada destinación.[18] En línea con Bontje, Musterd y Pelzer,[19] proponemos que la atracción de la región urbana hacia los sectores creativos y su potencial desarrollo económico está influenciada por la trayectoria de los desarrollos históricos. Utilizando el concepto de dependencia de trayectoria, y considerando el entorno construido como otro actor, analizamos la influencia de los cruceros en el desarrollo y la preservación del patrimonio arquitectónico de las ciudades portuarias en las islas del Caribe.

Cómo las dependencias políticas y socioeconómicas históricas dieron forma al patrimonio de las ciudades portuarias del Caribe y a los modos operativos actuales del turismo de cruceros

Las dependencias políticas y socioeconómicas históricas dieron forma al patrimonio de las ciudades portuarias del Caribe –tanto en su forma urbana como en su producción arquitectónica– de maneras que aún resultan visibles en los modos operativos actuales del turismo de cruceros. Esto se debe en parte a la continuación o resurgimiento de estructuras geopolíticas del pasado, pero quizás más interesante es la relevancia actual, para la industria de los cruceros, de estrategias espaciales de aquel pasado lejano que tenía como objetivo principal el control de los flujos de capital en el Caribe. El turismo de cruceros en las ciudades portuarias del Caribe se basa en principios de mercantilismo y control monopolista que eran prácticas normales en la región en los siglos 16 y 17.

Lo que percibimos como el patrimonio más antiguo representa ahora –a veces con notable claridad– las políticas económicas y culturales destinadas a crear un sistema urbano que facilite el comercio, la seguridad y la estabilidad. Además, la configuración espacial de las ciudades portuarias del Caribe (sus sistemas de trazados y fortificaciones) expresa cómo el mercado no permitía la competencia proveniente de otros lugares. Culturalmente, las ciudades portuarias parecían espacios neutrales, pero una mirada más cercana revela que eran altamente jerárquicas, empujando a las poblaciones indígenas locales a los márgenes del sistema. Los modelos de turismo emergentes repiten hoy varias de estas dinámicas.

El patrimonio arquitectónico de las islas del Caribe, mayoritariamente europeo, se remonta a principios del siglo 16. Este legado se encuentra estrechamente relacionado con la historia y los intereses de la explotación colonial en la región. El modelo de colonización siguió un patrón de descubrimiento y conquista, según el cual los colonizadores identificaban recursos para explotar y –dependiendo de su importancia– proteger militarmente con fortificaciones en las ciudades y (posteriormente) con fuerzas en alta mar. Más específicamente: una vez que los colonizadores descubrían un nuevo lugar, fundaban una ciudad: distribuyendo tierras entre los conquistadores, levantando la infraestructura necesaria para la extracción, organizando y distribuyendo el trabajo forzado, estableciendo la logística del comercio para llevar los productos de la explotación a la metrópoli. El modelo involucró al sector privado con un fuerte apoyo y orientación del Estado, en cierta medida similar a las asociaciones público-privadas actuales. Las ciudades recién fundadas podían entonces crecer o colapsar, dependiendo de la presencia y cantidad de recursos y mano de obra disponible.

En general, la primera fase de la colonización española duró desde hasta la conquista de México en 1520, y Perú en 1532.[20] El descubrimiento de vastas reservas de plata y oro en México y Perú significó un cambio drástico para las islas y los puertos del Caribe, que tuvieron que orientar sus economías hacia otras actividades, como la producción de azúcar y tabaco. A medida que las ciudades portuarias del Caribe se convertían en nodos clave para la logística del comercio, llevando metales preciosos a Europa e importando productos europeos para los colonizadores[21], acumularon tesoros y se volvieron más atractivas para los piratas. Todo esto llevó a las ciudades portuarias a una nueva fase de vulnerabilidad a finales del siglo 16. El cambio más drástico de esta fase se produjo en el siglo 17, tras la conformación de la Triple Alianza de 1596 entre Francia, Inglaterra y las Provincias Unidas de los Países Bajos. El Tratado de La Haya reconoció por primera vez a la República de los Siete Países Bajos Unidos y estableció un enemigo común en el Caribe: España. Poco después, franceses, holandeses e ingleses comenzaron también a reclamar territorios y establecer plantaciones en la región.

Desde un punto de vista espacial, las construcciones patrimoniales de varias ciudades portuarias del Caribe corresponden a fortalezas, la mayor parte de ellas con calles en retícula. Sin embargo, en su mayoría estos lugares carecían de fortificaciones durante las primeras décadas de la conquista. San Juan de Puerto Rico es un claro ejemplo de ello, al ser una ciudad abierta, sin murallas durante 130 años y estando basada en una antigua referencia al desprecio que Platón sentía por las ciudades amuralladas.[22] Históricamente, antes de la conquista española de América, las ciudades portuarias de las Islas Canarias eran estructuras abiertas; es decir, puertos sin murallas que promovían un mensaje de libre comercio. El ingeniero naval italiano del siglo 16 Leonardo Torriani describió a San Cristóbal de La Laguna, en Gran Canaria –el precedente más destacado de San Juan–, como "una ciudad hecha de paz para la paz. Sin fortalezas ni muros".[23] La ahora llamada Ciudad de La Paz, también conocida como Ciudad Marítima, se caracterizaba por la presencia de una plaza principal frente al mar (la Plaza del Mar), a la que una cuadrícula unía a la plaza principal (Plaza Mayor) donde estaban los principales edificios cívicos y la iglesia. Posteriormente, los españoles utilizaron esta cuadrícula para trazar su nueva ciudad abierta, probablemente por razones de rapidez, orden y disponibilidad de herramientas rudimentarias como cuerdas y reglas.[24]

El sistema de colonización pasó de una estrategia estándar de fundar ciudades a una de puertos especializados. Esto tuvo que ver más con la planificación central de la región, hecha desde España, que con las demandas locales. Los puertos que se ocupaban de los derechos de exportación e importación a España se vieron drásticamente reducidos a tareas únicas: Veracruz se convirtió en el puerto auxiliar de la Ciudad de México, controlando los flujos de plata desde México; Nombre de Dios (también conocido como Portobelo), en el istmo de Panamá, pasó a controlar los recursos provenientes del Perú a través del Océano Pacífico, principalmente metales; Cartagena de Indias (en la actual Colombia) pasó a servir como parada para reabastecer de combustible a los barcos y, finalmente, como nodo del comercio de esclavos de África. La Habana, por su parte, era el puerto donde los barcos procedentes de Perú y México se sumaban a la escolta naval española para regresar a España.[25] Algunos puertos sufrieron esta reconfiguración: San Juan y Santo Domingo, por ejemplo, perdieron una parte (o la mayoría) de su importancia inicial.

El modelo de Ciudades de La Paz fue, finalmente, puesto a prueba por los enemigos de España. Piratas británicos, franceses y más tarde holandeses dañaron puertos clave. En 1572, Sir Francis Drake atacó Portobelo; en un punto de inflexión en la política de defensa de la ciudad,[26] el rey español Felipe II respondió encargando al ingeniero especializado en fortificaciones Battista Antonelli, mejorar la seguridad de Portobelo y otras ciudades clave –especialmente aquellos puertos ubicados en la principal ruta del monopolio de importación y exportación conocido como Carrera de Indias: Cartagena, San Juan de Ulúa, La Habana y San Juan de Puerto Rico.[27] Por lo tanto, las construcciones patrimoniales en las ciudades portuarias del Caribe ha sido históricamente producto de los españoles, quienes diseñaron ciudades primero para maximizar la velocidad de construcción y eficiencia del comercio marítimo, y luego para la defensa y aduanas.

Hoy, ese mismo patrimonio se está reciclando para maximizar el turismo de cruceros, otro producto de la explotación extranjera. Aunque la teoría de las trayectorias de dependencia se refiere normalmente a una secuencia continua de eventos, vale la pena señalar las similitudes entre estas dos fases (explotación colonial y turismo de cruceros) a pesar del tiempo que las separa. En la época colonial, la mayor parte de las economías del Caribe dependía principalmente de una única forma de explotación a escala regional, protegida por el monopolio del mercado regulado por la corona española a través de su Casa de Contratación, la arquitectura fortificada y las escoltas navales. El surgimiento relativamente reciente del turismo en el Caribe como principal fuente de economía, ofrece también un solo tipo de producto para la región. Los recientes centros para cruceros en algunas destinaciones del Caribe recuerdan sorprendentemente las estrategias de fortificaciones de la época colonial y, al igual que ellas, apuntan a maximizar el control de los beneficios económicos de la empresa.

Al mismo tiempo, es importante observar las diferencias entre estas historias. El turismo se diferencia de las industrias minera y azucarera con muchos más sectores económicos afectando el negocio. El turismo de cruceros es lo que los académicos llaman una industria vertical, donde empresas gigantes controlan varios sectores de la economía.[28] Esto significa que no hablamos de control monopolístico de un producto, sino de concentración intensiva y deformación del mercado por parte de unas pocas empresas. Los flujos y éxitos o fracasos de las ciudades portuarias relacionados con el turismo de cruceros están vinculados a las decisiones de compañías controladas por extranjeros, ubicadas principalmente en Florida, Estados Unidos). La mayoría de los cruceros navegan hacia el Caribe y atienden principalmente a un mercado norteamericano, pero ni uno solo de estos barcos es de propiedad caribeña (o estadounidense). Las oficinas centrales de las empresas suelen ubicarse en territorio estadounidense, pero la mayoría de las empresas evitan constituirse en Estados Unidos y se trasladan al extranjero para evitar pagar altos impuestos. Carnival (la primera en términos de participación de mercado), propietaria de Holland America Line (número cuatro), está radicada en Panamá; Royal Caribbean (la número dos) tiene su sede en Liberia y Norwegian Cruise Line (la tercera) está registrada con el Genting Group en Malasia. Es una cuestión de economía, tanto para los países receptores como para las empresas de cruceros.[29] Como ha señalado Becker, "durante sus dos décadas de guerra civil, Liberia ganó al menos 20 millones de dólares anuales actuando como registro *off-shore* para barcos extranjeros".[30] Así, los patrones históricos regresan bajo nuevas formas, mientras que la esencia de la relación de poder entre los actores sigue siendo idéntica: las principales decisiones económicas todavía están en manos de inversionistas extranjeros, cuyos intereses podrían prevalecer por encima de las agendas locales de preservación.

Dos empresas de cruceros de propiedad extranjera, cada una formada por múltiples marcas asociadas, monopolizan el mercado de cruceros en el Caribe. En conjunto poseen el 70% del mercado mundial,[31] y su facturación a veces triplica el Producto Interior Bruto de las propias naciones caribeñas. Su poder para estabilizar las dinámicas económicas en el largo plazo puede denominarse "bloqueo económico". Como en la época colonial, los beneficios para la región no son, claramente, una prioridad para los inversionistas extranjeros. Aunque las islas del Caribe son la región turística de cruceros más activa del mundo, los ingresos no se corresponden con el tamaño del negocio. Un informe de 2004 del World travel and tourism council afirmó que "considerando que el Caribe atrae alrededor del 50% del mercado mundial de cruceros, su contribución a los ingresos totales del turismo es relativamente insignificante, y representa sólo entre el 8 y el 10% de los ingresos del turismo internacional".[32] Los turistas de cruceros constituyeron aproximadamente el 42% de todos los turistas que visitaron el Caribe en 2000, aunque el informe indica que representaron sólo el 12% del gasto turístico total. Las noticias tampoco son siempre buenas para todas las destinaciones. A medida que aumenta la competencia, aumentan también los problemas de crecimiento. El crecimiento continuo de la industria no garantiza automáticamente el éxito para todos los actores.

Frente a las críticas sobre los escasos beneficios económicos para la región, se argumenta que el turismo de cruceros "presenta a las destinaciones la oportunidad de convertir a los visitantes (muchos de los cuales admiten estar familiarizándose con el Caribe) en futuros turistas *stayover*".[33] Hace un llamado por "más investigaciones acerca de las percepciones del mercado sobre los dos productos (cruceros y turismo en tierra firme), el grado de competencia directa y sustitución de la demanda entre ellos, o el grado de conversión a visitas con estadía".[34] Pero la teoría de la conversión va en contra de la tendencia actual de que los turistas pasen menos tiempo en tierra, lo que disminuye las posibilidades de la destinación para promocionarse. Además, las empresas de cruceros controlan cada vez más las excursiones en tierra firme, como "otra fuente de ingresos" para la industria que "proporciona ingresos sólidos a las empresas en forma de comisiones de ventas".[35] Los muelles y puertos que atienden al turismo de masas de la industria de cruceros se están convirtiendo en un producto controlado por esta última, que con su "condición de economía de un solo sector plantea el espectro de una futura ruina regional".[36] Los cruceros se están convirtiendo en "parques temáticos flotantes"[37] cada vez más grandes, lo que requiere que los puertos de escala inviertan cada vez más dinero en construir, mantener y modernizar muelles más grandes. Cuando algunos puertos del Caribe no pueden afrontar estos gastos crecientes, los operadores turísticos buscan otras destinaciones que puedan satisfacer la demanda en aumento o negocian tarifas de fondeo por sumas exiguas. En algunos casos, las empresas de cruceros comparten con socios locales la responsabilidad y la inversión para mejorar la infraestructura. En otros casos –más rentables–, ellas mismas desarrollan, administran y operan los puertos. "Los operadores de empresas de cruceros ahora trabajan en ocasiones como bancos de infraestructura, ofreciendo préstamos a los gobiernos en destinaciones locales para financiar proyectos de infraestructura orientados a los cruceros. En 2007, Carnival Corporation PLC y St Maarten firmaron un acuerdo de 34,5 millones de dólares para la ampliación de su muelle, anticipando que barcos más grandes reactivarían la economía turística en las Islas Vírgenes Británicas."[38] Los préstamos se calculan en base a los impuestos que los gobiernos reciben por el flujo de turistas en los cruceros. Con la creciente congestión en el Caribe y la dura competencia de las economías emergentes de todo el mundo, un puerto que no se mejore puede verse abandonado. "La amenaza de abandono deja a los puertos paralizados: invertir grandes sumas de dinero para mejorar las instalaciones sólo conduce a una obsolescencia posterior, pero no mejorar significa que no hay negocio alguno."[39] Una vez más, como en la época colonial, el control de la oferta y la demanda está en manos extranjeras, pero las destinaciones no tienen otra opción: "Mejorar sus muelles o morir".[40]

Arquitectura patrimonial de las ciudades caribeñas e intereses económicos de las empresas de cruceros

Dado que el turismo de cruceros depende del patrimonio, los primeros actores que se interesaron por la conservación de este fueron las empresas de cruceros. Por lo tanto, las estrategias de preservación de edificios patrimoniales y espacios urbanos juegan un papel importante en la comercialización de las islas del Caribe y están estrechamente relacionadas con el atractivo de la industria de cruceros. En Curazao, por ejemplo, las mundialmente famosas fachadas de estilo holandés de la calle Handelskade frente al mar, siempre han atraído a los turistas de los cruceros; sin embargo, y siguiendo un estudio de marketing, el gobierno local decidió que la ciudad debía apelar a lo que los turistas tienen en mente respecto de una locación caribeña. Así, plantaron palmeras en las áreas públicas cercanas al terminal. Sin embargo, esas palmeras no son en realidad especies autóctonas de la isla, por lo que el gobierno las está importando de Cuba como pago de una deuda anterior. El paisajismo supuestamente caribeño de la vía que conduce a los turistas al distrito comercial ha llevado a "la situación de que en la misma plaza (Brionplein) se utilizan dos tipos de luminarias: aquellas que mantiene la industria turística a lo largo del recorrido de los visitantes, y aquellas otras –más antiguas y menos kitsch– que aún permanecen en pie en la plaza",[41] todo lo cual refleja la falta de coordinación entre las autoridades locales de turismo y de planificación.

Algunas de las tiendas de la calle Front, en San Martín, cambiaron su orientación en 180 grados para quedar de frente a un nuevo bulevar peatonal para turistas de cruceros, reorientando la forma urbana; al mismo tiempo, cuando cuatro cruceros desembarcan simultáneamente en la isla, estos diez mil pasajeros provocan congestión de manera instantánea.[42] En Curazao, el diseño del espacio público guía cuidadosamente a los turistas desde el Mega Pier a un centro comercial, luego al Puente de la Reina Emma y finalmente a Punda, el antiguo centro de la ciudad que ahora está lleno de tiendas duty-free de lujo. Esta ruta se aleja, literalmente, de la principal calle comercial para los locales de Otrabanda, cuyos "comerciantes siempre han manifestado que quieren seguir orientándose hacia la clientela local, considerada como más estable".[43]

Al principio, el interés de la industria de cruceros por el patrimonio no sólo era ético sino también económico y, por tanto, más estable. Sin embargo, casos recientes apuntan en una dirección diferente, indicando que la industria de los cruceros se encuentra comparando los costos y beneficios de este modelo con los de un nuevo modelo de control total donde ellos "crean" el patrimonio en otros lugares, preferiblemente lejos de la ciudad y del patrimonio auténtico.

Las empresas de cruceros han construido destinaciones para ir de compras en "tierras de nadie" y arrendado (o a veces comprado) playas, creando burbujas turísticas[44] desconectadas de los verdaderos lugares patrimoniales, ciudades y vidas locales. Según Cheong, "las comunidades portuarias pueden estar más predispuestas que otras zonas turísticas a mercantilizar su patrimonio para los turistas" dada la concentración de la actividad turística y los ingresos generados en la "burbuja turística".[45] Cita a Wood, quien afirma que "una mayor interacción entre los visitantes y las comunidades locales promueve los procesos de globalización y homogeneización".[46] Según ella, "este proceso se acelera dentro de la comunidad local cuando la proporción de visitantes la supera, fenómeno que Brida y la United Nations World Tourism Organization señalan es especialmente frecuente en el Caribe".[47]

En algunas islas aisladas del Caribe, la población aumenta durante la temporada alta. "Cockburn Town, en las Islas Turcas y Caicos, por ejemplo, se quintuplica durante la temporada alta de cruceros, sin conflicto ni negociación".[48] Si los lugares patrimoniales fueron al comienzo la atracción principal, luego lo fueron itinerarios y puertos, y más tarde el propio barco, en combinación con actividades relacionadas con la playa y el agua, a menudo en islas alquiladas "en medio de la nada". Sin embargo, según Cheong, a pesar de que las empresas de cruceros tienen zonas comerciales y playas separadas para sus pasajeros, "los lugares patrimoniales siguen siendo una atracción principal".[49] No obstante, señala: "Aunque muchos estudios encontraron que los itinerarios de los cruceros y los puertos de escala seguían siendo los principales motivadores para los viajeros (reconociendo la necesidad de brindar experiencias en alta mar satisfactorias), la literatura indica que existe un cambio impulsado por el consumidor hacia el barco mismo, que actúa como la principal atracción".[50] Nuestro análisis reciente de las excursiones en tierra firme en el Caribe revela que esta tendencia va de la mano con la mayor importancia del agua y la playa más que el patrimonio.

Modos contemporáneos de turismo de cruceros en el Caribe y su impacto sobre el patrimonio de las ciudades portuarias del Caribe y su *hinterland*

Es difícil evitar la impresión de que los cruceros se han vuelto completamente autosuficientes. El aumento exponencial del tamaño de los barcos se ha convertido en una metáfora de la arrogancia de la industria de los cruceros: cuanto más grandes son estos, menos parecen preocuparse las compañías por la calidad, variedad o autenticidad de las destinaciones. Si hasta hace poco tiempo navegar por el Caribe significaba pasear por antiguas ciudades coloniales como San Juan, caminar por la costanera de Cozumel, comprar recuerdos cerca del muelle o probar la cocina local de Santo Domingo, el desarrollo reciente de los cruceros ha tendido a disminuir la importancia de valores específicos a las destinaciones.

Al tiempo que las empresas de cruceros han logrado diseñar una diversidad de vida a bordo, cuestionan la relevancia de los destinos. La pluralidad, la potencial inseguridad y la falta de garantías en lugares reales seguramente eclipsan cualquier ventaja que pudieran ofrecer. En partes como Cozumel, donde los turistas todavía pueden llegar a las tiendas locales, los directores de cruceros advierten a los pasajeros que eviten los comercios no certificados e inseguros de los residentes. Incluso parece que los barcos podrían simplemente dejar de anclar en nodos locales.

Un cambio aparentemente insignificante es en realidad un paso crucial que cambia el papel de las destinaciones en el juego de poder de la economía espacial turística. Originalmente, el muelle era la extensión de la economía local de un destino turístico. En cuanto extensión de este, el muelle debía guiar cuidadosamente a los turistas hacia los encantos del lugar, seduciéndolos a gastar el mayor tiempo y dinero posible en tiendas locales durante su corta estancia. Dado que la industria de los cruceros financia, construye y decide la posición de nuevos muelles, estos "hoy se han convertido en extensiones de los barcos".[51]

El nuevo modelo dominante para gestionar el turismo de cruceros en tierra firme es proporcionar un terminal de buses

Centro de cruceros Costa Maya. Fuente: Supersudaca. Investigación Al Caribe con el auspicio del Fondo Príncipe Claus. Publicado bajo una licencia Creative Commons Atribución-NoComercial-SinDerivadas 4.0 Internacional.

cercado y una zona comercial adjunta al muelle, a veces lejos de la ciudad o en una isla sin explotar. Esta villa-crucero inmediatamente adyacente al muelle ofrece ocio y comercios (a menudo de propiedad de la empresa de cruceros) con el aura de pueblos históricos, separados de las ciudades y sus economías.

Con los nuevos muelles cada vez más lejos de las destinaciones históricas, el turista tiene menos opciones para aventurarse en la ciudad (y corre el riesgo de quedarse afuera del barco). Es cada vez más fácil permanecer en la seguridad de los nuevos puertos de escala bajo control de la industria. Se estima que "en cada llegada de los barcos a puerto, el 15% de los pasajeros nunca abandona el crucero".[52] Pero este movimiento no podría completarse sin una revolución en el propio barco. La transformación de este ha sido tan enorme que muchos turistas ahora deciden que las destinaciones son menos cruciales para su experiencia que en el pasado.

A medida que los barcos crecieron, "disminuyeron la dependencia de los puertos de escala, ya que el propio barco se convirtió en la destinación".[53] Esto ha permitido a las empresas de cruceros maximizar sus beneficios. La única función que les queda a los lugares reales es cumplir los pocos deseos de los turistas que resultan inalcanzables en el barco: la experiencia auténtica de una ciudad colonial tropical, ruinas arqueológicas prehispánicas y una playa virgen. Pero incluso este nicho está siendo cuestionado ahora por las industrias de cruceros, que están creando "escapadas de fantasía tanto a bordo como en tierra firme".[54] Las destinaciones portuarias coloniales donde la industria de cruceros cuenta con un gran *lobby*, como Curazao, controlan la ruta de los turistas en una coreografía casi perfectamente orquestada, y "hasta cierto punto, las destinaciones caribeñas están imitando a los cruceros, introduciendo tematización en las ciudades portuarias (como en Aruba, cuya calle principal parece un parque temático) y creando atracciones artificiales separadas del entorno geográfico, como en San Martín".[55] Para satisfacer la demanda de los turistas por arquitectura exótica, la industria de cruceros construyó en México un lugar llamado Costa Maya. Levantado desde cero, y emplazado "en medio de la nada", incluye una zona comercial y restaurantes de estilo neomaya, de propiedad de la industria y operados por ella; por su parte, la torre de una iglesia de yeso remite a la época colonial española. Falsas "esculturas de piedra y bailarines indios en la plaza comercial recuerdan la cultura maya".[56] Gran Turca no sólo promovió una réplica de la cápsula Friendship 7 de la Nasa (que cayó al Atlántico en 1962, a unos pocos kilómetros de la isla) como una de sus principales atracciones, sino que la copió nuevamente cuando construyó un terminal y el centro de cruceros. Wood señala que, al ampliar "el entorno de fantasía del barco", de manera significativa los puertos también "reproducen bajo una nueva forma el desarrollo de enclave que ha caracterizado durante largo tiempo la región".[57] Profundizando en esta tendencia, desde la década del 70, la región del Caribe ha sido un laboratorio para el desarrollo de resorts con todo incluido, un mundo paralelo a las ciudades donde viven los lugareños.

Puertos de escala como Curazao y Aruba, donde los turistas pueden caminar directamente desde el terminal hasta el centro histórico de la ciudad, se han vuelto excepcionales en el Caribe. Al mapear los terminales de cruceros y sus alrededores inmediatos, encontramos que "la mayoría de los terminales emergentes están situados a varios kilómetros del centro de la ciudad más cercana".[58] Pero para conseguir el ambiente playero local que demandan los turistas, uno de los últimos nichos que quedan para las destinaciones, "las empresas de cruceros están también reduciendo los días en puerto, comprando o arrendando islas o fondeando en algún tramo de playa desierta".[59] De las ocho líneas principales que operan hoy en el Caribe, diez poseen islas privadas.[60] Royal Caribbean es propietaria de Coco Cay en Bahamas, por ejemplo, y

Centro de cruceros Costa Maya. Fuente: Supersudaca. Investigación Al Caribe con el auspicio del Fondo Príncipe Claus. Publicado bajo una licencia Creative Commons Atribución-NoComercial-SinDerivadas 4.0 Internacional.

arrienda Labadee en Haití –y le dicen a los turistas que se trata de Fantasy Island, para no arruinar sus vacaciones.[61]

A medida que las empresas de cruceros han desarrollado y perfeccionado sus modelos de negocios, han afectado la relación espacial entre la ciudad, el puerto y el *hinterland* al ubicar estratégicamente sus muelles en lugares fuera de las ciudades históricas. Sus nuevas construcciones y usos inciden en el desarrollo espacial histórico tanto de la forma urbana como del patrimonio (identidad local). Pero ni los actores públicos (políticos locales, agencias de turismo, planificadores, actores patrimoniales) ni los propios ciudadanos han estado involucrados en esta transformación.

Conclusión

El turismo de cruceros ha reescrito la forma urbana y el patrimonio arquitectónico de la región del Caribe y sus funciones en los últimos veinte años, a través de la tematización de la forma urbana (a menudo una "disneyficación" de los centros históricos de las ciudades, incluyendo las costas) y de recreaciones de puertos históricos. Hemos analizado cómo el actual modelo de negocios de los cruceros ha afectado tanto la forma urbana como la arquitectura patrimonial al posicionar estratégicamente los muelles fuera de las ciudades históricas o en lugares desiertos; reproducir arquitectura, objetos y paisajes patrimoniales en réplicas y simulaciones, y recodificar el patrimonio para adaptarlo a las demandas de los turistas excluyendo las economías locales.

El rápido crecimiento de la industria de cruceros y su concentración en unas pocas empresas ha establecido relaciones de poder distintivas entre la primera y los gobiernos del Caribe. Entendemos que esta dinámica emergente sigue trayectorias de dependencia,[62] de modo que lo que ahora parece un proceso dinámico podría en realidad encaminarse, con el tiempo, hacia una relación estática entre los actores clave, haciendo que el cambio sea cada vez más difícil. Como han argumentado Capoccia y Kelemen, "los largos períodos de estabilidad y reproducción institucional asociado a trayectorias de dependencia son interrumpidos ocasionalmente por momentos breves de flujo institucional denominados coyunturas críticas, durante los cuales es posible un cambio más drástico".[63]

Nos encontramos actualmente en una tal coyuntura crítica donde los actores locales y las instituciones patrimoniales pueden evitar que las empresas de cruceros tomen el control total de las áreas patrimoniales y, al mismo tiempo, atraerlas para que permanezcan en estas (y no las abandonen por completo). Los gobiernos del Caribe reconocen cada vez más la importancia del patrimonio a la hora de atraer turistas de cruceros y el rol que este tipo de turismo podría desempeñar para preservar el patrimonio y su valorización a futuro. En La Habana, por ejemplo, el gobierno ha vinculado cada vez más la renovación de los muelles al turismo de cruceros. Un nuevo puerto se ha hecho cargo de las actividades de transporte a gran escala, dejando de lado al puerto histórico que está siendo reconstruido principalmente para el turismo de cruceros. Ese proceso ya había comenzado, pero la reciente apertura política de Cuba lo ha acelerado.[64] De manera similar, según el informe "Winning the future", Aruba ha reconocido recientemente el poder del turismo de cruceros y ha decidido invertir parte de sus ingresos directamente en la preservación del patrimonio.[65] Las empresas de cruceros están a menudo tras bambalinas, todavía decidiendo dónde se invierte ese dinero. El gobierno de Gran Turca, por ejemplo, planeaba utilizar los ingresos del turismo de cruceros para convertir un edificio antiguo, ubicado en el centro histórico, en el centro de recepción de Carnival, pero la empresa no lo utilizaría sin la garantía de que las ganancias obtenidas al otro lado de la isla fueran lo suficientemente altas.[66]

El turismo de cruceros puede desencadenar nuevas configuraciones institucionales en las destinaciones del Caribe, incluyendo la colaboración entre instituciones de planificación patrimoniales y marítimas, para garantizar el futuro de las ciudades portuarias históricas y evitar que los patrones heredados distorsionen aún más los usos de la arquitectura patrimonial y la forma urbana.

Notas

1   RODRIGUE, Jean-Paul; NOTTEBOOM, Theo. "Transportation, economy and society." In RODRIGUE, Jean-Paul; COMTOIS, Claude; SLACK, Brian (Ed.). *The geography of transport systems*. 3ª ed. Londres, Routledge, 2013; RODRIGUE, Jean-Paul; NOTTEBOOM, Theo. "The geography of cruises: itineraries, not destinations", *Applied geography*, v. 38, 2013, p. 31-42.

2   HEIN, Carola. "Port cityscapes: conference and research contributions on port cities." *Planning perspectives*, v. 31, n. 2, mar. 2016, p. 313-326. <https://bit.ly/3tSbdHP>

3   McCALLA, Robert J. "An investigation into site and situation: cruise ship ports." *Journal of economic and human geography*, v. 89, n. 1, 1998, p. 44-55; VAGGELAS, George K.; PALLIS, Athanasios A. "Passenger ports: services provision and their benefits." *Maritime policy & management*, v. 37, n. 1, 2010, p. 73-89. <https://bit.ly/3tN863W. Acceso el 20 oct 2024; GUI, Lorenzo; RUSSO, Antonio Paolo. "Cruise ports: a strategic nexus between regions and global lines, evidence from the Mediterranean." *Maritime policy& management*, v. 38, n. 2, 2011, p. 129-150.

4   AVRAMI, Erica (Ed.). *Harboring tourism: an international symposiumon cruise ships in historic port communities*. Nueva York, World Monuments Fund, 2013. <https://bit.ly/3tZrvPg>

5   HEIN, Carol. Op. Cit.

6   WOOD, Megan Epler. "The cruise industry empire of the seas", *Sustainable tourism on a finite planet. Environmental, business and policy solutions*. Londres, Routledge, 2017, p. 225-260.

7   Ibidem.

8   CORCORAN, Kieran. "Cruise ships are being banned from sailing through Venice after locals got sick of them dwarfing their city." *Business Insider Nederland*, v. 9, nov. 2017. <https://bit.ly/3O-l8IFl>; COLDWELL, Will. "First Venice and Barcelona: now anti-tourism marches spread across Europe." *The Guardian*, ago. 10, 2017. <https://bit.ly/3zUcHFc>

9   DOWLING, Ross K. "Looking ahead: the future of cruising". In: DOWLING, Ross K. (Ed.). *Cruise Ship tourism*. Wallingford, CABI, 2006, p. 414-434.

10   SAARINEN, Jarkko. "'Destinations in change': the transformation process of tourist destinations." *Tourist Studies*, v. 4, n. 2, 2005, p. 161-179. <https://bit.ly/3bghoPc>; JAAKSON, Reiner. "Beyond the tourist bubble? Cruiseship passengers in port." *Annals of tourism research*, v. 31, n. 1, 2004, p. 44-60.

11   JAAKSON, Reiner. Op. Cit.

12   HEIN, Carola y HILLMANN, Felicitas. "The missing link: redevelopment of the urban waterfront as a function of cruise ship tourism." In: PORFYRIOU, Heleni; SEPE, Marichela (Ed.). *Waterfronts revisited. European ports in a historic and global perspective*. Londres, Routledge, 2017, p. 222-238.

13   WEAVER, David B. "Model of urban tourism for small Caribbean Islands." *Geographical Review*, v. 83, n. 2, 1993, p. 134-140. <https://bit.ly/3zTzrFa>

14   BRUNO, Sofía Saavedra. "Cruceros en el Caribe/Caribbean cruisers." *Arquine*, n. 42, 2007, p. 96-107. <https://bit.ly/39Nf3eh> Véase también el capítulo "Destino: Cualquiera" en el mismo volumen.

15 BRUNO, Sofía Saavedra; MADRAZO, Felix; DELGADO, Martín; ROQUERO, Pablo. "Fair play: Turks & Caicos feasibility study on the cruise industry." <https://bit.ly/3tS79XR>

16 HEIN, Carola. Op. Cit.

17 HACKER, Jacob S. *The divided welfare state. The battle over publicand private social benefits in the United States*. Nueva York, Cambridge University Press, 2002; PIERSON, Paul. *Politics in time: history, institutions, and social analysis*. Princeton, Princeton University Press, 2004; MAHONEY, James; THELEN, Kathleen. "A theory of gradual institutional change." In: MAHONEY, James; THELEN, Kathleen (Ed.). *Explaining institutional change: ambiguity, agency, and power*. Nueva York, Cambridge University Press, 2009, p. 1-37; SORENSEN, Andre. "Taking path dependence seriously: a historical institutionalist research agenda in planning history." *Planning perspectives*, v. 30, n. 1, 2014, p. 1-22. <https://bit.ly/3tQAfqH>

18 COLLIER, Ruth Berins; COLLIER, David. "Critical junctures and historical legacies." *Shaping the political arena: critical junctures, the labor movement, and regime dynamics in Latin America*. Princeton, Princeton University Press, 1991, p. 27-39. <https://bit.ly/3xGbSgE> CAPOCCIA, Giovanni; KELEMEN, R. Daniel. "The study of critical junctures: theory, narrative and counterfactuals in historical institutionalism", *World Politics*, v. 59, n. 3, 2007, p. 341-369. <https://bit.ly/3OactOE>

19 BONTJE, Marco; MUSTERD, Sako; PELZER, Peter. *Inventive city-regions. Path dependence and creative knowledge strategies*. Londres, Routledge, 2011.

20 WILLIAMSON, Edwin. *The Penguin history of Latin America*. Nueva York, The Penguin Press, 1992.

21 LOCKHART, James Lockhart; SCHWARTZ, Stuart B. *Early Latin America: A history of colonial Spanish America and Brazil*. Nueva York, Cambridge University Press, 1983.

22 PABÓN-CHARNECO, Arleen. *The architecture of San Juan de Puerto Rico. Five centuries of urban and architectural experimentation*. Londres, Routledge, 2017.

23 TORRIANI, Leonardo Torriani, apud: PABÓN-CHARNECO, Arleen. Op. Cit.

24 HARDOY, Jorge Enrique. *Urbanization in Latin America: approaches and issues*. Garden City, Anchor Press, 1975; MORRIS, Anthony Edwin James. *History of urban form before the Industrial Revolution*. 3ª ed. Londres, Routledge, 1994; LEJEUNE, Jean-Francois Lejeune, *Cruelty and utopia: cities and landscapes of Latin America*. Princeton, Princeton University Press, 2005.

25 WILLIAMSON, Edwin. *The Penguin History of Latin America*. Nueva York, The Penguin Press, 1992.

26 Ibidem.

27 Ibidem.

28 Supersudaca, "Gran Caribe: Al Caribe: Supersudaca", *Archivos de arquitectura Antillana*, n. 23, 2006, p. 47-57; SWEENAY, N. "A regional tour operator for the Caribbean?" *Caribbean Development Bank*, 2002.

29 Capítulo "Destino: Cualquiera" en este volumen.

30 BECKER, Elizabeth. "Destination Nowhere: the dark side of the cruise industry." *The Saturday Evening Post*, 17 abril 2014. <https://bit.ly/3NXXJCa>

31 SPRAGUE-SILGADO, Jeb, "The Caribbean Cruise Ship Business and the emergence of a transnational capitalist class." *Journal of World-Systems Research*, v. 23, n. 1, 2017, p. 93-125. <https://bit.ly/39NSqqd>

32 "The Caribbean and the Impact of Travel & Tourism on Jobs and the Economy", *World Travel & Tourism Council*, p. 23. <https://bit.ly/3niDrHL>

33 Ibidem, p. 65.

34 Ibidem, p. 65.

35 KLEIN, Ross A. "The cruise industry's business model: implications for port." In: AVRAMI, Erica. Op. Cit., p. 48.

36 BROUDER, Patrick; CLAVÉ, Salvador Anton; GILL, Alison; IOANNIDES, Dimitri. *Tourism destination evolution*. Londres, Routledge, 2017, p. 3.

37 WOOD, Robert E. "Caribbean cruise tourism: globalization at sea." *Annals of Tourism Research*, v. 27, n. 2, 2000, p. 358.

38 Capítulo "Destino incierto" en este volumen.

39 Ibidem.

40 Ibidem.

41 BRUNO, Saavedra. "Cruceros en el Caribe/Caribbean Cruisers", p. 106. Véase también el capítulo "Destino: Cualquiera" en este volumen.

42 Ibidem, p. 104.

43 Ibidem.

44 JAAKSON, Reiner. Op. Cit.

45 CHEONG, Caroline. "Impacts and trends: a literature review." In: AVRAMI, Erica. Op. Cit., p. 29 y 30.

46 Ibidem, 29.

47 Ibidem. Caroline Cheong cita a: BRIDA, Juan Gabriel; ZAPATA-AGUIRRE, Sandra. "Cruise tourism: economic, socio-cultural and environmental impacts." *International journal of leisure and tourism marketing*, v. 1, n. 3, 2009, p. 205-226. <https://bit.ly/3yj4JUU> WORLD TOURISM ORGANIZATION. *Cruise tourism: current situation and trends*. Madrid: UNWTO, 2010.

48 Capítulo "Destino: Cualquiera" en este volumen.

49 CHEONG, Caroline. Op. Cit., p. 27.

50 CHEONG, Caroline. "Appendix A: annotated bibliography." In: AVRAMI, Erica. Op. Cit., p. 126. La autora cita a: CRUISE LINES INTERNATIONAL ASSOCIATION. "2012 Industry Update", 2012. <https://bit.ly/3Q-MEhtR> ANDRIOTIS, Konstantinos; AGIOMIRGIANAKIS, George Myron. "Cruise visitors' experience in a mediterranean port of call." *International journal of tourism research*, v. 12, n. 4, 2010, p. 390-404. <https://bit.ly/3ykDKZg>

51 Capítulo "Destino: Cualquiera" en este volumen.

52 LEMS, K. "Economic valuation of USVI coral reefs. Is the USVI's tourism industry the seed of its own destruction?" *IVM Institute for Environmental Studies*, 2010, p 51.

53 WOOD, Robert. Op. Cit., p. 358.

54 Ibidem, p. 361.

55 Ibidem, p. 363.

56 BRUNO, Saavedra. Op. Cit., p. 106. Véase también el capítulo "Destino: Cualquiera" en este volumen.

57 WOOD, Robert. Op. Cit., p. 363.

58 BRUNO, Saavedra. Op. Cit., p. 106. Véase también el capítulo "Destino: Cualquiera" en este volumen.

59 WOOD, Robert. Op. Cit., p. 361.

60 Capítulo "Destino: Cualquiera" en este volumen.

61 PATTULLO, Polly. *Last resorts: the cost of tourism in the Caribbean*. 2nd ed. Londres/Nueva York, Latin America Bureau/Monthly Review Press, 2005, p. 164.

62 HACKER, Jacob. *The divided welfare state*; Pierson, *Politics in time*; MAHONEY, James; THELEN, Kathleen, "A theory of gradual institutional change"; SORENSEN, Andre. "Taking path dependence seriously

63 CAPOCCIA, Giovanni; KELEMEN, R. Daniel, Op. Cit., p. 341.

64 "Work in progress 2011-2013 International New Town Institute, 2015. <https://bit.ly/3Oljc2b>

65 CROES, Robertico. "Measuring and explaining competitiveness in the context of small island destinations *Journal of travel research*, v. 50, n. 4. 2011, p. 431-442. <https://bit.ly/3bl3RWJ>

66 BRUNO, Sofía Saavedra; MADRAZO, Felix; DELGADO, Martín; ROQUERO, Pablo. Op. Cit., p. 45.

Dignos de crédito[1]

ONCE UPON A TIME, not long ago the world was dominated by 2 ideological blocks, some people call them **the bright** & **THE DARK. SIDE**

After the fall of **THE DARK.** side the planet became entirely **bright** (well, almost!)

The new world privileged **DEMOCRACY over IDEOLOGY.** people were in charge at last, enthusiasm spread all over

As discussions were no longer focused on politics, innocent questions were increasingly answered by one famous sentence: **'it's the economy, stupid'**

Enthusiasm started to fade away and optimism slowly became replaced by a more obscure term: **ECONOMIC REALITY**

But people from all countries were happy at the beginning, the new **bright** world was **free** after all

It all started to get complicated later when **economic crisis** became more and more frequent

At the same time, more and more countries started to become evaluated, classified and rated not anymore by Secret Agents but by the **Rating Agencies.**

EXPLAIN.

N.A.: Este texto es parte de una investigación exhibida en la muestra Between walls and windows. Architecture and ideology, realizada por Haus der Kulturen der Welt, en Berlin, 1-30 sep. 2012.

Después de la caída del Muro de Berlín, la política dejó de ser la vanguardia del destino de los países; la dinámica y las tensiones del mercado han reemplazado las confrontaciones y los impulsos de las viejas superpotencias. No más Oriente versus Occidente, ni siquiera Sur contra Norte. El mundo es más homogéneo; los países no están divididos entre buenos y malos. Entendemos el mundo a través de la lente de los números, superpuestos a una geografía que ya no se ve afectada por signos políticos.

Las sensibilidades del mercado se han convertido en el tema principal de discusión. No hace mucho, estas discusiones se basaban simplemente en el desempeño de las bolsas de valores o el precio de las monedas extranjeras. Pero ahora último el chisme más influyente es la subida o bajada de los países en el sistema de calificación financiera mundial.

Volviendo rápidamente al principio: ¿son las agencias de calificación crediticia las nuevas superpotencias? ¿Podemos culparlas por nuestras tensiones actuales? Si bien no son

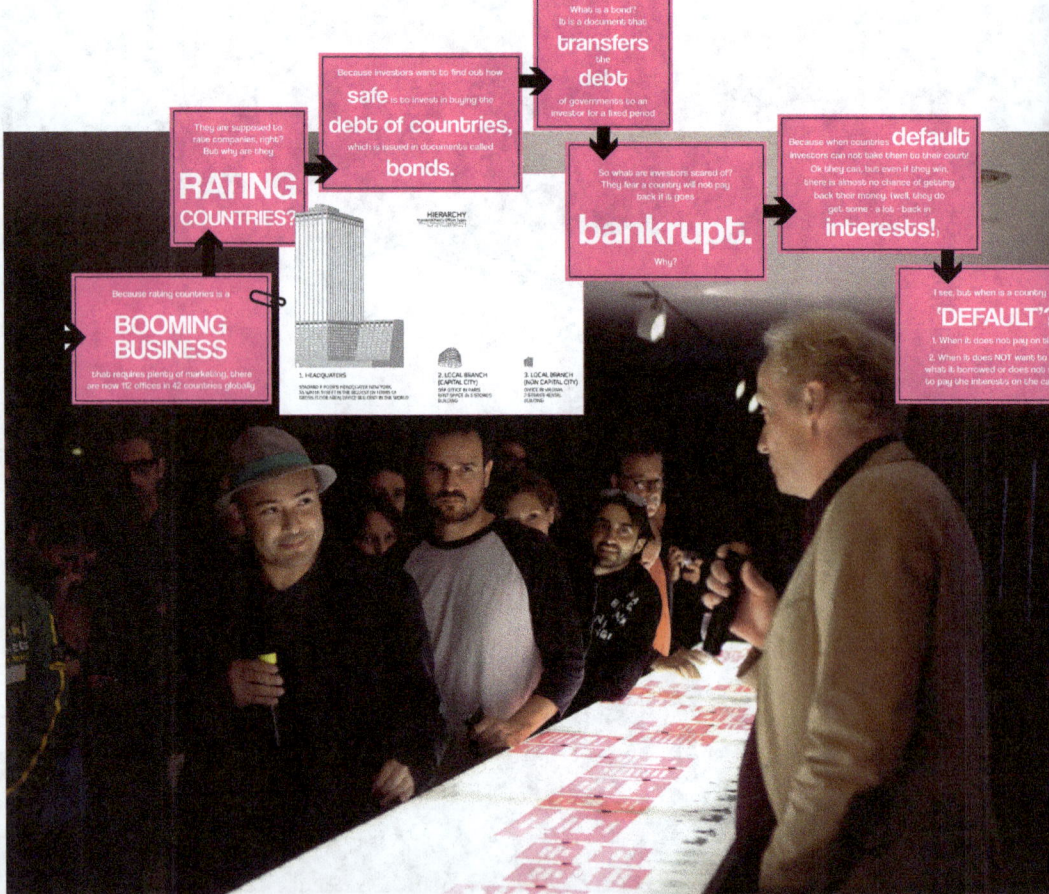

países, sí se parecen a lo que los lobbys políticos fueron para la política en el pasado reciente; en ambos casos sus campañas son un medio para promover o degradar una determinada visión del mundo, según su propia ideología, diferenciando entre lo bueno y lo malo en términos económicos. Pero la principal diferencia entre los lobbistas políticos y las agencias de calificación es que los primeros hacen campaña abiertamente y negocian en privado para lograr sus objetivos, mientras que las segundas investigan en privado y sus juicios finales son públicos, pero no negociables –por ende, son "sin política". ¿Es eso creíble? La cuestión no es sólo descubrir cuán confiables e imparciales son los juicios de las agencias de calificación, sino también quién les dio tanto poder y por qué. ¿Quién les paga realmente cuando califican países, sin que se les haya solicitado sus servicios? Y si se solicitó ser calificado, ¿es posible poder reclamar neutralidad de juicio cuando un pago está pendiente de ser transferido?

De vuelta a la escuela

Las agencias de calificación crediticia surgieron por primera vez en Estados Unidos y, de hecho, han estado allí durante un buen tiempo, desde la expansión ferroviaria estadounidense hacia el Oeste en el siglo 19. Las dos agencias más importantes, Standard and Poor's y Moody's, tienen una larga trayectoria, pero sólo a partir de la década del 90 su expansión al resto del mundo se aceleró a una tasa de crecimiento del 25% anual,[2] coincidiendo oportunamente con la caída del Muro de Berlín. Su epicentro ubicado en Manhattan amplió sus sucursales a Japón y Europa en la década del 80, mientras que la red actual se extiende ahora por muchos países. Sin embargo, su presencia espacial en Costa Rica, Guatemala u otras ciudades no globales como Calcuta señala su creciente necesidad de subcontratar el procesamiento de datos. En cualquier caso, la presencia de oficinas en todo el mundo indica que cada vez más no califican sólo a las empresas, sino también a los países.

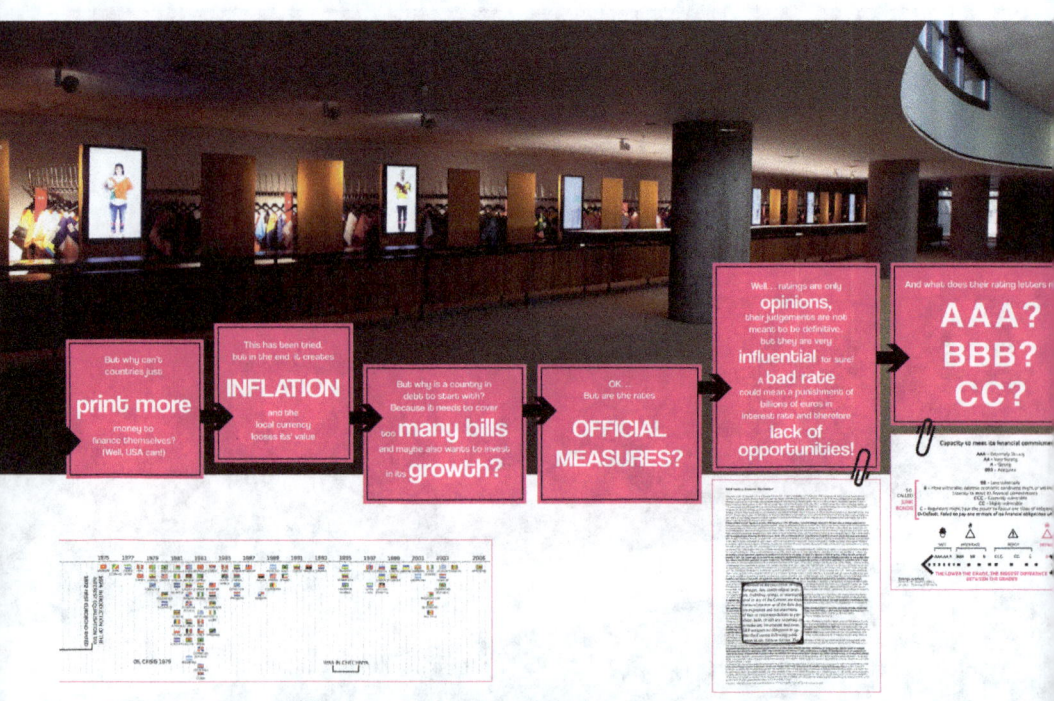

Hacia un mundo obediente

Vale la pena señalar que a pesar de todas las noticias estresantes a las que nos enfrentamos a diario (o quizás debido a ellas), el habitante promedio del mundo en realidad está clasificado dentro del rango A y, de hecho, ello ha mejorado desde la crisis de 2008. Sin embargo, también se podría concluir que los países son ahora más obedientes que nunca a las ortodoxias de lo que se considera una gestión financiera responsable dictada desde los epicentros del pánico: Wall Street y las agencias de calificación. Si bien las calificaciones de la mayoría de los países reflejan que son muy capaces de respetar sus obligaciones financieras, dar un paso político hacia lo que las agencias de calificación consideran la dirección equivocada podría costarles instantáneamente un castigo fiscal exponencialmente mayor, reflejado en mayores costos de crédito, mayores cantidades de deuda, condiciones de pago más duras y, en última instancia, podrían conducir a la pérdida de soberanía sobre las decisiones políticas para controlar sus presupuestos internos. España y Grecia son los últimos casos que se presentan al mundo con un mensaje claro: nadie estará a salvo del poder de juicio de las agencias y de su influencia letal sobre los mercados.

Dignos de crédito

Entonces, ¿por qué jugar? ¿Por qué es tan importante estar en el club de los clasificados? Por un lado, sin un historial de calificación, los países y las empresas no pueden obtener crédito en muchas instituciones financieras, especialmente en Estados Unidos. Mientras tanto, una buena calificación para un país podría mejorar su capacidad de negociación para adquirir crédito a tasas más justas. Por otro lado, la ausencia de tal historial o una perspectiva negativa podría significar que los costos de endeudamiento aumenten de acuerdo con los informes de calificación. Por eso los países se enorgullecen de mostrar la triple valoración de los expertos para calmar cualquier foco de alarma entre potenciales inversionistas, convirtiendo a las agencias de calificación en un gran negocio sin verdaderos competidores.

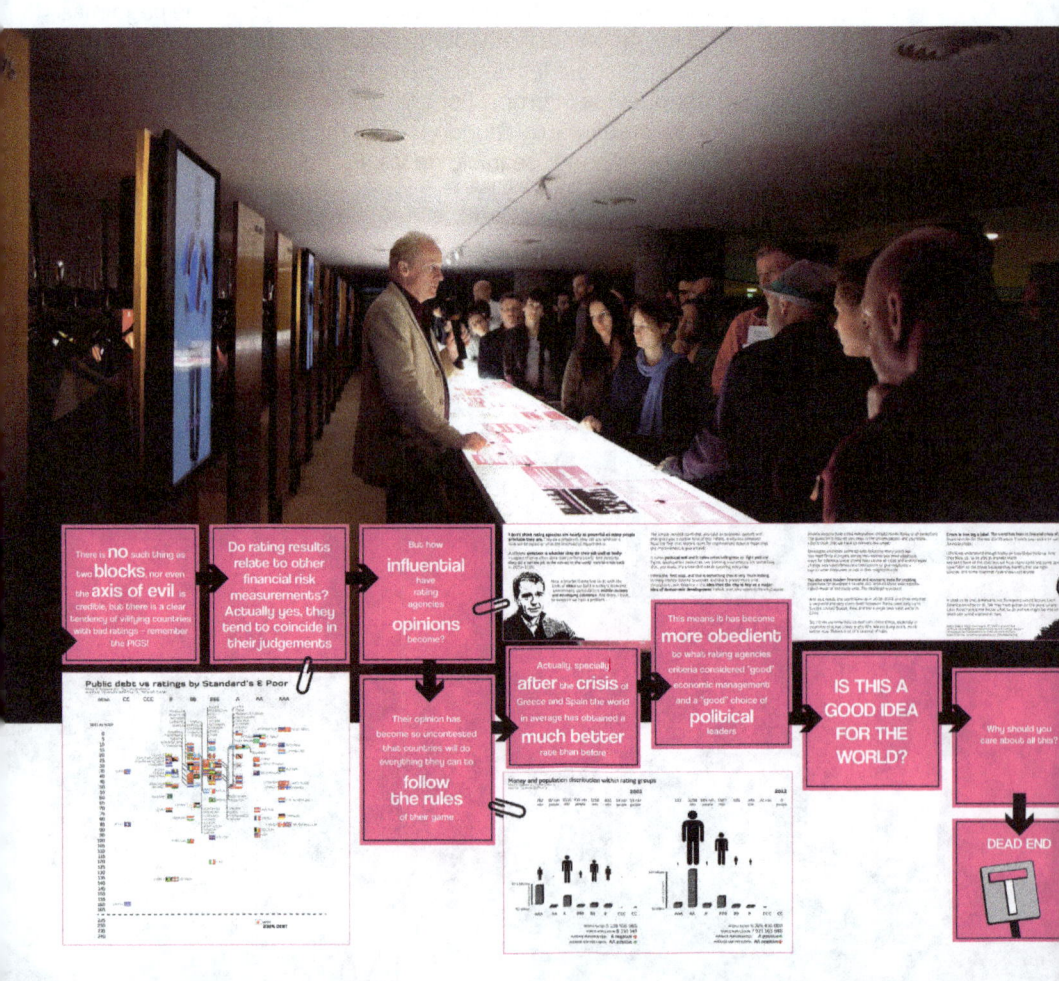

Descargo de responsabilidad

Las agencias de calificación tienen un estatus protegido dentro de Estados Unidos y, por lo tanto, no tienen responsabilidades respecto de los daños que podrían causar a empresas o países por calificaciones inexactas. Lograr este estatus ha significado que sólo tres agencias de calificación dominen el mundo de las calificaciones: Standard and Poor's, Moody's y Fitch Ratings. Las calificaciones en sí son sólo opiniones de las empresas mencionadas destinadas a informar a los inversores sobre la voluntad y capacidad de un país o empresas para honrar sus deudas y pagos de intereses a tiempo.

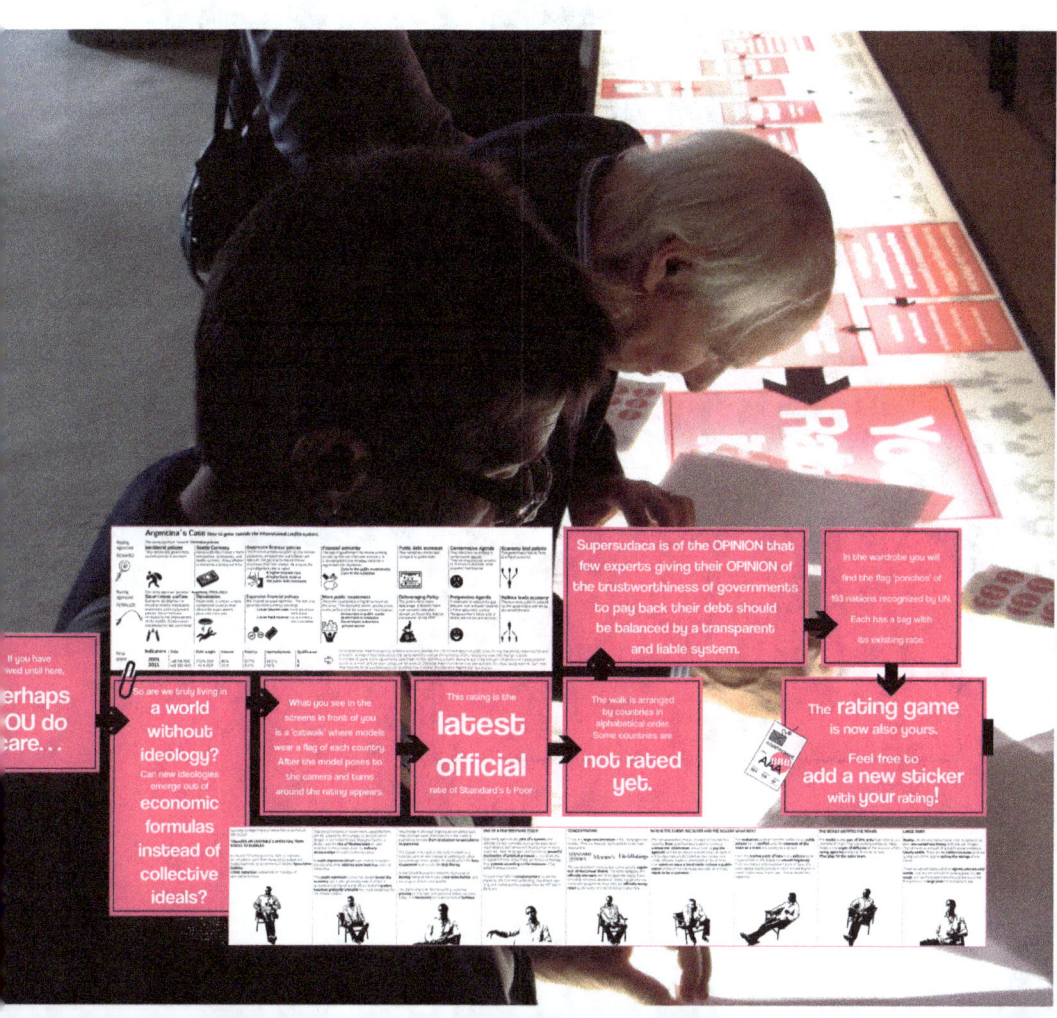

Mito y poder de las agencias de calificación

No es que esperemos que las agencias de calificación crediticia sean perfectas, neutrales o incluso moderadas. Pero ¿por qué no esperar al menos que nuestros gobiernos las controlen más estrictamente? No es ningún secreto que las evaluaciones de calificación incluyen un alto grado de juicio político sobre qué tipo de gobierno tiene más probabilidades de honrar sus deudas. Sus métodos de calificación no son nada transparentes a este respecto. También dependen en gran medida de los chismes escuchados en las cumbres mundiales, y las agencias de calificación confían en sus funcionarios como si fueran agentes secretos del pasado. Sus opiniones son tan cruciales que miles de millones de euros y –lo que es más absurdo– millones de personas dependen de sus juicios: razón de más para no dejar que se salgan con la suya tan fácilmente.

Notas

1   Véase: FIGHT, Andrew. *The ratings game*. Nueva Jersey, Wiley, 2001.

China tu madre

Cuando el tema de la cultura pasa al primer plano, lo primero que nos viene a la mente a los latinoamericanos es que nuestra cultura es producto de la civilización occidental. En la escuela se nos educa para comprender cómo cada uno de los países que forman América Latina pertenece a la llamada "civilización occidental". Los profesores de secundaria ponen mucho énfasis en asegurarse de que ningún estudiante se vaya sin conocer los nombres de Carlomagno, Catalina la Grande o Carlos V. Pero sólo cuando vives en el corazón de Occidente eres capaz de comprender y asumir que el llamado "epicentro de la civilización occidental" no piensa mucho en América Latina –ni la considera como parte de Occidente. San Martín, Andrés Bello o Benito Juárez son nombres desconocidos para la mayoría de los estudiantes de secundaria europeos. Vivir en este núcleo te hace darte cuenta también de que el llamado Occidente es mucho más pequeño que el continente europeo; más específicamente, Occidente es a la vez la culminación y proyección futura de unas pocas ciudades europeas (y estadounidenses) que han sido epicentros de poder e influencia durante siglos sobre vastas extensiones de tierras en el extranjero, incluidos territorios europeos.

Entonces, si Occidente tiene un núcleo, ¿cuál es la necesidad y el propósito de la periferia? El núcleo definió las políticas coloniales, pero también la concentración de ganancias de las inversiones en el extranjero. El centro necesitaba los recursos de la periferia para generar industria y ganancias. El centro y

la periferia, a pesar de necesitarse mutuamente para sobrevivir, no significaban que fueran iguales. De hecho, cuanto más clara sea la diferencia, mejor. Los reclamos de los grupos nobles de una periferia –América Latina– en pos de tener una voz legítima dentro del núcleo fueron en su mayoría ignorados. Esa ignorancia, a su vez, resultó contraproducente frente al surgimiento de movimientos independentistas en contra de los gobernantes extranjeros occidentales en la región.[1] Estos fueron los primeros episodios que eventualmente afectarán las nuevas relaciones entre Occidente, América Latina y la nueva potencia mundial: China.

La independencia, a pesar de apelar a una introspección considerable, nunca se atrevió a borrar una herencia cultural occidental. La mayoría de los países latinoamericanos estaban –y todavía están– orgullosos de verse asociados con los cánones culturales de Occidente, la *madre patria*. Un factor clave que fomentó la adhesión al canon occidental fue su dominio económico mundial. Aunque el dominio occidental era bastante reciente en la historia, la sensación general era que Occidente siempre había estado en la cima de todo. Sólo ahora que China (y también la India) están volviénndose dominantes también, se está estudiando el ascenso de Occidente dentro de las trayectorias de un contexto histórico mucho más amplio. El historiador francés Fernand Braudel nos recuerda que el poder latente de China, "por lento que sea [...] nunca estuvo inmóvil".[2]

Un video-podcast reciente de The Economist[3] también nos recuerda que en realidad fueron China y India las que dominaron el poder económico mundial desde el año 1 d.C. hasta 1870, cuando estos países fueron eclipsados por Estados Unidos. El siglo 20 asestó un golpe terrible que llevó a China a su punto más bajo en su prolongado dominio.

Como se muestra en este podcast de 2014, desde entonces China ha recuperado su liderazgo económico mundial, con alrededor del 18% de la producción económica total, seguida de Estados Unidos y luego India. El dominio de Occidente al que todavía nos referimos es simplemente un espejismo. Los efectos del nuevo paradigma aún están por verse. Lo que es seguro es que la historia está lejos de terminar. Y para los pueblos y "los gobiernos de África, Asia Central, América Latina e incluso Medio Oriente, el ascenso de China significa que ya no existe una elección binaria entre asimilación a Occidente y aislamiento".[4]

Pero, antes de sumergirnos en la nueva influencia global de China y su relación con América del Sur, queremos profundizar un poco más en lo que paralizó a China hasta su revolución de 1945. ¿Qué la hizo tan vulnerable al dominio y la humillación de Occidente? Braudel teoriza que un problema clave fue la negativa de China a aceptar la ciudad como un territorio para la libre empresa.[5] Y mientras Occidente dependía de nuevos instrumentos para proporcionar dinero a las empresas a través de sistemas crediticios, en China "no existía ningún

sistema crediticio, al menos hasta el siglo 18 y (en algunos lugares) el siglo 19".[6] Sin libre comercio entre sus ciudades, China se quedó aún más rezagada en su infraestructura: "sufría de una comunicación interna deficiente y de vínculos aún más limitados con el resto del mundo".[7]

Cuando Occidente decidió aprovechar el gran potencial de mercado de China, se aseguró de controlar su logística de mercado. Aunque ayudó a modernizar China, Occidente lo hizo a cambio del precio de la dependencia. Hasta principios del siglo 20, "las potencias occidentales controlaban parte de los ferrocarriles y las aduanas, garantías para el pago de los intereses de los préstamos extranjeros".[8]

Además, y tal vez como sugiere Braudel, el estancamiento de China en materia de innovación tecnológica se debió a un exceso de mano de obra: "La riqueza excesiva de mano de obra necesariamente tenía desventajas. Probablemente impidió el progreso tecnológico. Una humanidad abundante volvió innecesarias a las máquinas, como había sido con la esclavitud en la Grecia y Roma clásicas".[9] Esto no cambió significativamente hasta la Revolución de 1945. Mientras que en ese momento China "no podía fabricar una motocicleta, en 1962 estuvo a punto de producir una bomba atómica".[10]

Si uno resumiera la historia reciente de China desde una perspectiva occidental, la historia se presentaría de la siguiente manera: descubrimiento > dominio militar > comercio colonial > monopolio > lucha por la independencia >

dominio comercial > dependencia financiera > herencia cultural. Nos preguntamos qué secuencia (si es que es diferente) seguirá China en su propia incursión en todo el mundo – incluso en América del Sur.

La llegada de China a América Latina debe sopesarse dentro de este contexto histórico más amplio. Creemos que no es una coincidencia que China haya seguido deliberadamente un camino político distinto del de Occidente. Aunque los objetivos puedan ser los mismos, la implementación de China ciertamente se ha erigido en las antípodas del dominio occidental.

Las razones detrás de estas políticas características son las que más nos interesan. ¿Provienen de un gobierno centralizado de China continental? ¿O, en cambio, provienen de una diáspora empresarial china descentralizada que también incluye a poderosos taiwaneses? Las políticas de inversión y comercio, ¿se autoorganizan o son determinadas verticalmente? ¿Es realmente diferente la política exterior china de la de Occidente? ¿Cuál es el rol de América Latina como fuente de recursos naturales? ¿Cómo afecta este rol al desarrollo y, en particular, cómo impacta al territorio, el medio ambiente, las ciudades y la cultura? ¿Cómo se vincula todo esto: crédito, inversión extranjera, relaciones de importación y exportación etc.? ¿Cuál es el rol de los proyectos de construcción en esta ecuación? Exploraremos brevemente tres temas que, en conjunto, podrían ofrecer una mejor lectura de las relaciones emergentes entre China y América Latina.

Crédito

El dominio de las agencias de calificación crediticia en Manhattan es evidente. A pocas cuadras unas de otras, estas mega-consultoras definen, con una simple calificación, el nivel de riesgo que implica prestar dinero a gobiernos de países extranjeros. Standard and Poor's, Fitch y Moody's comparten una cosa en común: el poder de definir el futuro de las finanzas globales. Si un país ha mostrado demasiados signos de desconfianza o libre albedrío en sus instituciones o figuras políticas, las agencias de calificación rápidamente bajan el nivel crediticio del país. Esto significa que, para la mayoría de las instituciones de crédito, las tasas de interés que se negocian con los gobiernos aumentan hasta un nivel en el que el país casi queda sin crédito.

China ha dado dos pasos cruciales en este sentido. En primer lugar, creó su propia agencia de calificación, Dagong Global Credit Rating Co,[11] que –según China– no está sesgada en favor de los intereses de Occidente.[12] En segundo lugar, y más importante para América Latina (afectada por las tasas de interés inalcanzables de las instituciones crediticias occidentales), Dagong Global ha ofrecido crédito a países con malas calificaciones a través de procesos que implican negociaciones creativas para garantías o protocolos de pago.

Tomemos por ejemplo el caso de Venezuela. Durante muchos años ha tenido una calificación *junk*; como resultado,

el crédito y la inversión del exterior casi se habían congelado. "Moody's Investors Service califica la deuda venezolana en moneda extranjera a largo plazo como B2, o cinco niveles por debajo del grado de inversión, al igual que Honduras y Camboya."[13] China ha venido al rescate ofreciéndole créditos por valor de 50 mil millones de dólares. Para asegurar el pago, China ha planeado un programa extenso y a largo plazo de petróleo por préstamos. (También se está explorando el oro como método de pago alternativo). En este plan, Venezuela ha otorgado a China varios contratos públicos para proyectos de infraestructura por un valor de once mil millones de dólares.[14] Dentro de este complejo conjunto de acuerdos, China también ha invertido masivamente en la construcción de viviendas públicas, junto con contratistas rusos y bielorrusos.[15]

La magnitud de los préstamos no es en absoluto irrelevante: "A partir de 2010, China prestó más a América Latina que el Banco Mundial, el Banco Interamericano y el Export-Import Bank de Estados Unidos combinados".[16] Es evidente que América Latina es una prioridad absoluta para China. Hasta una 91% de todas sus líneas de crédito internacionales, entre 2005 y 2014, estuvieron dirigidas al continente.[17]

Jamaica, un vecino cercano, es otro caso en el que China ha acudido al rescate financiero. La situación de Jamaica no tuvo que ver con malas calificaciones crediticias (de hecho, Jamaica recientemente fue promovida por S&P a una estable B-[18]), sino más bien con recortes en proyectos nacionales

de infraestructura realizados precisamente en orden a mejorar estas calificaciones. China dio su primer paso estratégico en el país al invertir en una superautopista apodada Beijing Highway, conectando Kingston con Ocho Ríos. Se trata de la mayor inversión de China en el Caribe, aunque no por mucho tiempo porque ya hay planes para construir un puerto.[19] "En un país sumido en las garras de la austeridad impuesta por el Fondo Monetario Internacional, y donde la pobreza se ha duplicado desde 2007, según el Centre for Economic Policy Research, el crédito chino no sigue el protocolo occidental de imponer condiciones unilaterales a las instituciones políticas, los derechos humanos o el medio ambiente." En cambio, los préstamos siguen una estrategia más sencilla y *sin condiciones*. Independientemente de la política interna de cada país, la posición de China es la de otorgar crédito sin condiciones soberanas. "Cuando los donantes occidentales vinculan cada vez más su ayuda a demandas de protección de los derechos humanos y reformas políticas, Beijing es abiertamente imparcial."[20] En cualquier caso, vale la pena recordar que "la mayoría de los préstamos de China, que han crecido enormemente en la última década, están destinados a la extracción de recursos naturales".[21] Esto es evidenciado por el préstamo de 42.500 millones de dólares de China a Venezuela, "garantizado por los ingresos de sus reservas de petróleo".[22]

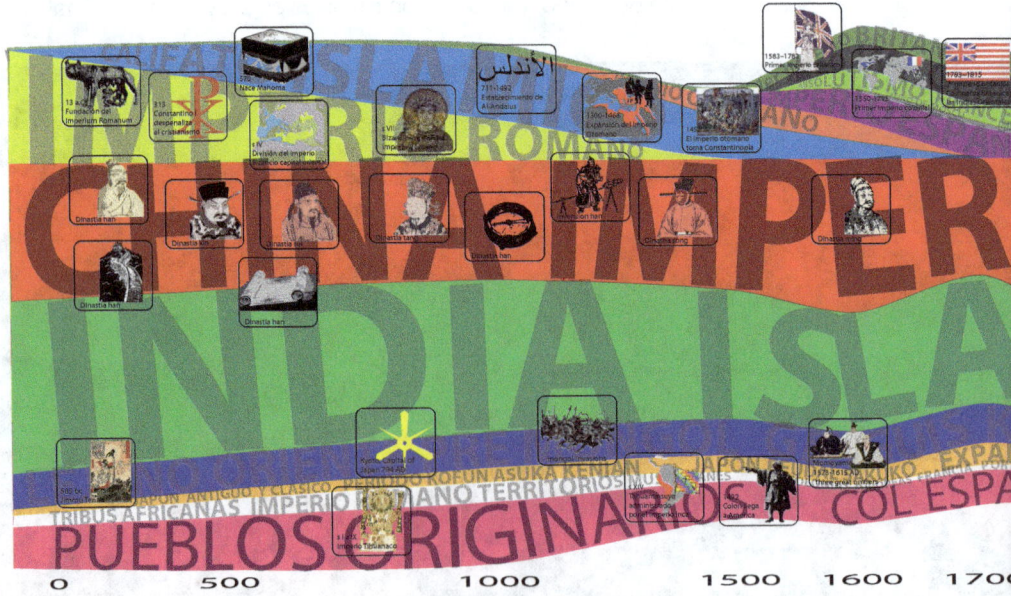

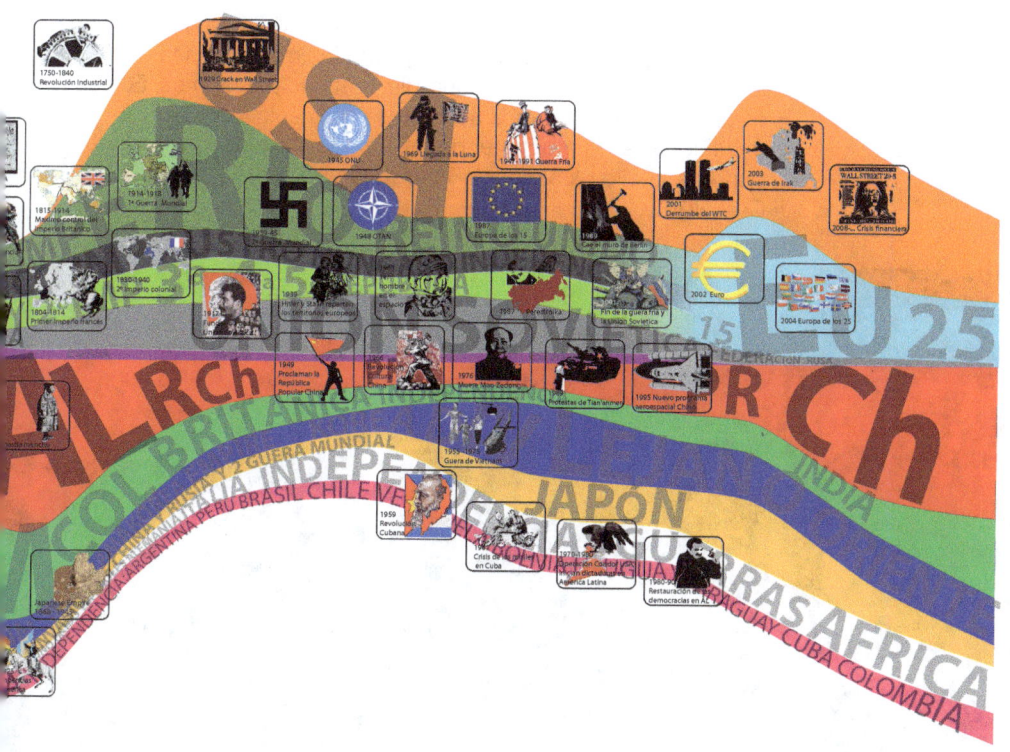

Extracción

La dependencia de China de los recursos naturales es bien conocida; de las muchas preguntas que rodean la relación entre esta dependencia y América Latina, pocas pueden responderse de manera completa o precisa. Hemos comenzado a esbozar nuestros principales cuestionamientos: ¿qué recursos busca China en América Latina, específicamente? ¿Qué exporta China a América Latina? ¿Con quién comercia más China, y cuáles son las balanzas comerciales con cada país? ¿Cómo afecta la búsqueda de recursos de China a áreas ambientalmente sensibles? La búsqueda de recursos que se están agotando, ¿suspende el desarrollo de tecnologías más avanzadas? ¿Cómo afectará a las economías locales el descubrimiento de recursos en otros lugares –o su obsolescencia? O, finalmente, ¿cómo afectarán los numerosos desplazamientos políticos actuales (desde la izquierda hacia la derecha) en los países latinoamericanos a su dinámica comercial y desempeño económico?

    La primera pregunta, relativa a los tipos de recursos, es crucial para todas las demás. Hay principalmente tres tipos de recursos que China busca: energía, metales y alimentos. Ello es clave para mantener la actual tasa de crecimiento económico del país. Para obtener datos, hemos utilizado los compendios y bellos gráficos de The Observatory of Economic Complexity.[23]

En materia de energía, China se ha centrado en conseguir petróleo crudo principalmente de Venezuela, Brasil y Colombia. Mientras que hace diez años China importaba recursos más procesados como petróleo refinado, ahora la tendencia es importar únicamente recursos sin procesar. Por ejemplo, las exportaciones de petróleo refinado o asfalto de Venezuela a China prácticamente han desaparecido en unos pocos años. Los últimos datos muestran que el 95% de todas las exportaciones de Venezuela corresponden ahora a petróleo crudo. Colombia y Ecuador –aunque en un volumen mucho menor– también están canalizando la mayor parte de sus exportaciones de petróleo crudo a China.

Un patrón muy similar ha ocurrido con los metales. China está interesada en importar principalmente materias primas, conservando los beneficios económicos y laborales del procesamiento interno. China está buscando varios tipos de minerales, con especial interés en los que contienen hierro, zinc, plomo y cobre. También está interesada en las ferroaleaciones que contengan aluminio. Con pocas excepciones, como el cobre refinado de Chile, la mayoría de las exportaciones actuales de América Latina a China son recursos crudos. Sin embargo, China exporta una multitud de productos a América del Sur que van más allá de aquellos elaborados a partir del procesamiento de recursos sudamericanos.

Además de los metales y la energía, China necesita garantizar su propia seguridad alimentaria. La demanda nacional de

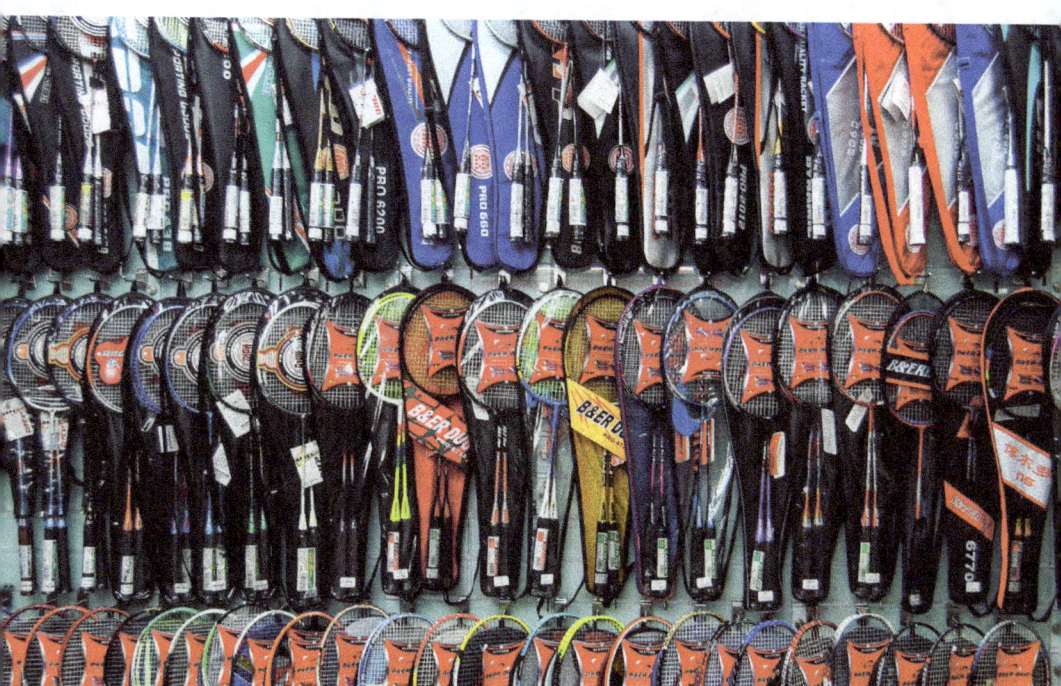

soja de China, por ejemplo, va más allá de su capacidad de producción. Como resultado, China se ha convertido en el mayor importador de soja del mundo. La soja representa alrededor del 60% de todas las exportaciones de Argentina a China, con un valor de alrededor de 33 mil millones de dólares al año. Mientras tanto, el 36% de Brasil equivale a un volumen anual aún mayor, valorado en 90 mil millones de dólares. China también importa aceite de soja, pero en cantidades mucho menores que en años anteriores, prefiriendo ahora las importaciones en bruto, similares a los casos descritos para los metales y el petróleo crudo.

Finalmente, vale la pena mencionar dos proveedores más de exportaciones. El 80% de todas las exportaciones de Surinam a China corresponde a maderas en bruto, lo que no sorprende en un país cuyo territorio es en un 95% una zona forestal.[24] Mientras tanto, la segunda exportación más importante de Uruguay después de la soja es la pulpa Kraft. Estos últimos ejemplos representan dos de los mayores desafíos que enfrenta América Latina en materia de riesgo ambiental. Recientemente surgieron disputas entre Uruguay y Argentina debido a las actividades de las plantas de celulosa de Uruguay.[25] Surinam, a pesar de tener una baja tasa de deforestación, ahora enfrenta desafíos relativos a la protección ambiental y actualización de leyes de protección forestal.[26]

Extraction: Latin American export to China as percentage of total. 1995-2015

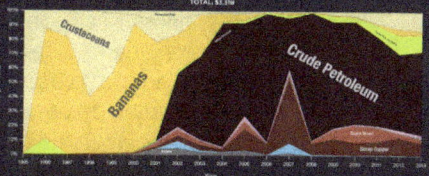
What does Ecuador export to China? (1995-2013)

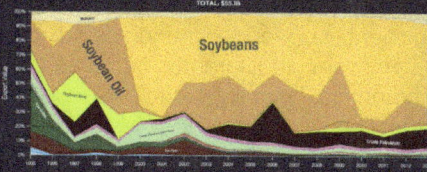
What does Argentina export to China? (1995-2013)

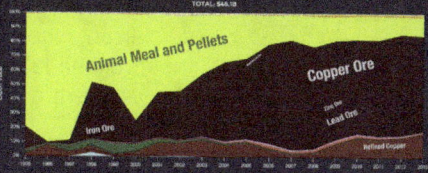
What does Peru export to China? (1995-2013)

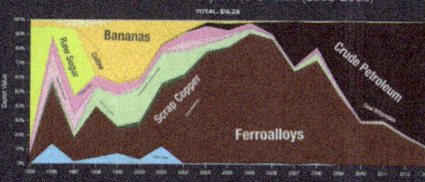
What does Colombia export to China? (1995-2013)

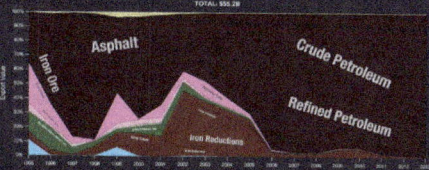
What does Venezuela export to China? (1995-2013)

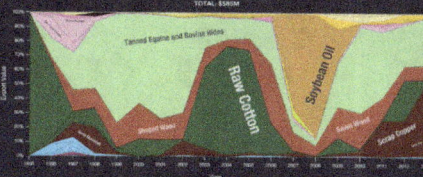
What does Paraguay export to China? (1995-2013)

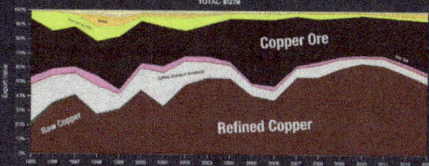
What does Chile export to China? (1995-2013)

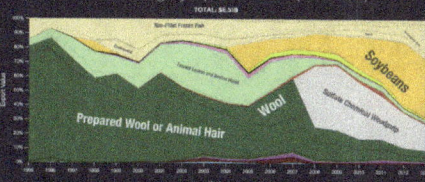
What does Uruguay export to China? (1995-2013)

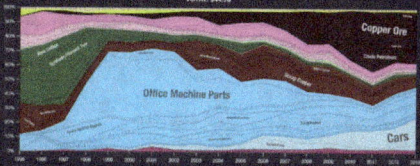
What does Mexico export to China? (1995-2013)

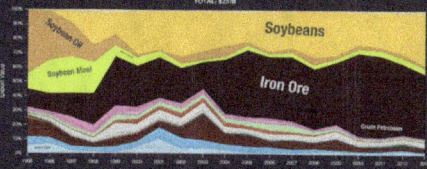
What does Brazil export to China? (1995-2013)

What does Suriname export to China? (1995-2013)

Cosas anónimas

El interés de China por extraer recursos crudos de América del Sur va acompañado de un interés por exportar los productos que fabrica a partir de estos recursos. Y aunque podamos olvidarlo a veces, gran parte de nuestro contacto diario es con objetos de origen chino. Es difícil comprender la escala de producción hasta que se visita Yiwu, el nudo de exportación de *productos anónimos* de China. En uno de sus complejos (Yiwu tiene muchos de ellos), de alrededor de cuatro millones de metros cuadrados de superficie comercial y 100.000 tiendas, se cierran acuerdos con clientes de todo el mundo para exportar aproximadamente 1,7 millones de diferentes productos.[27] Una vez dentro de este complejo, uno siente que está cara a cara con El Arquitecto, como si se estuviera en *The Matrix*. Todo lo que uno ha conocido, los recuerdos de infancia, pasan de inmediato a primer plano. El calendario de la tienda de tu tío, tus útiles escolares –sacapuntas, reglas, bolígrafos –tu taza de ahora, tu cuchara, la lámpara que cuelga encima tuyo, la alfombra en el piso, el propio piso, el equipo de video que protege tu casa, los juguetes de tus hijos, tus anteojos de sol, el mouse de tu computador, tu camiseta de Messi del Barcelona, tus sandalias, la muñeca Barbie de tu hija o tus juguetes sexuales (aunque estos están en otro complejo). Cualquier cosa. Todo. Una enorme avalancha de basura útil *no-logo*. Y

Import and export between China and Latin American countries. 1995-2015

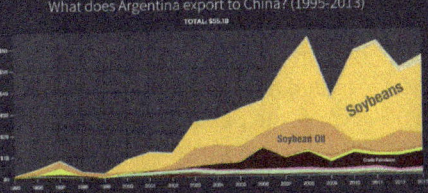

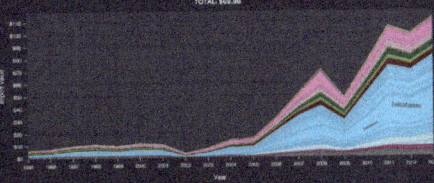

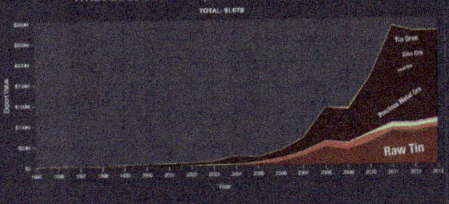

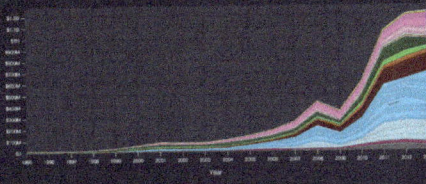

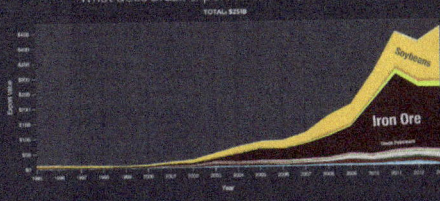

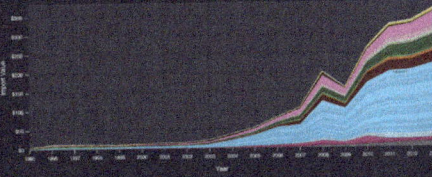

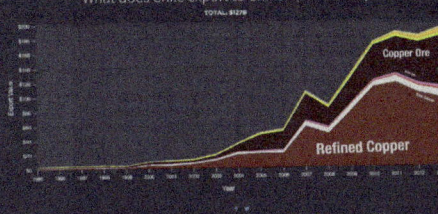

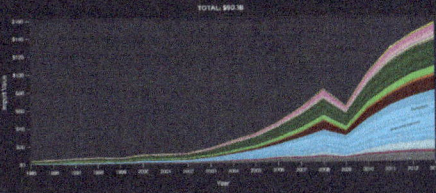

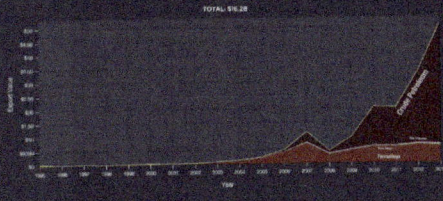

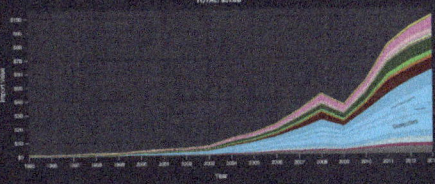

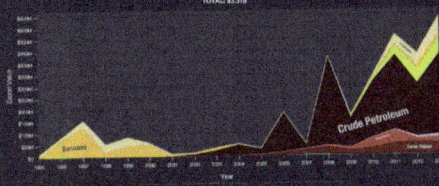

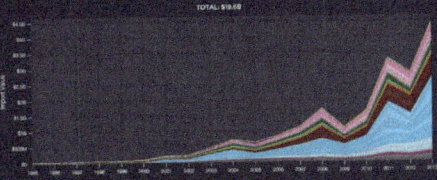

aunque se pueda pensar que todo este *junk* es genérico o inútil, existe una infinidad de productos que son efectivamente necesarios para nuestra vida diaria; algunos son similares a los que se producen en otras partes, aunque China no es tan defensora de la estandarización, respetando las costumbres locales y conquistando el corazón de sus clientes. Un ejemplo de esta diferenciación regional es, en una de estas tiendas, un muestrario con unas cuarenta palas, todas ellas de precio similar pero ligeramente diferentes entre sí. Cada una tiene una etiqueta que dice "preferida en Eslovaquia", "preferida en Bolivia" o "preferida en Uruguay". Las variaciones de ángulo, longitud y curvatura son quizás mínimas, pero parece que el cuidado y la habilidad de China para adaptarse a estas variaciones la convierten en un socio de comercio exterior irresistible –sin mencionar que los precios son prácticamente imbatibles.

Entonces, ¿dónde queda todo esto en términos de cantidad? Tomemos, por ejemplo, las importaciones argentinas desde China. Los teléfonos son el principal producto procedente de China, pero representan apenas el 2% de la cuota de mercado de las importaciones del país. Es decir, la mayoría de las importaciones representa sólo una fracción del total, pero todas estas cuentan: animales de peluche, cochecitos de bebé, asientos para trenes, equipos de grabación de video, audífonos, cañerías de cobre, cadenas de hierro, latas de

Import and export between China and Latin American countries. 1995-2015

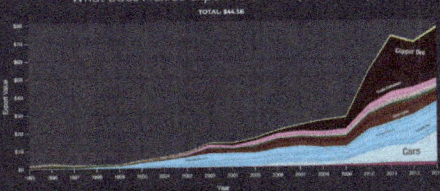

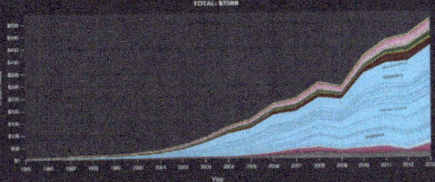

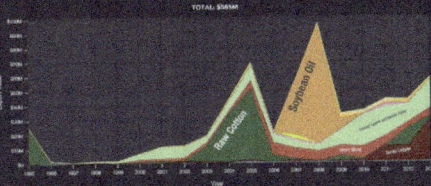

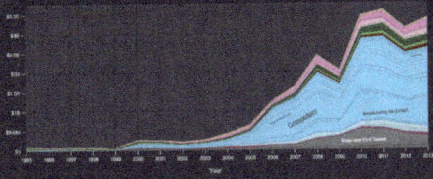

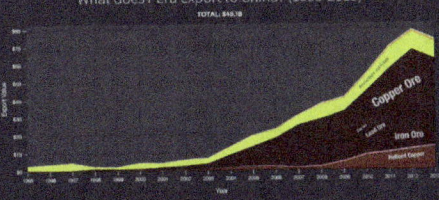

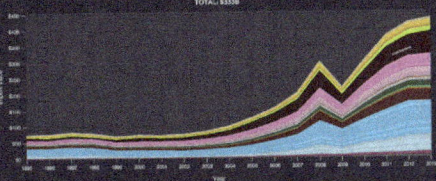

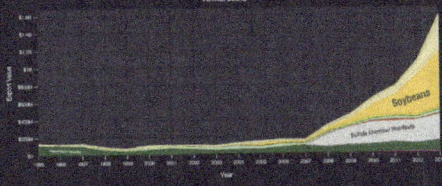

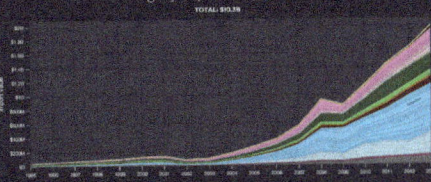

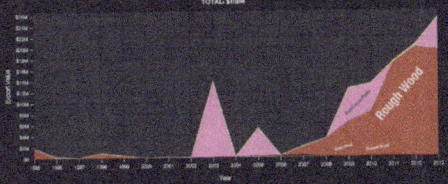

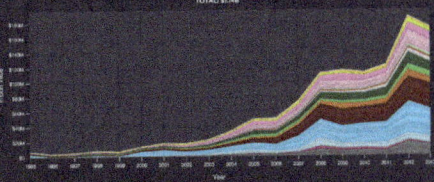

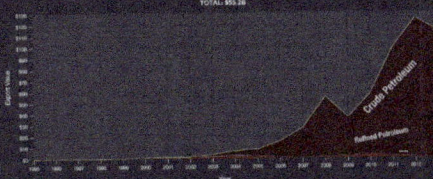

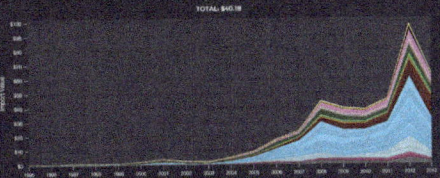

aluminio, cubiertos, tijeras, zapatos de goma, pesticidas, vitaminas etc.

Con tantas pequeñas cosas importadas, uno se pregunta cómo se distribuyen estos productos: qué empresas se toman el tiempo para encontrar la selección adecuada de, por ejemplo, cintas métricas, mouse pads etc. Aquí hay otro aspecto del "aterrizaje suave" de China en el suelo latinoamericano: la diáspora china y el funcionamiento de miles de pequeñas tiendas en todas las ciudades latinoamericanas, una hazaña logística que refleja la organización de Yiwu. El sistema chino *no-logo*, aparentemente autoorganizado desde abajo, refleja lo que Manuel de Landa llamaría "dinámicas impulsadas por el mercado", en contraposición a la especulación capitalista que depende de las grandes marcas y su manipulación del mercado.[28]

A partir de estas observaciones iniciales hicimos un rápido estudio de los minimercados chinos en Buenos Aires; no sólo del Chinatown establecido, sino también de la presencia anónima de tiendas menores en cada barrio. En poco más de una década, la diáspora china ha abierto miles de *minimarkets*, que hoy constituyen más del 90% de la oferta de tiendas de conveniencia en Buenos Aires; este crecimiento puede relacionarse con la consolidación de las comunidades chinas en casi todos los países de América Latina.

Sería un descuido pensar que todavía vivimos y seguimos en un pos del canon occidental en América Latina, olvidando los efectos de una nueva dependencia comercial de China. Aunque pareciera que la cultura no es importante para la política exterior de China, esta suposición ignora el poder de los objetos en la vida cotidiana. Mientras Occidente centra sus esfuerzos en exportar megamarcas como Ikea, Ford o Apple, China ha adoptado el enfoque opuesto, conquistando millones de corazones a través de la pura practicidad.

Notas

1   Véase: GIRALDO, Manuel Lucena. *Naciones de rebeldes: las revoluciones de independencia latinoamericanas*. Madrid, Taurus, 2010.

2   Fernand Braudel, *A history of civilizations*. Nueva York, Penguin, 1994 [1963], p. 171.

3   "Videographic: which country has the biggest economy?" *The Economist*, 15 oct. 2014.

4   LEONARD, Mark Leonard, *What does China think?* Nueva York, Public Affairs, 2008, p. 117.

5   Braudel, Op. Cit., p. 194.

6   Ibidem, 195. Véase también: BRAUDEL, Fernand. *Capitalism and material life, 1400-1800*. Nueva York, Harper and Row, 1973, p. 1973.

7   Braudel, *A History of Civilizations*, p. 196.

8   Ibidem, p. 201.

9   Ibidem, p. 197.

10 Ibidem.

11 "Overview", *Dagon Global*, 2012. Curiosamente, Dagon Global ya no existe, ya que fue suspendida por cargos de corrupción y luego absorbida por el gobierno chino.

12 PRITCHARD, Ambrose Evans. "Chinese rating agency strips Western nations of AAA status", *The Telegraph*, 12 jul. 2010. <https://bit.ly/3satPB2>

13 "China weighs risks to $50 billion investment after Chavez", *Bloomberg News*, 6 mar. 2013. <https://www.bloomberg.com/news/articles/2013-03-06/china-weighs-risks-to-50-billion-investment-after-chavez-death>

14 Ibidem.

15 CASTRO, Maolis. "Obras de Ciudad Tiuna marchan con lentitud", *El Nacional*, 14 feb. 2012.

16 GALLAGHER, Kevin P.; IRWIN, Amos; KOLESKI, Katherine. "The new banks in town: chinese finance in Latin America", *Inter-American Dialogue*, mar. 2012, p. 7, apud: BRANDT, Jon *et al*. "Chinese engagement in Latin America and the Caribbean: implications for US Foreign Policy", *American University School of International Service*, dic. 2012, p. 5. <https://bit.ly/3J1pzKO>

17 OECD, CAF Development Bank of Latin America and Economic Commission for Latin America and the Caribbean, *Latin American economic outlook 2016. Towards a new partnership with China*. París, OECD, 2015.

18 Keith Collister, "Why S&P raised Jamaica's rating outlook to positive." *Jamaica Observer*, 24 sep. 2014.

19 LAVILLE, Sandra. "Beijing highway: $600m road just the start of China's investments in Caribbean", *The Guardian*, 24 dic. 2015.

20 Leonard, Op. Cit., 97.

21 Brandt, Op. Cit., p. 5.

22 DEVEREUX, Charlie. "China bankrolling Chavez's re-election bid with oil loans", *Bloomberg Finance*, 26 sep. 2012. <https://www.bloomberg.com/news/articles/2012-09-25/china-bankrolling-chavez-s-re-election-bid-with-oil-loans>

23 SIMÕES, Alexander; HIDALGO, César. "The economic complexity observatory: an analytical tool for understanding the dynamics of economic development", *25th AAAI Conference on artificial intelligence*, ene. 2011, p. 39-42.

24 BUTLER, Rhett A. "Suriname (Surinam)", *Mongabay*, 9 feb. 2006. <https://bit.ly/3rw1zKh>

25 HORNOS, Conrado; SIMAO, Paul. "Chronology –Argentine, Uruguay dispute pulp mil", *Reuters,* 20 abr. 2010. <https://reut.rs/3HndL5u>

26 BUTLER, Rhett. Op. Cit.

27 REINOSO, José. "Viaje al hipermercado del mundo", *El País,* 26 abr. 2010. <https://bit.ly/34u1j5c>

28 "Por supuesto, se podría simplemente redefinir el término capitalismo para incluir el 'poder de manipular los mercados' como parte constitutiva de su significado." LANDA, Manuel. *A thousand years of non linear history.* Nueva York, Zone Books, 2000, p. 48. Fernand Braudel sugiere denominar este comportamiento de manipulación como "antimercados".

Conversando alrededor del mundo

Entrevista a Mirta Demare

Rotterdam,
6 de noviembre de 2002

Prólogo para *Incomplete Works*

Encontramos a Mirta Demare como una tía protectora en nuestros primeros meses de estadía en Rotterdam. En ese entonces, Mirta era una galerista de arte argentina, que hablaba mezclando palabras en seis idiomas distintos. En su galería fuimos conociendo a un mundo de gente interesante, migrantes de varios lugares, especialmente sudamericanos.

En esa relación cada vez más personal se nos fue revelando una trotamundos, exiliada en Europa desde los años de plomo de la Argentina. Mirta la exiliada terminó haciendo campos para refugiados en todo el planeta, especialmente en los lugares más peligrosos e inaccesibles. Supersudaca recién empezaba a existir y uno de nuestros proyectos iniciáticos fue hacerle una entrevista a este personaje fuera de serie que resultó ser, sin darse cuenta, una de nuestras primeras mentoras.

Nos sentamos una noche, con un mapa del mundo y unos vasos de vino en la mesa a recorrer sus aventuras. Volviendo atrás, podemos ver que todos los temas de los que hablamos esa larga noche resultaron fundamentales en las investigaciones y mirada del mundo que desarrollamos en Supersudaca a lo largo de estos veinte años.

Soy arquitecta

Supersudaca ¿Hablas portugués porque estudiaste en Brasil?
Mirta Sí. Además, cuando estudiaba arquitectura ahí, empecé a estudiar literatura brasileña porque me divertía. Esto fue en el Centro de Estudios Brasileños. Era la época de la *bossa nova*. Y me pareció lindísima. Mi primera profesora era la hija del escritor Carlos Drummond de Andrade, el poeta más hermoso y más importante de los últimos 50 años. Siempre me encantó leer. Fui con una beca y me quedé. Como hice muy rápido la primera parte de literatura, me quedaban casi ocho meses de beca. Yo era muy amiga de Vinicius de Moraes, Vinicius me llevó a ver a Oscar Niemeyer. Y de ahí a Lucio Costa[1].

Supersudaca ¿Ya eras arquitecta?
Mirta En realidad no, había casi terminado, pero me faltaban algunos cursos de historia y Diseño 5. Pero cuando volví ya hice lo que me interesaba. Porque en ese entonces no había proyectos sociales. Solo se hacían proyectos estrambóticos, como museos, esculturales. En Diseño 4 ya habíamos hecho algo interesante que era un psiquiátrico.
    Después volví y hubo un curso de verano intensivo y se hicieron casas en Neuquén para campesinos basadas en estructuras modulares y autoconstrucción, esto era en el 1973. Era una cátedra piloto, porque se hizo ese año y después no se hizo más. Porque ya no hubo tiempo.

Supersudaca ¿Cuándo fuiste a Brasil?
Mirta En el 1968 fui a Brasil. Iba y volvía. Quería ir a ver Brasilia, porque Brasilia se estaba construyendo. Se estaban empezando a hacer las habitaciones satélite donde estaba la parte social de arquitectura. Porque Brasilia era muy grande y hermosa, pero ahí no había gente. ¿Dónde iba a vivir toda esa gente que no eran los ministros o los presidentes? Yo empecé ahí, y me dieron la oportunidad de trabajar dos años y hacer como un máster.

Supersudaca ¿Haciendo las ciudades satélite?

Mirta Trabajando en las ciudades satélite y luego trabajando en Río de Janeiro, dentro de la universidad, con ellos y también dentro del estudio. O sea que era una cosa muy práctica. Yo tenía bastante conocimiento de todo lo que era la base, porque ya en Argentina siempre me había interesado más sobre lo que era urbanismo, más bien el planeamiento, que la arquitectura.

Supersudaca ¿Cuál era el referente? ¿Cuáles eran los libros y los arquitectos?

Mirta Ivan Illich, Paulo Freire, John Taylor, William Mangin, C.A brams, G. Huizer, Oscar Lewis, Louis Wirth. Era la nueva teoría, de romper las ciudades viejas, abrirlas, y empezar a hacer muchas más conexiones, porque el problema de los años 1955 a los 1965 era la migración del campo a la ciudad. Entonces no se podía seguir en Sudamérica o en el tercer mundo con las ciudades cerradas, porque nuestras ciudades no están zonificadas, ¡está todo pumba! Está la casa de gobierno, y un banco, y las universidades, por un lado, y los dormitorios todo mezclado. En Buenos Aires esos son los problemas que tenemos.

O sea que no había planeamiento. Tampoco hubo nunca un planeamiento de desarrollo a largo plazo. Cuando empezó a venir la gente, las villas miseria eran un problema, pero, tangente. Sigue siendo.

Supersudaca ¿Y qué pones en tu pasaporte? ¿Cuál es tu profesión?

Mirta Arquitecta.

Supersudaca ¿Sigues sintiéndote arquitecta?

Mirta Yo soy arquitecta, sí. Nunca he construido una casa.

Supersudaca ¿Cómo llegaste de Buenos Aires a Khao-I-Dang? ¿Porque ese es tu primer trabajo no?

Mirta Yo me fui de Buenos Aires como refugiada política en noviembre del 1975. Los militares no estaban, pero ya había bastantes desaparecidos. En ese entonces yo vivía en Buenos Aires con mi marido, el holandés Jim Dobson, y en ese entonces yo trabajaba, no solamente en la organización de las villas miseria, las de Retiro, sino que también trabajaba en un estudio de arquitectura que hacía todo lo referente a industria de la alimentación. Frigoríficos, lecherías, y demás. Y lo que a mí más me interesaba era la organización de las cooperativas.

En aquel tiempo yo vivía mucho en las provincias. Porque teníamos en Arroyo Seco, en Misiones, miles de lugares. Pero a lo que voy, es que el primo de mi marido era el embajador holandés en Buenos Aires, y los Montoneros[2] habían secuestrado al presidente de Philips. Y este señor estaba en contacto continuamente con la Side.[3] Y un día apareció y dijo "Ustedes dos están en la lista negra".[4] Ya había gente desaparecida. Había gente que se encontraba en accidentes y demás. Entonces nos dijo "Ustedes se tienen que ir". Nosotros teníamos una casa que estábamos haciéndonos y como nosotros trabajábamos mucho en el exterior nos íbamos por unas semanas, mi papá iba y hacía cosas. Un día fue y dejó la luz prendida de toda la casa y nosotros no estábamos, pero pusieron una bomba, reventó toda la casa. Según el diario había sido una cosa de gas. Pero no teníamos ni siquiera gas. Entonces fue cuando este tipo dijo: "bueno, ustedes se van porque yo no quiero tener tres problemas acá". Me dieron un pasaporte, y nos llevaron a Uruguay, y de Uruguay viajamos a Holanda.

En Holanda, mi marido se presentó con Jan Pronk,[5] porque claro, era un tipo que conocía muchísimo, hablaba muchos idiomas. Caímos a vivir en Bloemendaal. Un lugar muy pituco. "¿Y acá qué hacemos nosotros? ¿De qué vamos a vivir?" Yo dije "Yo adentro de un coso de arquitectura no me meto. Adentro de un estudio para hacer casas o edificios no me meto", no es lo que yo quería. A pesar de ello, yo llegué el 4 de noviembre y el 3 de enero estaba trabajando en un estudio de arquitectura. Para mi marido era mucho más difícil porque era un tipo muy específico. Y le escribió una carta a Pronk, y viendo los idiomas que hablaba, sus antecedentes, le dijo, "Yo necesito gente para estar dentro de la embajada", y pronto nos teníamos que ir a Tanzania. Pero yo no estaba casada y Tanzania no tenía relaciones con Argentina y no me dejaban entrar. No me daban visa ni me dejaban entrar. Eso tardaba un año. A mi marido, lo mandaron entonces a Tailandia. Y yo me quede acá. Fui una semana a Tailandia, claro, pero me fui a Phuket y a Pattaya, en la época que Phuket y Pattaya eran el paraíso. No había el boom de ese turismo horrible que hay ahora. Luego nos mandaron a Pakistán.

En Pakistán estaba el representante de Unicef. Era un filipino, gran amigo mío y había sido el representante de Unicef[6] en Tailandia. Cuando empezó el problema con Khmer Rouge[7] en Camboya, él me dijo: "Yo necesito un planificador, porque hay que planificar estos lugares para refugiados". Era problema muy grande. Los refugiados llegaron y se metieron en un lugar que era sagrado. Entonces se creó un problema temible, de odio y demás. Los camboyanos huían de Khmer Rouge, y los tailandeses no querían que llegaran. Estaban hechos un sándwich. Nosotros con mi marido habíamos planeado irnos a bucear en Phuket. Yo le comenté esto a mi amigo filipino, entonces me dijo "Anda una semana antes, y anda a hablar con este, quizás lo puedas ayudar por el problema de los campos de refugiados". Yo dije si y quizás les pueda hacer un plano o un plan de zonificaciones, y después me voy a Phuket. Llegué, y bueno, Phuket nunca lo vi. Y ahí estuve como cuatro meses.

Supersudaca ¿Te servía lo que habías aprendido en la universidad?

Mirta No te olvides que mi tesis era sobre renovación de favelas.[8] En Brasil, en Río de Janeiro. En una de las favelas más grandes que había. Entonces con eso yo pude aplicar muy bien varios temas.

Supersudaca ¿Y cuántas ciudades has hecho?

Mirta No, ciudades no. Asentamientos, unos quince. Yo hice el plano de Khao-I-Dang. Empezaba a hacerse con carpas, yo estuve en el tiempo de las carpas. El año 1987 fue el año de los destechados, *homeless*. Entonces me invitó el *foro* de Berlín a dar un workshop sobre esto y a discusiones. En el foro, cuando yo llego, había varios simposios. De repente estoy caminando por un lugar, y había una exposición de arquitectos, con fotos y demás. Yo miro el plan y digo "Que parecido a Khao-I-Dang", y me fui, porque tenía que ir a la discusión. Cuando termina la discusión, me vuelvo. Lo veo, y era Khao-I-Dang. ¿Qué había pasado? Khao-I-Dang se había transformado casi diez años después, en una pequeña ciudad. Entonces estos arquitectos tailandeses lo que habían hecho con la gente de Khao-I-Dang, es hacer infraestructura. Formalizar la infraestructura, entonces cada vivienda con su *toilette*, o *toilette* cada tanto, agua comunal, un punto cada cuatro o cinco casas. Entonces me pareció muy divertido, porque no cualquiera puede ver, su ciudad crecer. Son cuatro o cinco. Niemeyer, Lucio Costa, el griego Dioxiadis y demás. Son cuatro o cinco los que han podido ver esas ciudades, Brasilia, Islamabad.

Bueno, se formalizó, y los trazos que yo hice son las calles ahora. Donde estaba el agua, donde estaba el hospital.

Cómo hacer un campo de refugiados

Supersudaca ¿Cómo funciona en los países a los que te llaman? ¿Cómo te llaman y quién te llama?

Mirta Yo planifico o replanifico áreas o zonas que por un problema de guerra o de catástrofe hay que hacer un cambio y hay que reordenarlas. Cuando a mí me llaman ya está la idea de que hay que hacer eso. Me llama la Cruz Roja internacional, el CICR[9] o la federación de la Cruz Roja – IFRC. Son dos cosas diferentes. El CICR trabaja en lo que es guerra y la federación en los desastres naturales. Esos

me dicen por ejemplo a mí: "hay este problema con los kurdos que están entrando porque Saddam Hussein los está matando con el gas y la gente se está escapando". Entonces yo voy con ellos. Ellos me presentan al gobierno y con el gobierno yo empiezo a discutir qué es lo que ellos quieren hacer. Cuáles son sus conocimientos. Por ejemplo, ésta era un área donde estuvimos, después de ocho años de guerra. Había unos grandes problemas, porque tres cuartas partes de la superficie está minada. Hay que empezar a discutir y tratar de encontrar un lugar para ubicar a esta gente. Los campos de refugiados de guerra son muy diferentes de la reconstrucción de una catástrofe, porque en lo que es catástrofe hay una estructura y se sabe lo que se va a hacer. Acá no sabes cuanta gente viene, porque nunca se sabe cuanta gente viene, siguen llegando y siguen llegando como lo que me paso en Siria, me visité todo Siria, hice planos de los desiertos, me visité todos los desiertos para buscar un sitio para poner gente, y luego no apareció nadie. Había guerra en el golfo,[10] y no apareció nadie porque ninguno cruzo la frontera. Ahora están haciendo lo mismo con Irak. Todo el mundo pensó que después de la guerra con Irak todos los iraquíes iban a salir. No salió nadie.

Supersudaca ¿Cuáles son los criterios para hacer un campo?
Mirta Los criterios son:
1. Lo primero que tenés que buscar: agua.
2. Que tenga desagües naturales, pendientes, para que no se inunde. Tampoco se puede hacer en la montaña, porque hay que terracear y cuesta mucho, es una infraestructura terrible.
3. Que haya sombra pero que no sea un bosque. Porque ya no hay agua. El problema es que si lo encontrás, pero si hay mucho árbol, la gente tala todo. O los gobiernos no los quieren tampoco. El problema es también convencer al gobierno de la vulnerabilidad de esta gente.
4. No los podés poner cerca de la frontera porque están en peligro.
5. Tiene que ser un lugar fácil de ser controlado, porque tampoco podés dispersar gente por todos lados.

A ver, esto es Corea, acá está Laos, esto es Camboya. Esto es Tailandia, los camboyanos empezaron a venir del norte de Camboya, de las montañas. Que ese es otro problema. Si hay montañas no hay mucho lugar. En los valles está la gente, y está el agua, y los valles se inundan en general. Donde hay mucha montaña, el problema es la nieve. Hay que saber muy bien. Un lugar puede ser perfecto durante la primavera y el verano, después cuando viene el invierno se llena de agua. El desierto parece que nunca llueve, pero cuando llueve, en un momento se inunda, se forman ríos.

Pero, como son ciudades, empezás preguntando ¿cuáles son los servicios que ellos necesitan? Entonces empezás a poner un área, en seguida del mercado, que es básico para ellos. Ellos son muy comerciantes y entonces necesitan un *zuk*,[11] ellos ponen sus líneas, con una madera, con cuatro latas. Y eso se va transformando muy rápido. Porque hacen con tierra, en esos lugares donde la arcilla es muy buena empiezan a hacer el fogoncito. Para las cabras, para los caballos, y para los camellos. Y ya se armaron su *compound*, viven en *compound*, tantas familias son un *compound*. Hay un barrio culturamente ahí. Pero también es tratar de darles la parte sanitaria. Porque acá, nadie más hace caca en *open field*. ¿Sabés lo que puede ser un *open field* de 70.000 personas haciendo caca afuera?

Supersudaca Porque ahí tenés una educación forzada.
Mirta Sí, es una educación forzada. Unicef es muy fuerte en eso. Porque también tenés los otros departamentos de Naciones Unidas que te ayudan dentro, y que ya tienen sus campañas. Lo primero que yo hago es una escuela. A los niños hay que ponerlos a estudiar y ya no joden. Les fascina el agua, porque están esos sistemas y les parece fascinante, y ya están jugando todos ahí (risas). Los sardinos esos revientan todo.

Por ejemplo, uno trabaja con otras ONG, que son muy específicas, por ejemplo, Oxfam[12] de los ingleses, están en todos lados, pero eran los primeros que se dedicaron al agua. A hacer tanques especiales para agua. Hay que purificar el agua, hay que buscar el agua, hay que hacer *drilling*. Hay que tratar de que el agua no esté cerca de los toilettes. Hay que buscar que la pendiente interna del agua, la napa esté en un lugar, y los toilettes estén en otro. Tampoco podés llevar los toilettes a un lugar que esté muy lejos, porque entonces no te los usan y te ensuciaron todo. Los toilettes son un problema muy grande de noche. Son los únicos lugares que tienen luz, porque las mujeres son violadas continuamente. No importa que sean musulmanes, cristianas, lo que sea, siempre las mujeres pagan el gran pato.

Supersudaca ¿No hay seguridad?
Mirta No, los campos son muy inseguros.

Supersudaca ¿Pero no en unas culturas más que en otras?
Mirta En general el problema de la violación es algo que no sé qué es, pero es común a todos. No importa donde estés, hasta los más altos. Yo pensé que los kurdos, que eran más educados... pero las mujeres en general están en riesgo en todos lados.

Supersudaca ¿Y eso es parte del planeamiento que haces, está incluido que no pase?

Mirta Si, que no pase. Que pongan los baños de mujeres aislados de los de los hombres. De forma que haya un control. Uno le pide a los gobiernos que pongan guardias, pero está el problema de los cascos azules, uno pide que pongan guardias y después son esos tipos. Pero las africanas son mucho más organizadas, porque no están bajo el yugo de los hombres como las musulmanas. Había mucha violación al comienzo, cuando estaban en Zambia. Aparecieron unos niños ahí con unos pitos. Y me volaban la cabeza, andaban ahí, jodiendo. Entonces les saqué a los niños donde vendían los pitos. Había ahí un hombre que vendía tonteras y juguetitos. Entonces le compré unos pitos, y todas las mujeres tenían un pito. Cuando empezaban de noche a pitar sabían dónde pasaba. Y todas las mujeres corrían. A paladas corrían a esos tipos. Y más que uno salió con machetazos.

Los refugios temporales no son temporales

Supersudaca ¿Sabes qué porcentaje volvieron? ¿Son más lo que se quedan en el lugar o son más los que vuelven?
Mirta Si, ya sé, el problema es que todo el mundo piensa que un refugio es temporal. Y lo que nosotros dijimos en los últimos años es que no hay que hacerlos temporales por que se quedan acá muchísimos años, y en general yo creo que de las ciudades o campos que yo he hecho la duración mínima es de diez años. Cuando la gente se va después de diez años es invadida por la gente del lugar porque a veces –y eso es un problema muy grande– hay mucha competencia con la gente del lugar porque los otros reciben una cantidad de ayuda que los lugareños no reciben. Nosotros comenzamos una cosa en Khao-I-Dang, que nos dimos cuenta, que fue muy problemático porque ellos recibían una ración de arroz y la gente del lugar tenía

una ración por día muchísimo menor de arroz y nos dimos cuenta porque la gente se infiltraba, para que le den arroz y ahí nos dimos cuenta que era mucho mejor hacer entonces un tipo de censo de cuanto es la ración que tienen y más o menos se va compensando; porque si no se crea una rivalidad muy grande y puede terminar muy mal.

Medicina, una cosa que yo he hecho en general en los campos acá en Zambia, era que el hospital cuando se hacían campañas de vacunación de Unicef se hacía para toda el área. No importaba quien era. Y entonces también hay una cosa muy divertida porque entonces las madres entran al campo de refugiados y empiezan a hablar con la gente...

Supersudaca Claro, si el campo de refugiados le trae un beneficio al área entonces los va a aceptar.

Mirta Entonces los aceptan, pero además empieza a haber otra cosa, que la gente de acá empieza a vender sus huevos o una gallina a los locales porque, por ejemplo, los locales tienen leche en polvo y los de acá no y ese tipo de cosas, entonces hay un trueque y hay un tipo de comercio. Y cuando te quedaste como quince años entonces empiezan a abrirse las escuelas. Que la escuela ya no está en el campo sino que esta fuera del campo pero entonces los chicos del campo van a la escuela y los del *dorp*[13] o los del village van también. Entonces se empieza a dar un tipo de comunidad porque no es posible que alguien que este cinco o seis años o diez años este aislado.

Supersudaca Pero volvé al gobierno.
Mirta Lo más difícil es convencerlos de que esa gente que viene tiene que estar, primero dentro de las convenciones de Ginebra. Porque están las convenciones de Ginebra que regulan la guerra. Convencerlos de que esa gente va a estar un largo tiempo. Uno piensa que eso va a ser transitorio, pero eso no es. Al principio, en los años 50 la media era (se pensaba) de unos dos a tres años. Al final de los 1970 ya había gente que estaba en los lugares ocho años. En los 1980 había gente que se pasó veinte años como los mozambiqueños, que pasaron más de quince años en Zambia.

Supersudaca Pero eso cambia un montón porque vos no podés tener alguien veinte años con una carpita.
Mirta No. Eso va cambiando, por ejemplo, los angolanos que estuvieron también muchos años por el problema de la guerra en Zaire al final se les da una tierra. Cuando son países como Zaire que es enorme, tienen la capacidad. Y no te olvides que la mayor parte viene de los lugares fronterizos. Entonces siempre hay una conexión, familia, tribu, y todo eso. En algunos lugares se van adaptando, o se van mezclando o se van relacionando con los del lugar. Hay otros lugares que es mucho más difícil.

Supersudaca ¿Pero tu trabajo es que por los próximos dos años tengan algún refugio? ¿Esas carpas están pensadas por dos años?

Mirta No y sí. Porque al final nadie quiere hacerles una casa. La gente es muy recursiva y en general son ellos los que se van haciendo una casa. En general tienen la carpa acá y se van haciendo con adobe y cuando ya se dan cuenta se formó una ciudad, eso lo vi en Pakistán, cuando los afganos venían corridos por la invasión de los Soviéticos en el año 1978.

Resistencia cultural

Supersudaca ¿Y los deseos de la gente son los mismos en cuanto a "la casa soñada", la proyección? Porque en América Latina, cuando ya empiezan a consolidarse, las casas de acá son iguales a las de acá, y estas son iguales a las de allá. Estéticamente, y de material.[14]

Mirta Es que la idea de la gente es que en general la casa es una casa de lo que llamamos nosotros en Argentina, de material. O sea, qué si alguien está hablando de hacer una casa de adobe, que puede llegar a ser enorme, bellísima, culturalmente la gente no la quiere.

Concreto, hierro, bloque, lo que sea. El problema del ladrillo es que ya es muy difícil de encontrar madera como para cocinarlos. Para cocer los hornos y demás. Por ejemplo, en toda Centroamérica, cuando están estos terremotos, en que se necesita tal cantidad inmediata, lo que se hace es bloque.

Supersudaca Tú conoces un arquitecto japonés que se llama Shigeru Ban, que hace cosas maravillosas, de las casas y los museos, pero también hace casas para refugiados, y él trabaja básicamente con tubos de papel. ¡Para los arquitectos es como guau! Encontró la solución. ¿Es una solución?

Mirta Sí los vi, lo conozco. El problema es que la gente a veces se resiste. En Eritrea, los alemanes hicieron unas casas de adobe. En Grenoble, en Francia. Hay una escuela muy buena que se llama Craterre, que enseña a usar el adobe y la tierra y la arcilla, pero de corte industrial. Acá hay unos edificios bellísimos, en Europa, también, con esa tecnología. Entonces estos alemanes fueron y construyeron tres casas. Una cuadrada, muy parecida a las casas de ellos, con un techito de chapa acanalada. La otra era una bóveda, y la otra era una cúpula. Ellos mismos, los alemanes, tenían en Tessaney (Eritrea) que es casi la frontera con Sudán, que hace muchísimo calor todo un *compound* hecho. Y cuando nosotros íbamos ahí, habían hecho un hotel también, con las cúpulas. Y eran fantásticas, porque con el calor que hace eran buenísimas. Nadie quiso esa casa. Hicieron três prototipos, y todo el mundo eligió la cuadradita, alguno que otro la de la bóveda. La de la cúpula nunca nadie la quiso, porque nadie entraba, porque tenían miedo de que se les cayera el techo. Porque no tenía ningún tipo de estructura. Porque no tienen la noción de que resiste por forma y no entraron. Entonces los que usábamos eso éramos nosotros, todos los *expatriates*.[15]

Supersudaca ¿Pero por qué si aceptan carpas?
Mirta La gente acepta carpas porque es muy universal. No todo el mundo acepta carpas, pero es lo único que tienen.

Supersudaca ¿Y cuál es el peor clima para las carpas?
Mirta El frío. La primera vez donde no se usó carpas fue en Yugoslavia. Ahí, para el verano bueno, pero después ya no se puede. Hubo que hacer otros refugios de madera. Ahí si hubo una cantidad de elementos prefabricados que venían de Turquía. Unas casas para armar, que se armaban ellos solos. Escandinavia también trajo mucha casa de madera, con paneles. Y no te olvides que, si está el dinero, ellos también arman rápido, con ladrillo y demás.

Catástrofe y guerra

Supersudaca O sea, ¿el plan que hagas siempre va a terminar en una especie de pueblo o algo?
Mirta En general sí, ya te digo. Me paso en Asia porque fue una cosa muy extraña de que se los llevaron y que se desaparecieron.

Supersudaca ¿Pero cuánto tiempo habían estado antes de desaparecer?
Mirta Un mes.

Supersudaca O sea la única posibilidad de que se vayan es que no dure nada, porque si están ahí seis meses ya se establecieron. En un año...
Mirta Claro, que no dure nada. En un año puede ser que si se van no queda nada. Puede ser. Pero en general no quedan más.

Supersudaca ¿Eso pasa más con las catástrofes naturales?
Mirta Con las catástrofes naturales la gente no se quiere quedar ahí.

Supersudaca Entonces podríamos decir que en las catástrofes naturales si son temporales y en las guerras no. ¿Hay una diferencia enorme entre las catástrofes naturales y las guerras?
Mirta La catástrofe natural tiene una diferencia enorme con las guerras. Hay toda una línea de diferencias.

Supersudaca Pero entonces las guerras se parecen más a la pobreza endémica en ese sentido, porque las favelas o las villas miserias tiene más que ver con el tipo de asentamiento que se produce en una guerra.

Mirta Claro, sí, sí. Por eso es que lo que yo aprendí en la favela me vino muy bien en el campo de refugiados.

Supersudaca Y por lo tanto podríamos tener el caso de vuelta. De aplicar lo de la guerra...

Supersudaca No, porque en realidad eso ellos lo hacen solos.

Mirta Claro, exacto. No, porque en realidad la favela tiene un mecanismo de sobrevivencia. El caso de la favela es que no tiene otra salida que quedarse ahí. Mientras que el problema que tiene el refugiado, que tiene un problema terriblemente psicológico. No quiere quedarse, quiere volver, no quiere estar ahí. No es de dónde es, mientras que el que está acá está preparado para seguir. Y además se mueve dentro de su lugar y está dentro de su país. Es una gran diferencia también entre lo que llamamos *displaced people* y los refugiados. Refugiado es el que cruza la frontera y va a otro país, *displaced* es el que se mueve dentro de su país. Aunque la gente sufre porque yo lo he visto en El Salvador durante la guerra que toda la gente del oriente se fue para el occidente y le duele. Y se tuvo que quedar por ahí. Gente que es de los llanos y que empezó a ir a la parte cafetera, una cosa muy diferente porque la cafetera es alta y fría y no sabe de café. Pero así y todo está dentro de su mismo país y a pesar de que a veces se sienten mal, hablan la misma lengua, o sea que se van adecuando y es lo mismo.

Supersudaca Pero, de vuelta a la experiencia que has sacado no haciendo favelas pero regresando hacia la *favela*, ¿hasta dónde te parece que el arquitecto debe de entrar? ¿Cuál es el rol que puede asumir el arquitecto hoy ante las circunstancias de la *favela*?

Mirta Es orientación, es acompañamiento, es un *consultant*. Bien organizado. El año pasado yo tuve este trabajo en El Salvador, era un pueblo totalmente destruido. De 4.000 casas que había quedaron cuatro casas paradas, el resto nada, ni la iglesia quedó. Y entonces yo los ayudé a organizarse. Buscamos juntos que es lo que querían hacer. Esto es –se refiere al mapa– esto es lo que era la iglesia y ahí nos quedamos debajo de una cosa ahí. Ahí se llama, la gente los domingos viene a la misa y después todo el mundo baja, bajan los campesinos, y entonces empezamos a organizar con ellos. Ellos vuelven, entonces un domingo hablas y le dices que es lo quieres y entonces el otro domingo, el domingo que viene entonces, lo que vamos a hacer es que todo el mundo discuta en sus lugares qué es lo que quieren, como es la casa que ellos piensan, qué necesidades tienen en relación a la gente, para que empiecen a pensar cómo es la distribución, los materiales y demás. Y entonces al otro día se vienen y es muy interesante porque hay gente que se viene hasta con maquetita, hecha de papel o de cartón, es bellísimo. Y es gente que ni siquiera sabe leer pero que sabe muy bien lo que quiere. Muy interesante.

Supersudaca ¿Operacionalmente qué diferencias hay entre las catástrofes naturales y las guerras?

Mirta En la catástrofe natural se sienten todos muy unidos, porque les pasa a todos por igual, no importa qué posición, clase social, ideología, no hay enemigo. Entonces la reacción es que la gente es muy solidaria, y reacciona en comunidad, y sabe que, aunque pase otra vez, si tiene que sobrevivir, porque paso tantas veces. El problema en Sudamérica con los terremotos es que se sabe, y todo el mundo reacciona, y empieza a reconstruir. El de la guerra es un problema psicológico. No solamente por el sufrimiento, también esa carga de que no se sabe cuándo termina. Esto se sabe que hay un sacudón, y después puede haber como diecisiete. El año pasado cuando yo estaba en El Salvador, todos los días, estas durmiendo y pum-pum-pum. La hamaca esa se vuela de un lado para el otro. La guerra es todo un problema muy traumático. La inseguridad de la guerra es un peso psicológico mucho más duro de llevar que un terremoto. Que en cualquier momento te puedan agarrar, matar es mucho más. El terremoto es más que uno puede correr, que uno puede salir. Los terremotos con un buen conocimiento son muy manejados. Actualmente hay todo un sistema de prevención.

Supersudaca ¿Una inundación de estas que se inunda el pueblo que hay que subir al techo es peor que un terremoto?

Mirta No, no, es manejable. Pero la guerra sí es más dura.

Supersudaca Pero además en la guerra supongo que tenés problemas operativos de fricciones políticas que no están en los desastres.

Mirta No, no. Un desastre sucede en corto tiempo, y el mundo se hace solidario. Una guerra dura años, y ya al final nadie le da pelota. Es el problema de Israel y los Palestinos. Ya hace más de 50 años que se están peleando. Pero ya en el último año, que había la idea de tener una paz, que se rompe y que no hay solución. Yo me pasé tres meses en el 2000 en Israel.

Moviéndose entre límites

Supersudaca ¿En qué momento pasás de ser técnico a político?
Mirta Cuando abrís la boca. Pero no te dejan.

Supersudaca Porque hay un momento en el que pasa esto, de alguna manera a veces eres utilizada...
Mirta No, no. Ahí hay que ser muy hábil. En todos los lugares donde yo he ido, yo no puedo tener una cámara fotográfica. Estas fotos son porque un iraní tenía una cámara fotográfica, y entonces pude sacar fotos. Yo no puedo llevar cámara fotográfica, yo no puedo hablar con la prensa, porque cada vez que yo voy a uno de estos yo tengo que firmar un código de conducta. Solamente si me dicen "usted tiene que ir a una reunión de prensa", pero yo tengo que hablar en *sistema*, de lo que se hizo, cómo está la gente, cuáles son los problemas.

O sea que políticamente es muy difícil manejarse por allí. Una de las cosas por las que quizás siempre me buscaron, es porque yo trabajo con la gente y por la gente. Y en general la gente política, el CICR, el UNHCR, tienen sus mecanismos de media, su *lobby* de política y demás. Lo único que yo sí hago es cuando puedo pelearla para que la gente reciba más, mejores condiciones etc., eso sí me peleo. Pero soy muy dura con eso.

Supersudaca ¿Eres optimista con respecto al futuro?
Mirta Si. Yo nací optimista. Yo creo que hay que ver la historia, y siempre hubo guerras y siempre hubo gente, y siempre hubo refugiados y siempre hubo catástrofes.

El número es más, la gente es más. Pero en los últimos años hay una cosa qué si pasó, entre el 1995 y el 1998, hubo mucha gente repatriada, que es lo único que uno quiere. Hay una cosa, que es que los gobiernos huéspedes creen que la gente se les va a quedar. Y eso es un mito, porque si hay algo, que es cuando se da la posibilidad, porque a veces después no te dejan salir. Porque la repatriación es un proceso que es mucho más difícil que la entrada. Lleva mucha más preparación, y en general el gobierno o la UNHCR espera que del otro lado sea más seguro y más pacífico. Y hay gente que se va con lo que tiene, y se va, porque quiere volver. Es que tú te crees que este pobre ganés o este pobre tipo, que tiene acá una vida comunitaria impresionante, donde se siente acogido por su familia, por sus ancestros, por todo, llega acá a Holanda, se muere, se caga de frío, no tiene verde ni tienen la amplitud que tiene en lo suyo, es menospreciado, vapuleado, es un extranjero, y además con *apartheid* y un montón de cosas. Ese señor, si tiene sus condiciones, no se va. Se viene acá porque está desesperado. Fíjate tú lo que hay que sentir, esos chinos, metidos adentro de esos *containers* del camión. Eso es temible. Hay que estar muy mal para salir así. Yo que soy muy dura para muchas cosas, pero cuando llegué acá, ya en las primeras semanas lo único que sabía es que yo no podía volver atrás. Después me di cuenta muy bien por qué. A los tres meses ya era un desastre Buenos Aires. Nosotros perdimos cinco personas en la familia, que desaparecieron.[16] Cuando uno ya no tiene para volver, entonces te cambia, y decís "me la aguanto". Pero los primeros dos meses me fueron muy duros. Porque llegué acá, y fue el invierno más duro de hacía no sé cuántos años. Yo no conocía más refugiados, yo era la primera refugiada. Los encontré cuando volví de Pakistán. Ana Falú, no sé, había un grupo muy bueno de arquitectos también.

Notas

1   Arquitecto y planificador de Brasilia, en Brasil.

2   Argentina. Grupo guerrillero armado de orientación peronista que luego fue masacrada por el gobierno militar de 1976.

3   Side: Servicio de Inteligencia Argentino.

4   Lista de gente que los militares querían eliminar.

5   Político holandés de izquierda. En esos años ministro de cooperación para el desarrollo.

6   Fondo de las Naciones Unidas para la Infancia, por sus siglas en inglés.

7   Jemeres Rojos (Khmers Rouges en francés, Khmer Krahom en camboyano): miembro del Partido Comunista de Camboya que tomó el poder el 17 de abril de 1975 (la "Caída de Phnom Penh"). Pol Pot fue su principal líder.

8   Se refiere em portugués brasileño a barriadas, villas miseria, *slums*.

9   ICRC por sus siglas en inglés.

10 1ª Guerra del Golfo, 1991.

11 Zoco, mercado.

12 Comité de Oxford de ayuda contra el hambre (*Oxford committee for famine relief*), fundado en Gran Bretaña en 1942.

13 Pueblo en holandês.

14 Construcciones de material: en Latinoamérica se refiere a material sólido, cemento, arena, ladrillos.

15 Trabajadores extranjeros de las organizaciones de socorro.

16 Desaparecido: asesinado por el terrorismo de estado y enterrado en fosas comunes o tirado al río durante la última dictadura militar Argentina (1976-1983).

Publicados anteriormente

Prólogo
Incomplete Works. 10º Bienal de San Pablo, 2013.

El giro Supersudaca
"El giro Supersudaca." Los límites de lo urbano. Circo 222, 2016.

L.A. Colectiva: La historia paralela de Latinoamérica como laboratorio reactivo de Occidente.
Volume 21: The Block 2009.
Summa 120, 2012.

De slum a Slim
Grigoran, Yuri, curador. Archeology of the periphery. Moscow Urban Forum, 2013.
Madrazo, Félix. "De slum a Slim: Nezayork, el perfecto rascasuelos." Arquine 71, 2015. <https://arquine.com/de-slum-a-slim-nezayork-el-perfecto-rascasuelos/>

Conversatorio Susucumbre
Revista internacional de arquitectura y opinión – A35, 2012.

Europa, tenemos que hablar
Colectivo Supersudaca.
"Supersudaca: China and Africa have more to learn from Latin America than from the West." Architectural Review, 27 may. 2015. <https://www.architectural-review.com/essays/profiles-and-interviews/supersudaca-china-and-africa-have-more-to-learn-from-latin-america-than-from-the-west>

¡Al Caribe!
"Best Entry Award". II Bienal Internacional de Arquitectura de Rotterdam, 2005.
Revista internacional de arquitectura y opinión – A35, 2012.
CANTIS, Ariadna (Ed.).
"Iberoamérica: emerging architecture." 2G Dossier, 2008.

Destino Cualquiera
SIGLER, Jennifer (Ed.).
"Destination Whatever: Touring the cruise industry of the Caribbean." Harvard Design Magazine 39, Wet Matter, FW 2014.

From heritage to feritage
HEIN, Carola (Ed.). "Adaptive strategies for water heritages." Chapter 19, Springer 2019, p. 362-382.
<https://link.springer.com/chapter/10.1007/978-3-030-00268-8_19>

Dignos de crédito
SMITH, Valerie (curador).
"Exhibition between walls and windows architecture and ideology." Haus der Kulturen der Welt: Berlin, 2012.
SMITH, Valerie (Ed.). "Between walls and windows architecture and ideology." Hatje Cantz, 2012.
Centers Adrift 32, 2012.
Plot 12, 2013.

China tu madre
IBELINGS, Hans; Powerhouse Company. "China's turn." The Architecture Observer, 2016.

Conversando alrededor del mundo
Materia 04, Ediciones Universidad San Sebastián, dic. 2011.

Agradecimientos

Nos gustaría agradecer a las siguientes personas y organizaciones que han creído en este colectivo. Muchas de ellas fueron esenciales para la creación del contenido de este libro: Els van der Plas, Joumana El Zein Khoury, Fariba Derakhshani y Caro Méndez, de Prince Claus Fund. Vedran Mimica, Wiel Arets y Winy Maas, de The Berlage Institute. Arjen Oosterman y Lilet Breddels, de Volume. Catherine David y Tanja Elstgeest, de Witte de With. Martín di Peco y Fernando Diez, de *Summa+*. Luis Rojo y Emilio Tuñón, de Circo, y Marcelo Arauz, de Apac. Roberto Segre, Jorge Peña, Ada Portero y Gisela Díaz, de Cujae. Jasper Goldman, de Friends of Havana. Gustavo More, de AAA. Jorge Rigau, de UPR. Orval Sifontes, de PRO ARQ. Francisco Javier Rodríguez, de la Universidad de Puerto Rico. Ronny Lobo, de FCAA. Mark Raymond, de CCAU University of West Indies. Deane Simpson, de Bergen School of Architecture. David Bade y Tirzo Martha, de IBB Curacao. Ergün Erkoçu y Arrelis Vis, de University of Curacao. Carlos Pinto, de Tridimenciudad Medellín y Ana María González Forero, de FEM Cartagena. Danielle Van Zuylen, curadora de arte de *When guests become hosts*, Haarlem y Porto. Ana Luandina. Bart Pluym de Gebermte y Pieter Van den Broeck, de KU Leuven. Lucila Urda, de Etsam y SOA, de Syracuse University. Michelle Provoost y Wouter Vanstiphout, de Crimson Historians and Urbanists. Yuri Grigoran, de Moscow Urban Forum. Anastassia Smirnova-Berlin, Anya Koens y Arseniy Khitrov, de Strelka Design Institute. Daravuth Ly, de Reyum Institute Phnom Penh. Tom Rivard. Francisco Díaz, de PUC. Marcelo Danza, de Taller Danza FA UdelaR. Felipe Assadi, de Unab. Miquel Adrià y Alejandro Hernández, de Arquine. Javier Fernández Castro, de Fadu UBA. Pablo Roquero, de Harvard University. Federico Rodríguez, de UCR. José Roberto Paredes, de 5 Patas al Gato. Matías Echanove, de URBZ. Francis Espino, de a35. David Basulto, de ArchDaily. Fábrica de Paisaje de Uruguay. Christine de Baan como Head of Programme 3rd International Architecture Biennale Rotterdam. Ariadna Cantis, de 2G & Fresh Latino. Jennifer Sigler, de Harvard Design Review. Martín Huberman, de Monoambiente. Profesora Carola Hein, de TU Delft. Valerie Smith, de Haus der Kulturen der Welt.

Florencia Rodríguez e Igo Wender, de PLOT Magazine. Hans Ibelings, de the Architecture Observer y Nanne de Rue, de Powerhouse Company. Ken Young, de Asian Design Forum. Pablo Brugnoli, de Materia y Mario Marchant por sus escritos para L.A. Colective, y también Francisco Quintana y Stephanie Fel. Davide Quadrio y Defne Ayas, de Arthub Asia. Albert Ferrer, de Actar. Arquitaxi, de la Universidad de Granada. Melisa Vargas, de Unibe. Roberto Converti y Miguel Jurado, de la Bienal internacional de Arquitectura BA. Lluis Alexandre Casanovas Blanco, Ignacio González Galán, Carlos Mínguez Carrasco, Alejandra Navarrete Llopis y Marina Otero Verzier, del equipo curatorial de The Oslo Architecture Triennale 2016. Ligia Nobre y Guilherme Wisnik, del equipo curatorial de la Bienal de Arquitectura de San Pablo 2013. Gabriel Vergara, Renata Sinkevic y José "Pepe" Mardones, por su colaboración durante Susucumbre. Nicole L'Huillier por su participación en la exposición de Supersudaca en la Bienal de San Pablo 2013 y la creación del video de *Obras incompletas*, junto con Gabriel y Rodrigo Vergara. Ingrid Sepúlveda por su creación del vídeo Gold. Carila Matzelbacher, Marilia Gallmeister y Rodrigo Andreoli, de Terreyro Coreografico. Teatro Oficina Uzyna Uzona. Celso Sim. Olly Wainwright, de Icon. Mariana Leguía, de Architecture Design. Profesor Zhao Pei por su invitación al proyecto *Papel Latino* y agradecimientos especiales a Mirta Demare, Teresa Papachristou y Carel Weeber.

Camilo García Barona y Diego Barajas (Husos), Juan Alfonso Zapata y Pablo Guerrero iniciaron este viaje con nosotros en Rotterdam en 2001, y aunque continuaron por otros caminos, fueron parte de esta aventura y son parte de esta amistad. Muchas otras personas que nos cruzamos en nuestro camino fueron importantes en el desarrollo de Supersudaca: estudiantes, profesores, pasantes, clientes, personas que conocimos en nuestros viajes e investigaciones que nos enseñaron con sus historias, puntos de vista, conocimientos, experiencia y compromiso. A todos ellos también les damos las gracias.

Supersudaca 2023

Créditos

Supersudaca
Ana Rascovsky
César Becerra
Esteban Varela
Félix Madrazo
Fernando Puente Arnao
Juan Pablo Corvalán
Martín Delgado
Manuel de Rivero
Max Zolkwer
Sofía Saavedra Bruno
Stephane Damsin

Supersudaca: una práctica de amistad
Texto
Fernando Luiz Lara
Traducción al castellano
Diego Campos

Prólogo
Texto
Juan Pablo Corvalán
Traducción al castellano
Diego Campos

El mundo de la arquitectura

El giro Supersudaca
Texto
Juan Pablo Corvalán

Genealogía de la Arquitectura Directa
Texto
Manuel de Rivero
Juan Pablo Corvalán
Sofía Saavedra Bruno
Max Zolkwer
Félix Madrazo
Traducción al castellano
Diego Campos

L.A. Colectiva: La historia paralela de Latinoamérica como laboratorio reactivo de Occidente
Editores
Juan Pablo Corvalán
Félix Madrazo
Manuel de Rivero
Traducción al castellano
Julia Napier

Mario Pani avant l'heure
Texto
Miquel Adrià

Cronología Supersudaca de casos colectivos
Texto
Manuel de Rivero
Sofía Saavedra Bruno
Félix Madrazo
Juan Pablo Corvalán
Ingrid Sepúlveda
Traducción al castellano
Diego Campos

Monoblocks permanentes en Argentina
Texto
Ana Rascovsky
Max Zolkwer
Research Team
Leticia Balacek
Francisco Apa

Experiencia Barriada: Entrevista a John F. C. Turner
Texto
Roberto Chávez
Julie Viloria
Melanie Zipperer
Editores
Manuel de Rivero
Félix Madrazo

¿Y PREVI?
Texto
Manuel de Rivero
Félix Madrazo
Juan Pablo Corvalán

Montevideo cooperativo: Entrevista a Gustavo González
Texto
Martín Delgado
Esteban Varela
Juliana Espósito

Know-how latinoamericano: Entrevista a Alejandro Aravena y Fernando Pérez
Texto
Juan Pablo Corvalán
Manuel de Rivero
Francisco J. Quintana

De grandes cajas a pequeñas cajas
Texto
Mario Marchant

De slum a Slim
Texto
Félix Madrazo
Traducción al castellano
Diego Campos

Papel Latino
Texto
Félix Madrazo
Max Zolkwer
Investigadores
Max Zolkwer
Félix Madrazo
Ana Rascovsky
Martin Delgado
Manuel de Rivero
Juan Pablo Corvalán
Franca Ferraris
Transcripción y encuestas
Franca Ferraris
Bárbara Oestereicher
Euge Zoe Massa
Joaquín González Milburn
Traducción al castellano
Diego Campos

Conversatorio Susucumbre
Participantes
Manuel de Rivero
Ana Rascovsky
Félix Madrazo
Sofía Saavedra Bruno
Martín Delgado
Max Zolkwer
Juan Pablo Corvalán
Esteban Varela
Elio Martuccelli
Jorge Sánchez
Jorge Villacorta
Enrique Bonilla
Mariana Leguía
Editor
Manuel de Rivero

La arquitectura del mundo

Europa, tenemos que hablar
Texto
Félix Madrazo
Max Zolkwer
Traducción al castellano
Diego Campos

¡Al Caribe!
Texto
Félix Madrazo
Sofía Saavedra Bruno
Manuel de Rivero
Ana Rascovsky
Max Zolkwer
Martín Delgado
Juan Alfonso Zapata
Elena Chevtchenko
Pablo Guerrero
Victoria Goldstein
Ico Abreu
Traducción al castellano
Diego Campos

Destino: Cualquiera
Texto
Martín Delgado
Félix Madrazo
Sofia Saavedra Bruno
Zuzanna Koltowska
Traducción al castellano
Diego Campos

From heritage to feritage
Texto
Sofía Saavedra Bruno
Félix Madrazo
Martín Delgado
Traducción al castellano
Diego Campos

Dignos de crédito
Texto
Félix Madrazo
Stephane Damsin
Max Zolkwer
Juan Pablo Corvalán
Investigadores
Sebastián Marsiglia
Marcela Martin
Kathia Sánchez
Andrés Sandoval
Pablo Zolkwer
Zuzanna Koltowska
Teresa Papachristou
Renata Sinkevic
Gabriel Vergara
Elaine Hoffman
Joaquín González Milburn
Martín Delgado
Diseño gráfico
Guilherme Werle
Teresa Papachristou
Traducción al castellano
Diego Campos

China tu madre
Texto
Félix Madrazo
Max Zolkwer
Manuel de Rivero
Traducción al castellano
Diego Campos

Conversando alrededor del mundo: entrevista a Mirta Demare
Entrevistadores
Max Zolkwer
Manuel de Rivero
Ana Rascovsky
Editores
Max Zolkwer
Stephane Damsin

Imágenes
Andrés Lübbert - p. 28 (arriba)
Atelier 5 - p. 70
Carel Weeber - p. 200, 201
Carla Hernández - p. 104, 105, 106, 107
Ciska Rusch, Omar Kuwas - p. 31 (abajo a la derecha)
Ergün Erkoçu - p. 31 (abajo a la izquierda)
Federación Uruguaya de Cooperativas de Vivienda por Ayuda Mutua (Fucvam) - p. 80, 82
Felipe Fontecilla - p. 92
Google Maps - p. 109
Guillermo Zamora - p. 44, 47
Hector García - p. 100
Hugo Ignacio Sánchez - p. 98, 99
Max Zolkwer - p. 6, 7 (retratos en acuarela de Supersudacas realizados durante reuniones por Zoom durante la pandemia)
Miami Port - p. 208 (arriba)
Mirta Demare - p. 272, 273, 274, 275, 279, 280, 281, 282, 283, 284, 285, 286, 288, 289, 290
Reinout Mulder - p. 28 (izquierda), 30 (abajo a la derecha)
Rosa Aguirre, Militza Carrillo, Pablo Pedreros - p. 29 (abajo a la derecha), 31 (arriba)
Servicio Aerofotográfico del Perú - p. 66
Supersudaca - p. 18, 28 (abajo a la derecha, foto del dibujo), 29 (arriba a la derecha, arriba a la izquierda, abajo a la izquierda), 30 (arriba), 50, 51, 62, 73, 103, 172-175, 184-199, 208, 225, 227, 231, 244-256, 258, 260, 262, 263
Supersudaca, Andrea van Walleghem - p. 266
Supersudaca, Enzo Zolkwer, Bárbara Oestereicher, Tati Vainstein, Félix Madrazo - p. 114-117
Supersudaca, Juan Zapata - p. 180, 181, 208 (abajo)
Supersudaca, Renata Sinkevic, Pepe Mardones - p. 16, 17, 138, 139, 142, 154
Supersudaca, Rubén Salvador Torres - p. 252, 253
Supersudaca, Teresa Papachristou (diseño de vestuario), Gillerme Werle (diseño gráfico del cuadro explicativo) - p. 234-242
The Observatory of Economic Complexity - p. 256, 258, 260
Time Magazine, Mar. 12, 1965, portada - p. 70
Tomás García Puente - p. 42, 43, 52, 55

Pensamiento da América Latina
Romano Guerra Editora
Nhamerica Platform
Coordinación general
Fernando Luiz Lara
Silvana Romano Santos

Incomplete Works
Supersudaca
Ana Rascovsky
César Becerra
Esteban Varela
Félix Madrazo
Fernando Puente Arnao
Juan Pablo Corvalán
Martín Delgado
Manuel de Rivero
Max Zolkwer
Sofía Saavedra Bruno
Stephane Damsin

BR + CL + EE. UU. 10

Equipo editorial
Fernando Luiz Lara
Irene Nagashima
Silvana Romano Santos

Diseño gráfico
Dárkon V Roque

Traducción al castellano
Diego Campos
Julia Napier
Revisión de la traducción al castellano
Supersudaca
Pacelli Sousa
Estandarización
Irene Nagashima
Traducción del libro en inglés
Irina Rivero

Imagen de portada
Supersudaca

Romano Guerra Editora
Editora
Silvana Romano Santos

Consejo editorial
Adrián Gorelik, Aldo Paviani, Ana Luiza Nobre, Ana Paula Garcia Spolon, Ana Paula Koury, Ana Vaz Milheiros, Ângelo Bucci, Ângelo Marcos Vieira de Arruda, Anna Beatriz Ayroza Galvão, Carlos Alberto Ferreira Martins, Carlos Eduardo Dias Comas, Cecília Rodrigues dos Santos, Edesio Fernandes, Edson da Cunha Mahfuz, Ethel Leon, Fernanda Critelli, Fernando Luiz Lara, Gabriela Celani, Horacio Enrique Torrent Schneider, João Masao Kamita, Jorge Figueira, Jorge Francisco Liernur, José de Souza Brandão Neto, José Geraldo Simões Junior, Juan Ignacio del Cueto Ruiz-Funes, Luís Antônio Jorge, Luis Espallargas Gimenez, Luiz Manuel do Eirado Amorim, Marcio Cotrim Cunha, Marcos José Carrilho, Margareth da Silva Pereira, Maria Beatriz Camargo Aranha, Maria Stella Martins Bresciani, Marta Vieira Bogéa, Mônica Junqueira de Camargo, Nadia Somekh, Otavio Leonidio, Paola Berenstein Jacques, Paul Meurs, Ramón Gutiérrez, Regina Maria Prosperi Meyer, Renato Anelli, Roberto Conduru, Ruth Verde Zein, Sergio Moacir Marques, Vera Santana Luz, Vicente del Rio, Vladimir Bartalini

Nhamerica Platform
Editor
Fernando Luiz Lara

Sobre los autores

Ana Rascovsky (Buenos Aires, Argentina 1972) arquitecta basada en Buenos Aires. Miembro co-fundadora de Supersudaca. Completó un Master of Excellence en Arquitectura y Urbanismo en Berlage Institute, Rotterdam, una maestría (D.E.A.) en Historia del Urbanismo, en la Ecole d'Architecture de Versalles y se graduó como arquitecta en la Facultad de Arquitectura, Diseño y Urbanismo de la Universidad de Buenos Aires (Fadu-UBA, 1996). Es profesora de diseño en la Universidad de Buenos Aires (UBA), co-dirige Estudio Planta y desarrolla su práctica artística Acrilia.

César Becerra (Lima, Perú 1974) arquitecto y vive en Perú. Miembro del colectivo internacional Supersudaca y de la base del proyecto en Lima: 51-1 arquitectos. Es graduado en Arquitectura y Urbanismo de la Universidad Ricardo Palma de Perú.

Esteban Varela (Montevideo, Uruguay 1974) arquitecto con base en Uruguay. Miembro de Supersudaca y de la rama del colectivo ubicada en Montevideo. Ha enseñado en Uelar y UTU y ha sido director de arquitectura en el Departamento de Desarrollo Social de Uruguay, además de consultor parlamentario.

Félix Madrazo (Saltillo, México 1972 – Rotterdam, Países Bajos 2023) arquitecto basado en Rotterdam y miembro co-fundador de Supersudaca. Director de la oficina de arquitectura y urbanismo IND [Inter.National.Design] junto con Arman Akdogan. Es docente e investigador en Why Factory, TU Delft. Se graduó como arquitecto de la Universidad La Salle en México y obtuvo un Master of Excellence en Arquitectura y Urbanismo de Berlage Institute, Rotterdam.

Fernando Puente Arnao (Lima, Perú 1973) arquitecto basado en Lima. Miembro del colectivo internacional Supersudaca y de la base del proyecto en Lima: 51-1 arquitectos. Obtuvo un Máster en Gestión de Edificación y Dirección de Empresas Constructoras e Inmobiliarias por la Universidad Politécnica de Madrid y la Pontificia Universidad Católica del Perú. Graduado en Arquitectura y Urbanismo de la Universidad Ricardo Palma, Perú.

Juan Pablo Corvalán (Génova, Suiza 1973) arquitecto multimedia basado en Santiago. Miembro co-fundador de Supersudaca y de la base del proyecto en Chile, Susuka, realizando proyectos, investigando y enseñando en las áreas de urbanismo, arquitectura, diseño y música. Graduado de EIG, Génova; Universidad de Chile, Santiago, y completó un Master of Excellence en Arquitectura y Urbanismo en Berlage Institute, Rotterdam. Candidato a Doctor en Geografía por la Pontificia Universidad Católica de Chile, Santiago. Es Decano de la Facultad de Arquitectura, Animación, Diseño y Construcción de la Universidad de las Américas.

Manuel de Rivero (Lima, Perú 1973) arquitecto basado en Lima. Miembro co-fundador de Supersudaca y de la base del proyecto en Lima: 51-1 arquitectos. Se graduó de la Universidad Ricardo Palma (Lima) y cursó un Master of Excellence en Berlage Institute, Rotterdam. Desde entonces ha enseñado en diferentes escuelas en todo el mundo.

Martin Delgado Filippini (Montevideo, Uruguay 1975) arquitecto basado en Montevideo. Miembro co-fundador de Supersudaca. Actualmente es director del Departamento de Desarrollo Urbano en la Intendencia de Montevideo, y estuvo previamente a cargo de la División de Espacios Públicos. Es profesor de diseño arquitectónico y urbano en Taller Danza e investigador en temas urbano-territoriales en el Instituto de Estudios Territoriales y Urbanos en Fdu-UdelaR. Es Director de RE Estudio de Arquitectura. Se graduó de Arquitecto en Fadu-UdelaR, Uruguay.

Max Zolkwer (Buenos Aires, Argentina 1972) arquitecto basado en Buenos Aires. Miembro co-fundador de Supersudaca, estableció su base en Buenos Aires con su oficina Habitante del Espacio junto al arquitecto Ramiro Gallardo. Estudió y ha enseñado en la Universidad de Buenos Aires. Es también co-fundador de la empresa de juegos de infancia Ludum.

Sofía Saavedra Bruno (Leuven, Bélgica 1972) arquitecta basada en Bruselas. Miembro co-fundadora de Supersudaca. Durante los últimos 25 años, ha combinado la práctica del diseño urbano y procesos co-creativos (de investigación) con el emprendimiento y servicios sociales en Europa, África del Norte y el Caribe. Paralelamente, enseña como investigadora posdoctoral voluntaria en KU Leuven. Se graduó de ingeniera civil en Ghent University y tiene un Master of Excellence en Arquitectura y Urbanismo de Berlage Institute, Rotterdam, y un doctorado de KU Leuven.

Stephane Damsin (Bruselas, Bélgica 1981) arquitecto graduado en 2005. Trabajó en diferentes oficinas en Marsella, Antwerp y Buenos Aires antes de abrir su propia oficina, Ouest (www.ouest.be). Se integró a Supersudaca en 2008. Curador de arquitectura en el centro de arte Recyclart en Bruselas entre 2011 y 2021. Hoy enseña arquitectura en distintas universidades.

Te fuiste un poco temprano, todos tenemos una sensación de que algo quedó incompleto, que nos perdimos mucho Félix. ¿Aunque a la vez a quién no le gustaría tener una vida tan llena y tan completa como la tuya? Tu espíritu inquieto, estudioso, irónico, generoso, amante de la vida, nos acompañará a todos los que compartimos parte de tu trayecto.

Félix, este libro, que llegaste a terminar antes de irte, es también un homenaje a nuestra amistad y la mirada del mundo que compartimos. Somos testigos que pusiste mucho de lo que te quedaba en este libro, en este legado tuyo y de Supersudaca, del pensamiento y amistad que creció durante estos más de 20 años.

¡Abrazo, Madrazo!

Supersudaca, diciembre de 2023.

Dados Internacionais de
Catalogação na Publicação (CIP)
(Câmara Brasileira do Livro, SP, Brasil)

Supersudaca: Incomplete Works
Félix Madrazo et al. – São Paulo, SP:

tradução
Diego Campos

São Paulo
Romano Guerra Editora
Nhamerica Platform, 2024.

Título original
Supersudaca: Incomplete Works

Vários autores

ISBN 978-65-87205-34-2
Romano Guerra
ISBN 978-0-9964051-4-0
Nhamerica

1. América Latina - Arquitetura
2. Arquitetura

I. Campos, Diego.

24-238218 **CDD 720**

1. Arquitetura 720

Eliane de Freitas Leite - Bibliotecária -
CRB 8/8415

www.ingramcontent.com/pod-product-compliance
Lightning Source LLC
Chambersburg PA
CBHW070533010526
44118CB00012B/1120